"十三五"职业教育
国家规划教材

U0665957

微信

营销

徐林海 林海 | 主编

刘飒 祝维亮 于淑莲 魏艳 | 副主编

沈凤池 | 主审

人民邮电出版社

北 京

图书在版编目（CIP）数据

微信营销 / 徐林海，林海主编. -- 北京 : 人民邮
电出版社，2018.1
高等院校电子商务职业细分化创新型规划教材
ISBN 978-7-115-47359-2

Ⅰ. ①微… Ⅱ. ①徐… Ⅲ. ①网络营销－高等学校－
教材 Ⅳ. ①F713.365.2

中国版本图书馆CIP数据核字(2017)第288528号

内 容 提 要

本书以"项目"为载体，以"实训"为抓手，采用任务驱动的教学方法组织内容，全面讲解微信营销。全书共分为9大项目，分别为行业定位、平台介绍、平台开发、营销策划与推广、在线交易管理、物流与配送管理、客户服务与管理、数据化运营和实战训练。前8个项目是全书的主体，包括学习目的、学习重点、任务和实训等板块，最后一个项目为附加部分，详细解读了两个综合性的实训，向读者综合呈现微商城（微店铺）的搭建流程、设置技巧和功能运用。

本书适合作为普通高等院校、职业院校微信营销课程的教学用书，也适合作为经济学、管理学、传播学相关专业的教材，还适合作为各类微信营销课程培训的教材，同时还可供有志于从事微信营销工作的人士参考阅读。

◆ 主　　编　徐林海　林　海
　　副主编　刘　飒　祝维亮　于淑莲　魏　艳
　　主　　审　沈凤池
　　责任编辑　古显义
　　责任印制　马振武

◆ 人民邮电出版社出版发行　北京市丰台区成寿寺路11号
　邮编　100164　电子邮件　315@ptpress.com.cn
　网址　http://www.ptpress.com.cn
　固安县铭成印刷有限公司印刷

◆ 开本：700×1000　1/16
　印张：17.25　　　　　　　　2018年1月第1版
　字数：378千字　　　　　　　2025年1月河北第11次印刷

定价：45.00 元

读者服务热线：(010)81055256　印装质量热线：(010)81055316
反盗版热线：(010)81055315
广告经营许可证：京东市监广登字20170147号

P R E F A C E 前·言

在互联网、移动互联网时代，流量成为最紧俏的资源之一，因而抢占流量入口就显得格外重要。微信作为一个 App，已经成为连接人与人、人与物、物与物的重要接口之一。微信从最初一款简单的社交软件，发展成了如今功能强大的综合性平台，朋友圈、公众平台更是直接成为商业竞争的前沿阵地。

微信在商业领域大展拳脚，很多企业、商户纷纷利用微信开疆拓土，进行商业推广、商品销售并开设店铺。线上支付、信息搜集、身份验证……微信开启了一种全新的移动端商业模式。可以说，微信正在打造一个开放的、全方位的移动端入口，营造多层次的消费体验平台。

本书以"项目"为载体，以"实训"为抓手，采用任务驱动的教学方法组织内容，全面讲解微信营销。任务设置理论联系实际，全面阐述微信营销；既涉及概念、特点、发展前景等宏观的综述，也有方法、技巧和步骤等具体的解析；实训严格按照从实际出发的原则，手把手传授操作技巧，总结出大量技巧和方法。全书条理清晰、图文并茂、通俗易懂。具体任务和实训内容如下表所示。

项目	任务	实训
行业定位	认知微信营销	理解微信营销的概念
		讨论微信对用户行为、习惯的改变
	微信营销市场调研与分析	分析微信用户的特征
		分析微信营销的市场需求
平台介绍	微信公众平台的介绍	分析微信公众平台的意义
		总结订阅号与服务号的区别
	账号的基本设置	掌握账号的基本设置
	认识微信公众平台的基本功能	掌握微信公众平台基础功能
		掌握个性化公众平台的搭建

项目	任务	实训
平台开发	开发微信公众平台	了解新浪 SAE 及新浪 SAE 的创建
	开启微信开发者模式	掌握第三方平台的接入步骤
		掌握通过第三方平台获取 URL、Token 的方法
	搭建微信营销实战平台	掌握微网站的搭建与管理
		掌握微信小店的搭建与管理
营销策划与推广	创建与推广 H5 页面活动	掌握 H5 页面活动的创建
		开展 H5 页面活动的三原则
		了解常见的 H5 制作软件
	创建与推广线上促销活动	掌握微信促销活动的创建
	撰写与推广微信公众号内容	掌握标题、开头和结尾的写作技巧
	策划与推广营销活动	根据实践制作一份营销策划方案
在线交易管理	在线支付概述	掌握在线支付的设置
	在线支付的类型	掌握扫码支付的接入方法
		掌握公众号支付的接入方法
	在线支付的安全性设置	了解在线支付安全保障体系
物流与配送管理	订单的查询与管理	了解交易账单的预约下载功能
		掌握订单收入的查询
	物流的选择与管理	掌握物流订单的设置
客户服务与管理	客户服务概述	掌握在线客服的创建
	客户关系维护与管理	掌握客户的信息管理
		掌握客户的分组管理
		掌握微会员的设置
数据化运营	数据化运营概述	了解互动数据和交易数据
		掌握定性分析法和定量分析法
	微信公众平台内部数据的获取	掌握微信公众平台数据分析方法
	微信公众平台外部数据的获取	掌握百度指数分析的方法
		掌握奥派数据魔方分析的方法
实战训练	微店铺的搭建	奥派微店搭建分析
		微盟旺铺搭建分析

对本书中各项目、任务的学习，建议通过案例分析、学生自学、课堂讨论、任务实训等形式进行。教师作为组织者、指导者，与学生共同完成项目的学习，并进行总结。学生可以通过完成具体的任务，借助互联网资源和教学资源包提供的资料展开自学，也可在同学之间相互交流讨论。

本书在编写过程中得到了很多企业一线运营人员、院校专业人士的大力支持和帮助，在此对他们深表感谢。

此外，由于编者水平和经验有限，加之微信版本的更新变化，书中难免有欠妥之处，恳请广大读者批评指正。

编者

2017 年 8 月

CONTENTS
目·录

項目 **1**

行业定位

学习目的

| 理解什么是微信营销，及微信营销在企业营销中发挥的作用；
| 了解微信营销所具有的特点和优势；
| 对微信营销的发展前景有充分的认识。

学习重点

| 微信营销概念，微信营销在营销中扮演的角色，微信营销发展应具备的条件；
| 微信与微信公众号的区别，微信公众号在微信营销中的地位和作用。

任务 1.1　认知微信营销

　　微信营销是网络经济时代企业对营销模式的一种创新，是伴随着微信的广泛运用而产生的一种营销新方式。随着微信用户规模的不断扩大，4G 网络和智能手机的普及，微信营销逐渐发力，在营销市场占据了一席之地，未来发展空间非常广阔。

1.1.1　微信营销概述

　　微信，一个小小的手机 App，本是 2011 年年初由腾讯推出的一款智能终端即时通信服务应用程序。然而，在它诞生的短短几年间，却以超乎常人想象的速度影响着整个社会，并开始逐步脱离单一的社交属性，向大众的生产生活、吃穿住行用、商业领域等方方面面渗透。

　　人们逛街时不用再带钱包，利用微信支付便捷又安全；驾车出行时，打开微信中的城市服务随时可以查看某段路的交通情况，避免糟糕的拥堵；同时也可以自助选择公交、出租车、共享单车等。除此之外，在其他多个方面人们都可以享受到便捷的服务，如生活缴费、线上叫餐、线上购物、报刊阅读、税务、教育等。微信提供的多项服务入口界面如图 1-1 所示。

图 1-1

微信正以各种方式改变着大众传统的思维和习惯。如果说消费端已经深深地打上了微信的烙印，那么在生产制造端——企业同样也被微信的浪潮席卷。无论是传统企业，还是新兴互联网企业、电商、微商，都在微信的影响下开始调整自己的经营和营销策略，努力使自己适应这个新时代。

案例：招商银行的"爱心漂流瓶"

招商银行是率先接触微信营销的企业之一。2012 年，微信刚刚兴起不久，招商银行就利用漂流瓶发起了一场"爱心漂流瓶"活动。这是一场慈善性质的营销活动，为自闭症儿童募集善款，当时受到了广泛的关注。

招商银行设置的瓶子叫"爱心漂流瓶"，在微信上扔出后，用户可通过"漂流瓶"功能捡到，然后根据上面的提示完成一些步骤。比如通过微信给自闭症儿童说一些祝福的话，随后招商银行会根据用户的参与情况，通过壹基金的"海洋天堂"计划来购买为自闭症儿童提供的专业辅导训练。

同时，为了搞好这次活动，招商银行还专门对漂流瓶的参数做了针对性的调整。如对时间的设置，让时间更集中，使用户在特定时间"捞到"来自招商银行的漂流瓶的概率大大增加。在内容设置上也注重多样化，增强用户参与的积极性。

"爱心漂流瓶"是一起兼具技术性和创意性的微信营销活动案例，这也给很多企业提供了参考：微信的玩法多种多样，关键是怎么来创意，怎么来掌握，怎么做出最适合自己品牌和营销目标的方案。

微信公众平台是微信中的一个特色平台，是能给个人、企业和组织提供业务服务与用户管理功能的全新服务平台。利用微信进行营销时，如果能充分利用这一功能，便可最大限度地吸引用户，取得用户的认可。

案例：长虹微信聊天机器人

长虹的微信聊天机器人是对微信公众平台功能的充分挖掘和利用（利用微信服务

号的接口功能开发），以自动互动聊天的方式来实现企业与用户的沟通交流，在提高商品销售、扩大品牌影响力上发挥了巨大作用。

同时，在交流过程当中，长虹将旗下的主流产品包装成性格各异的微信机器人，这些机器人通过自由设置的关键词回复功能，最大限度地与微信粉丝进行点对点互动。

长虹微信聊天机器人采用的是一种点对点式的双向沟通模式，可满足每个用户的深层需求，相比传统媒体上的单向沟通更加具有参与性和实时性。既实现了对长虹产品的有效传播，只要向长虹微信聊天机器人查询相关关键词，它就会推送相关的实时信息，又丰富了用户体验，让沟通变得高效、有趣，有利于企业与用户的关系深化发展。

在微信营销当中，星巴克堪称是最成功的典范之一，它利用微信及微信公众号（以及线下的上千家门店）完成了大量与用户的互动，其中很多项目都给用户留下了深刻印象。

案例：星巴克的线上线下搭配互动

曾经的星巴克《自然醒》，就是让用户关注星巴克的账号并分享自己当天的心情，再由星巴克微信账号从专辑当中挑选出最适合用户心情的一首歌来回应给用户。

在星巴克类似的例子还有很多，利用微信点对点传播的优势，将自己的促销优惠活动有针对性地推送到用户的手机端。其中加入的互动元素也得到了很好的反馈。比如，微信分享下单可享受价格优惠，同时线下门店也完全同步进行，构建了线上线下同步营销的完美闭环，最终让线上线下用户都可得到实惠。

综上所述，无论从大众消费的角度来看，还是从生产、制造、销售的企业角度来看，接轨微信，发展微信营销之路是未来的大趋势。未来互联网、移动互联网经济当道，随着互联网技术、移动互联网技术、智能设备、移动终端设备的进一步发展，微信营销必将成为不可取代的一种营销模式。

那么，什么是微信营销呢？想了解和学习这一模式的人又该如何入手呢？接下来先了解一下微信营销的概念。

微信营销是伴随着微信的火热而兴起的一种网络营销方式。只要注册有微信账号的用户都可以进行微信营销，因为一旦成为微信用户，就意味着与所有已经注册的人形成某种联系。这种联系就犹如一张大网，一方面可以在他人的平台上订阅自己所需的信息、享用自己所需的服务，另一方面也可以为对方提供相关的信息和服务，从而实现互动式的双向营销。

微信营销的双向性如图 1-2 所示。

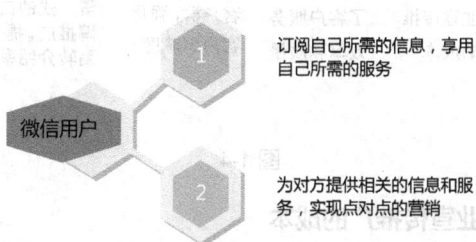

```
                    1        订阅自己所需的信息，享用
                             自己所需的服务
     微信用户

                    2        为对方提供相关的信息和服
                             务，实现点对点的营销
```

图 1-2

随着微信版本的不断更新，多项功能的持续更新，微信营销的方式也越来越丰富。不再局限于朋友圈、微信群等浅层次的营销和推广，而是利用微信订阅号、服务号或者第三方服务平台进行的二次开发，实现多层次、立体式的深度营销。

如打造宣传和展示品牌、产品的微网站，打造直接用来商品销售的微店铺。为了做好客户管理可以建立微会员，为了扩大销量可以组织线上微团购，以及搞促销的微活动等。总之，一个非常完备的线上、线下微信营销模式正在形成。微信深度营销常见的 6 个功能模块如图 1-3 所示。

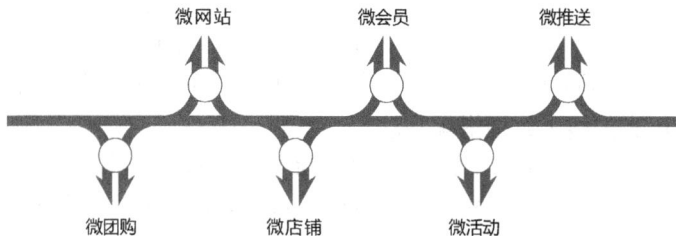

微网站　　微会员　　微推送

微团购　　微店铺　　微活动

图 1-3

微信成功地将生产（销售）者和消费者紧紧地"锁"在一起，让需与求更为对等。因此，企业的传统营销方式必将面临颠覆性的转变。现在的营销宣传已经不是过去那种撒网式，而需要精准的定位，注重与用户的点对点直接沟通。而微信营销正好满足了这一需求，借助微信提供的多种功能，让消费者不再只是信息的接收方，而是平等的参与者，大大拉近了企业与消费者的距离。

1.1.2　微信在营销中的作用

随着微信营销越来越普及，其在企业整个营销体系中的地位和作用也越来越突出。那么，微信营销在企业营销中到底起什么样的作用呢？经总结，微信在营销中的作用主要表现在以下 4 个方面，如图 1-4 所示。

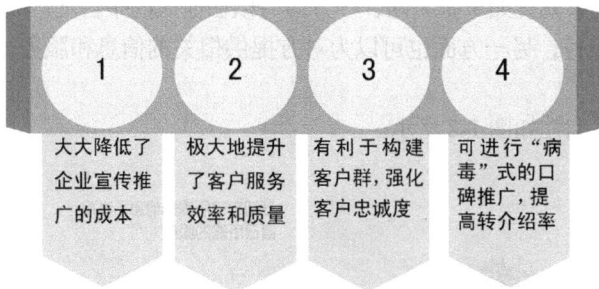

1	2	3	4
大大降低了企业宣传推广的成本	极大地提升了客户服务效率和质量	有利于构建客户群、强化客户忠诚度	可进行"病毒"式的口碑推广，提高转介绍率

图 1-4

1. 大大降低了企业宣传推广的成本

微信出现之前，大多数企业的宣传、推广工作都是通过传统的广告方式来做的，如电视广告、报纸广告、百度竞价等。这些形式的效果不容置疑，企业花大量资金打造这些渠道后，的确带来了巨大的销售量，但缺点也是致命的，成本太高、持续性较差，比如国内很多酒业公司销售额十几个亿，但广告投入就有七八亿之多。一旦广告停止，销量就会急速下降，所以，很多时候销售量与广告费用是成正比的。而通过创建自己的广告平台，则可以节省庞大的广告费用。

2．极大地提升了客户服务效率和质量

客户流失一直是困扰很多企业的一大问题，好不容易积累起来的客户群，一旦后期维护不好，沟通不到位，很快就会流失掉，甚至被竞争对手截获。这是因为传统的客服模式效率太低，远远无法满足客户的售后需求。如业务员通过打电话或发短信对客户进行维护，非常不容易操作。现在客户又经常遇到垃圾电话、短信的骚扰，会在手机上设置自动屏蔽外来信息的功能，很多客服的电话、信息往往会被当作垃圾信息屏蔽掉，从而很难再发挥作用。久而久之，不但产品没有宣传好，还使客户对企业产生不好的印象。

这些都是因为企业在维护客户的过程中，没有对其合理分类，什么信息都全部群发，导致客户收到的信息并不一定是他们所需要的信息。而通过微信则可以很好地避免这一点，只要用户关注企业的微信号即可轻松操作。

如将优惠信息生成二维码，当客户对二维码进行扫描时，新客户回复"新"字（提前设置好）获取优惠信息，老客户回复"老"字获取优惠信息。然后，就可以根据客户的回复信息进行分类，并添加备注，企业以此来定时推送客户所需信息到其手机上，从而建立起稳定的联系。

再如，微信公众平台有一个智能客服功能，对企业来说是能够节省人力成本的功能。只要输入关键字或问题，系统就可以提供自动化的服务，使客户服务成本大大降低。对用户规模非常庞大的企业来说，如果仅靠人工在线服务，要做好客户服务需要投入很大的一笔人工费用。如果使用微信来实现自动服务的话，这笔费用则可节省下来。

3．有利于构建客户群，强化客户忠诚度

互联网、移动互联网时代是社群时代，如早期的 BBS、微博都有社群的特性。微信大范围运用以来，社群开始进入了以"人"为中心，以"连接一切"为基础的 3.0 时代，微信成了特定社群成员间的主要沟通工具，最常使用的微信群、QQ 群、微信公众号皆是社群时代下的产物。

这说明企业必须构建自己的社群（客户群），并形成自己的特色，以充分调动客户的积极性，让其参与到营销中来。通过社群把目标客户引流到微信公众平台上，然后用高质量的产品、良好的服务去影响客户，让他们对产品产生信任和依赖，提高他们对企业的忠诚度。

4．可进行"病毒"式的口碑推广，提高转介绍率

很多网友戏言，"朋友圈是万能的""在朋友圈可以解决神仙无法解决的问题"。这也从侧面反映出微信朋友圈强大的传播能力。已经有很多事实证明，一条普通的信息在朋

友圈经过点赞、转发后，很有可能形成爆炸式传播效果，传播范围得到扩大，传播速度得到加快。

这种特性无形中就提高了信息的转介绍率，为商品的宣传奠定了群众基础。其实，最终还是一个粉丝忠诚度和黏度的问题。微信是个相对封闭的闭环，更容易形成具有强关系的圈子，更容易让人与人之间产生高度的信任和依赖。

▎1.1.3 微信营销的特点

微信营销作为一种新型的营销方式，有很多自身的特点，是以往纸媒、传统网络营销方式所不具备的。这些特点集中体现在 4 个方面，具体如下。

1. 传播更精准

前面我们多次提到，微信沟通模式是点对点的沟通，从社会学角度看，代表着一对一的强关系，具有私密性，可使每条信息都能一对一推送，让每个参与者都有机会接收到所推送的信息。这对营销而言就意味着可以获得大批的精准客户。

微信营销的精准性还表现在：作为连接一切的入口，可使相关产品和服务能直接与客户需求对接，直接或间接地带动多行业的升级。涉及行业如图 1-5 所示。

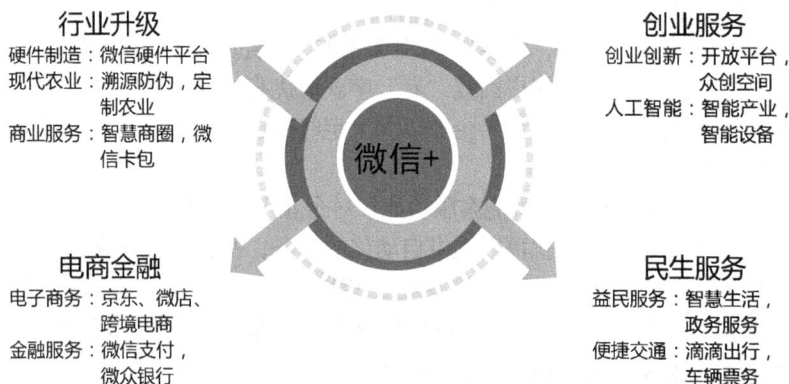

行业升级
硬件制造：微信硬件平台
现代农业：溯源防伪，定制农业
商业服务：智慧商圈，微信卡包

创业服务
创业创新：开放平台，众创空间
人工智能：智能产业，智能设备

微信+

电商金融
电子商务：京东、微店、跨境电商
金融服务：微信支付，微众银行

民生服务
益民服务：智慧生活，政务服务
便捷交通：滴滴出行，车辆票务

图 1-5

2. 互动更及时

互动的双方可进行文字、图片、音频等多种形式的沟通，有利于信息的高效传递。之前的微博、博客其实也具有较强的互动性，但缺点是无法即时送达。大多数时候只是一方向另一方的延时传递，如果不天天守在计算机面前很难做到即时反馈。而微信就不一样了，无论对方在哪里，只要带着手机就能够轻松地收到信息，完成整个沟通过程。

据微信官方一项数据统计显示，50%以上的用户平均每天使用微信的时间要超过 120 分钟，这足以保证沟通的即时性。用户使用微信的时间数据统计具体如图 1-6 所示。

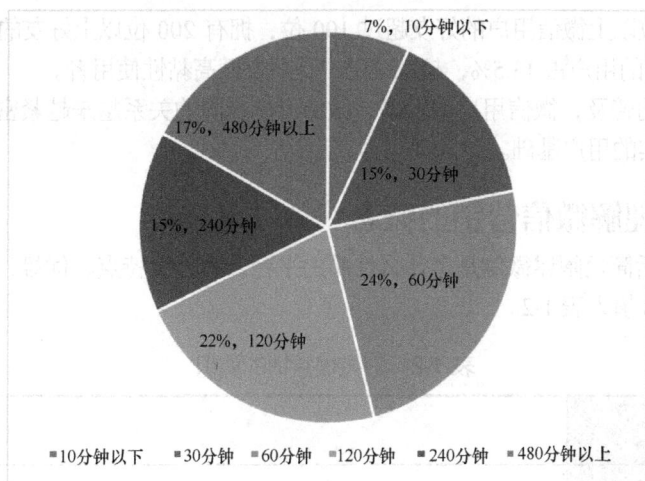

图 1-6

3. 营销形式灵活多样

微信是一个可以实现多功能营销的平台，且不同的功能各具特色，能达到不同的营销效果，如表 1-1 所示。

表 1-1　微信营销的形式

朋友圈	用户可以发布文字、语音或者图片等，有用户需要时也可实现一对一的交流和互动
微信群	既可以一对一互动，也可以一对多互动，尤其是那些需要大范围传播、广而告之的内容极适合发布在微信群中
位置签名	可以利用"用户签名档"这个免费的广告位置为自己做宣传，附近的微信用户通过关注微信，就能看到宣传的信息
二维码	用户可以通过扫描二维码识别身份来添加朋友、关注企业账号；企业则可以设定自己品牌的二维码，用折扣和优惠来吸引用户关注，开拓 O2O 的营销模式
公众平台	在微信公众平台上，每个人都可以打造自己的微信公众号，并在微信平台上实现和特定群体的文字、图片、语音的全方位沟通和互动
开放平台	通过微信开放平台，应用开发者可以接入第三方应用，还可以将应用的 LOGO 放入微信附件栏，使用户能够方便地在会话中调用第三方应用进行内容的选择与分享

4. 强有力的关系网

微信点对点的产品形态注定了其能够通过多层面的互动将人与人之间的关系拉得更近，与用户建立起牢固的联系，形成强有力的关系网，从而带动产品更大范围、更快速度地传播、推广与销售，为用户答疑解惑，提供信息和服务，甚至娱乐。

微信让企业和更多的消费者逐步形成了一种强关系。企业用一切形式与消费者形成朋友关系，因为谁都可以不相信陌生人，但不会不信任自己的"朋友"。当朋友越来越多，越来越稳固时，传播面就会越来越广。据腾讯官方调查《2017 微信用户&生态研究报告》

数据统计，半数以上微信用户的好友超过 100 位，拥有 200 位以上好友的用户达 45%，500 位以上好友的用户占 13.5%，超八成用户是朋友圈高黏性使用者。

随着微信的普及，微信用户的增多，微信用户之间的关系越来越紧密，这也为微信营销奠定了坚实的用户基础。

▌实训 1　理解微信营销的概念

用自己的话简短阐述微信是个什么性质的平台，有什么特点、优势，以及在营销中所起的作用，并填入表 1-2。

表 1-2　对微信营销的认识

概念	
特点/优势 （结合自己看到的或听到的示例分析）	
作用 （结合自己看到的或听到的示例分析）	

▌实训 2　讨论微信对用户行为、习惯的改变

结合自己使用微信的经历，思考微信逐渐改变了自己的哪些行为和习惯，在认为有改变的选项后打"√"，并写出简短的感悟和感想，如表 1-3 所示。

表 1-3　微信改变自我生活行为和习惯的项目表

项目	使用微信前	使用微信后	是否改变	感受与感悟
交流方式	电话、QQ	微信语音、视频		
商业社交	互换名片、电话号码	直接添加微信或扫一扫二维码		
民生服务	出行、订餐、购物、缴费基本靠线下完成	利用微信城市服务		
支付、转账	现金、刷卡	微信支付		
展示自己日常动态	微博、QQ 空间	朋友圈		
过年过节问候朋友、家人	打电话、发祝福短信	微信红包		
电商/微商	各大电商平台或自我推广	开通微店，或在朋友圈上卖东西		

任务 1.2 微信营销市场调研与分析

微信营销是网络经济时代企业对营销模式的创新，是伴随着微信的火热产生的一种网络营销方式。

1.2.1 分析微信营销快速发展的条件

微信营销有很多其他营销方式无法比拟的优势，如不受时空限制，可实现多层次的互动交流，可进行点对点的营销，目标用户群更加明确等。微信营销已经让不少企业、个人从中获益，其发展前景也非常值得期待。当然，评估一个新事物是否有发展前景是需要有客观条件支撑的。正如微信营销，之所以说其有着良好的发展前景，也是基于多个客观条件的日益完善和成熟得出的结论。

那么，这些客观条件包括哪些呢？具体有以下 3 个，如图 1-7 所示。

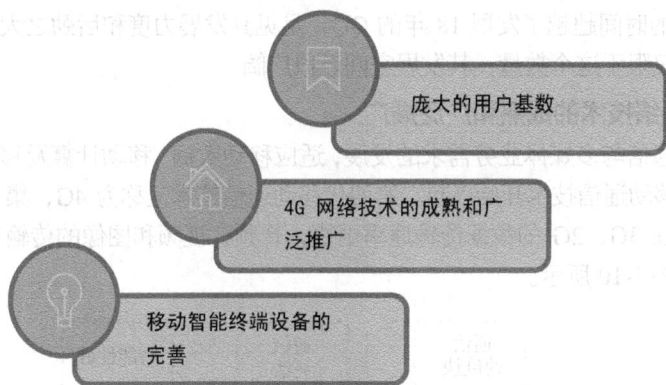

庞大的用户基数

4G 网络技术的成熟和广泛推广

移动智能终端设备的完善

图 1-7

1. 庞大的用户基数

据可靠的数据资料显示（以 2016 年腾讯官方《2016 微信数据报告》《2016 年 12 月 31 日未经审核的第四季度综合业绩及经审核的全年综合业绩》统计为准），微信注册用户数达到 9.27 亿，平均日活跃用户数达到 7.68 亿，月活跃用户数达到 8.893 亿，如图 1-8 所示。

注册用户

日活跃用户

月活跃用户

9.27 亿

7.68 亿

8.893 亿

图 1-8

同时，微信用户月活跃度正式超越 QQ 的 8.685 亿，成为腾讯第一大社交平台，如图 1-9 所示。

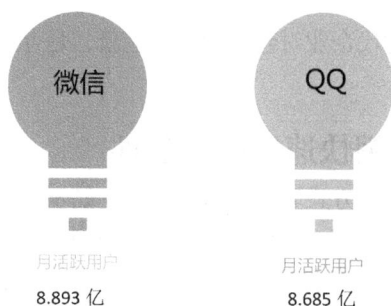

图 1-9

微信用户数量的剧增，尤其是日、月活跃用户的增多，使其跃居为腾讯第一大社交平台，用 6 年的时间超越了发展 18 年的 QQ，足见其发展力度和后劲之大。可以预见，微信用户不会仅限于这个数量，其发展空间还很广阔。

2. 4G 网络技术的成熟和广泛推广

随着数据通信与多媒体业务需求的发展，适应移动数据、移动计算及移动多媒体运作要求的第四代移动通信技术开始兴起。第四代移动通信技术又称为 4G，集 3G 与 WLAN 于一体，比以往 3G、2G 的数据传输速率更快，音频、视频和图像的传输质量更高。4G 网络的优势如图 1-10 所示。

图 1-10

以 4G 为代表的网络技术日新月异，容量更大、体验性更好、速度更快，在人们生产生活中的运用更广泛、更深入。

微信营销必须依赖于强大的网络技术的支持，而 4G 的智能性、兼容性、灵敏性、全面性都为微信营销的开展增加了诸多可能性，让微信营销具备了必备的外部条件。可以说，这项技术的普及将促使微信营销进入一个崭新的阶段。

3. 移动智能终端设备的完善

智能手机、iPad、掌上电脑等移动智能终端设备的发展，推动了微信营销的发展。利用这些设备，信息传播范围越来越广，传播速度越来越快。以前想了解一条新闻只能通过报纸和电视，现在完全可以通过微信朋友圈、公众号等渠道。越来越多的消费者正在告别以往传统的 PC 端消费，转向使用智能手机、平板电脑等移动智能终端。移动智能终端的出现为企业提供了一个更加方便快捷的营销条件，一个真正的移动互联网时代已到来。

伴随着智能手机数量的增长和运用的普及，移动端成了消费者了解企业、网络购物的一个重要入口。图 1-11 所示为 2010—2016 年我国消费者在移动端购物的消费额占总消费额的比例。

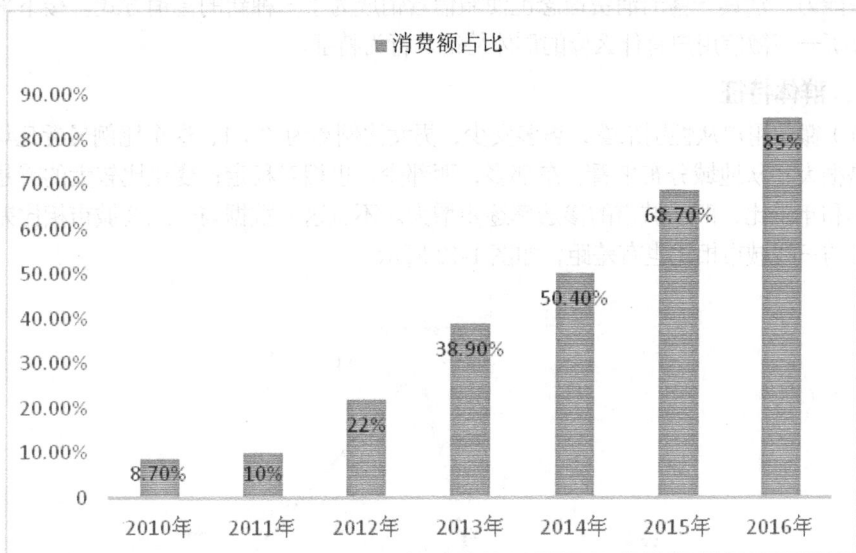

图 1-11

从图中可以看出，2016 年消费者在移动端的消费额占比为 85%，预计未来这一数据占比将继续扩大，可见，我国的移动端消费市场潜力巨大。微信作为移动端购物的主要入口，势必被各大企业、电商看重，成为打通 PC 端、移动端，构建新型网络营销体系的新链接点。

1.2.2 调研微信用户群体、行为特征

微信作为移动互联网时代用户的新宠，自诞生之日起，便毫无争议地获得了一部分人的青睐。可以说，在获取用户这点上，微信具有很大的优势，如可与 QQ 实现资源共享。早期的微信用户大部分是 QQ 用户，通过微信"QQ 好友列表"功能可直接将 QQ 好友导入到微信中成为微信好友（现在已关闭此功能）。

据统计，早期的微信用户大多是通过 QQ 好友列表和手机通讯录添加的，分别为77.46%和 60.15%。通过摇一摇、漂流瓶、二维码等随机添加的好友均不足 30%。这说明QQ 及手机通讯录是微信用户在日常生活中与朋友沟通交流的主要平台与渠道，二者里的

好友与用户现实生活中好友的契合度较高。

有了 QQ 用户丰富资源的支撑，微信迅速积累起了第一批忠诚的用户。这也是微信能够在所有自媒体中脱颖而出、一飞冲天的重要原因。再加上在此基础上不断完善，突出优势，微信进一步吸引了更多新用户群体。这说明，微信本身的用户渗透率也是非常高的，近几年基本保持了持续平稳的增长态势。

根据腾讯旗下的企鹅智酷公布的最新的《2017 微信用户&生态研究报告》数据显示，截止到 2016 年 12 月，微信在全球拥有共计 8.89 亿月活跃用户。超大的用户数量，特定的群体及其表现出来的属性、行为，直接推动微信移动互联网经济快速发展起来，强大的消费能力、别具一格的消费理念也使微信营销成为了一种新的营销方式。接下来，就具体分析一下微信用户有什么样的群体特征、行为特征。

1．群体特征

（1）微信用户从性别来看，男多女少，男女比例约为 2∶1，这个比例最近几年变化都不是很大；从地域分布来看，东部多，西部少，也相对稳定；变化比较大的就是用户渗透率和年龄比，四线城市的渗透率逐步增大。不过这一数据与一二线城市相比差距还很大，与三线城市相比也有差距，如图 1-12 所示。

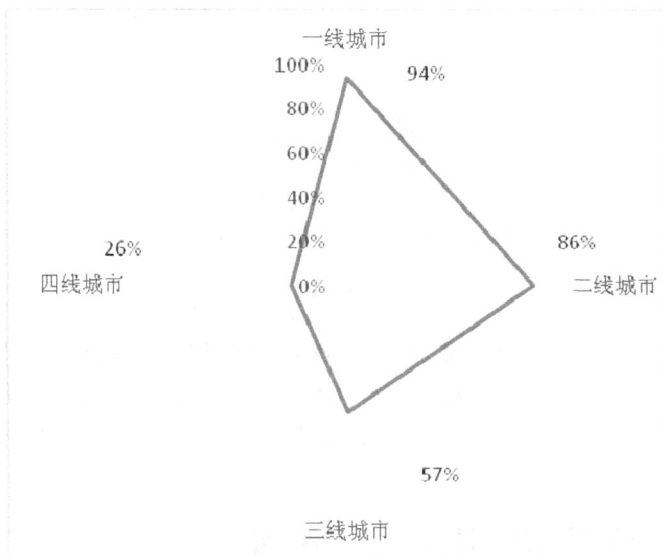

图 1-12

（2）从年龄段来看，用户平均年龄有减小的趋势，只有 23.6 岁，"95 后"占到了 14%，55 岁以上的老年人也有小幅增加的趋势，由原来的 0.3%增至 0.9%。在用户主体上，仍以 26～40 岁的用户为主，占比高达 70.8%，41～55 岁的用户次之，55 岁以上的用户不足 1%。

（3）从学历来看，微信用户呈现出高学历的特点，大学本科及以上学历的用户占比超过用户总数的 50%，初中及以下学历的用户则仅占 3%左右。

从以上数据（截止到 2016 年 12 月）可以看出，微信用户呈现出城市化、年轻化、高学历的特征，且微信用户主体大多是工作较为稳定的人群。这类人群对移动社交网络新应用的适应能力强、意愿强烈、使用频率高，而互联网新应用的技术门槛与智能手机的经济门槛对于这类人群也很容易达到。

2. 行为特征

众所周知，微信是基于熟人关系而展开社交的一个比较封闭的圈子，大多数用户更愿意在个人强关系好友圈中交流和互动，很多用户甚至将朋友圈视为个人领地，用来记录个人生活，如心情日记、生活记录等，也希望在朋友圈看到更多私人化的内容。

然而，随着微信用户的增多，微信整体关系链进入稳定期，用户的这种行为正在悄然发生变化。第一个变化是用户数量的增加，图 1-13 所示为 2014—2016 年间微信好友数量对比示意图；第二个变化是微信好友中的"泛好友"越来越多，来自工作、陌生人的新增好友数量越来越多，在所有微信好友中的占比越来越大。

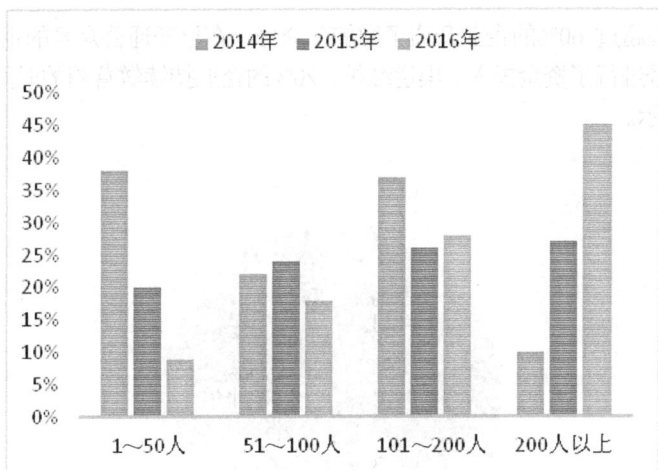

图 1-13

从这组数据也可以看出，微信作为一个社交沟通工具，其用户间的沟通交流已经由原来集中在熟人圈逐步向"泛社交"转变。来自于工作环境、陌生人、服务人员的新增好友越来越多，占到近 80%。以前很多微信用户拒绝添加陌生人，尤其是企业、商户、微商类的好友，朋友圈广告也会直接屏蔽掉，而现在正在逐步接纳。这也从侧面反映出一个事实：微信用户有了接受外部信息的意识，也预示着微信营销将会有更宽松的生存环境、更大的市场需求和发展空间。

1.2.3 调研微信营销的市场需求

随着微信商业化趋势的加强，其商业价值正在被大力开发挖掘。尤其是基于微信、

微信营销

微信公众号平台而建立的微信电商，以及相关的销售、服务体系，正在以前所未有的速度颠覆着传统的商业格局，创造出巨大的市场需求，也迎来了商户数量和商户服务能力的爆发性增长。

据统计，截至 2017 年中旬，我国 O2O 市场规模已达近 5000 亿元，由微信直接或间接带动的信息消费超过 1742.5 亿元，而且大多集中在快速发展的领域，如娱乐、购物、出行、餐饮、商超等，分别占了 53.6%、20.%、13.2%、11.3%、2%，如图 1-14 所示。鉴于此，有乐观者就表示，微信营销未来可撬动万亿级超大市场。

图 1-14

同时，我国超过 60%的企业开通了微信公众号，在已开通公众号的企业中有 50%的企业对其公众号进行了资金投入、渠道维护，20%的企业持续做营销的时间超过 1 年，具体如图 1-15 所示。

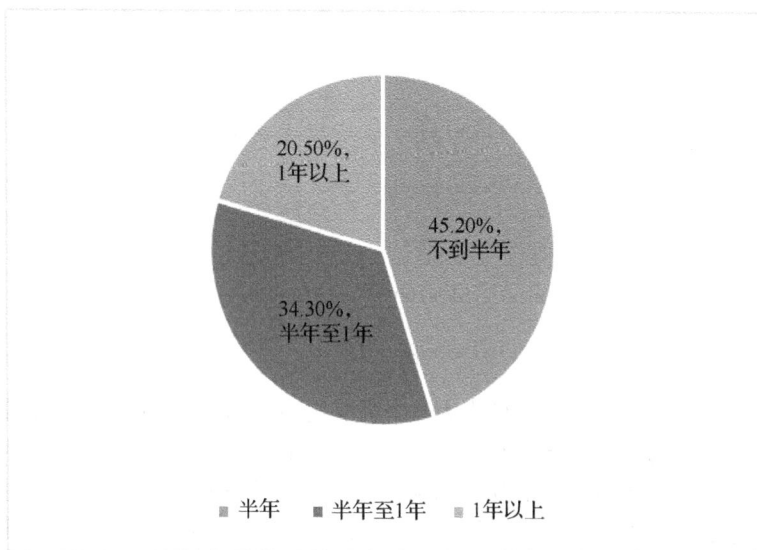

图 1-15

微信及公众平台的各种开放功能真正实现了人与商业的连接，企业的内容价值和服务价值均得以提升。企业利用微信可以展开多种形式的精准营销，寻求更多的宣传和曝光，扩大品牌和产品的影响力，或进行 O2O 转型等，具体营销活动占比数据如图 1-16 所示。

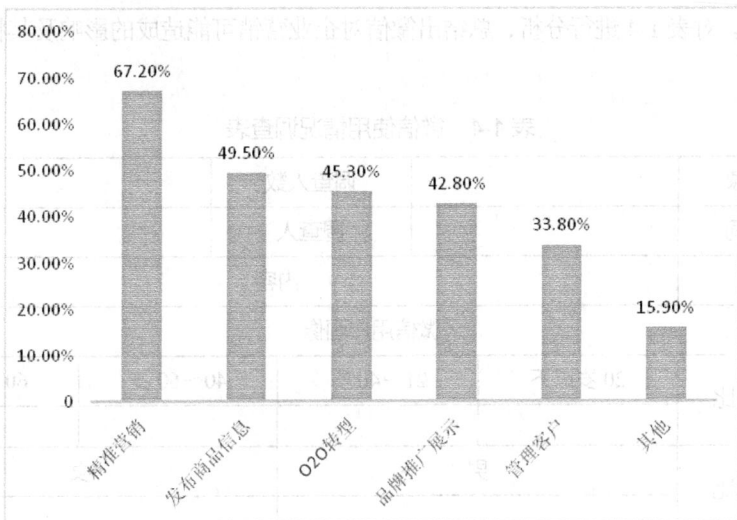

图 1-16

企业运营公众号除可利用其营销、推广和管理等功能外，还可形成一套完善的微信生态系统，如采用 H5、互动游戏等多种基于移动特性的广告形式，以及利用微信支付形成自己独特的电商营销方式和交易闭环等。这些都是微信营销被更多的企业广泛认可和运用，并对其未来持乐观态度的主要原因。

同时，由于受到微信营销市场巨大需求的驱动，一个相关市场——第三方服务市场也正在兴起。自 2013 年起，微信第三方服务平台大量涌现。这类平台的兴起大大促进了微信公众号商户与用户的连接步伐，既帮助商户（卖方）建立了完善的营销、服务体系，又强化了消费者（买方）的消费体验。

基于微信服务的第三方服务平台是一个巨大的企业级工具服务市场。随着微信公众号逐步覆盖实体经济的各行各业，使用第三方服务平台的公众号也越来越多。其中比较知名的第三方平台有微盟、点点客、有赞、奥派、微俱聚等。

微信第三方服务平台大都主打微信公众平台营销、运营和微店铺管理服务，着力提高商户微营销能力和移动电子商务的服务能力，帮助企业提升用户体验。总结起来，微信营销的需求永远围绕两个核心点进行：线下流量转到线上、线上流量扩张。

遍布各行各业的大中小型企业对微信营销、O2O 应用的普遍需求造就了广阔的第三方服务平台市场。第三方服务平台向商户收取服务费及流量费。众多第三方服务平台在产品和渠道上各具优势。由于线下传统经济向线上转型的需求体量依然很大，第三方市场还远没有达到饱和，各公司仍然处在快速抢占市场份额的阶段。但在 2017 年后，行业迎来洗牌和整合，告别过去上千家混战的局面，进入整合期。

▌实训 1　分析微信用户的特征

对周边的家人、同事、朋友或陌生人进行抽样调查，列出大众使用微信的情况，如

微信营销

表 1-4 所示。对表 1-4 进行分析，总结出微信对企业营销可能造成的影响及其将如何影响企业营销。

表 1-4 微信使用情况调查表

调查对象			调查人数	
调查时间			调查人	
项目	内容			
微信用户画像				
用户年龄比	20 岁以下	21～40 岁	40～60 岁	60 岁以上
用户性别比	男		女	
在线时间（min）	10 以内	10～60	60～120	120～240
在线行为	交友、聊天	刷朋友圈（点赞、评论）	浏览公众号文章	浏览信息/购物
微信用户信息获取能力调查				
微信好友数量	50 人以下	50～100 人	100～200 人	200～500 人	500 人以上
微信群数量	1	2	3～5	5～10	10 个以上
更新频率	几乎每天	经常	偶尔	从不
最关注的信息	好友日常动态更新	浏览朋友圈中的电商/微商的信息	更新公众号动态	自己发布的信息
喜欢何种形式的信息	图片	文字	视频	文章链接

▌实训 2 分析微信营销的市场需求

分析微信营销的市场需求，填写表 1-5。

表 1-5 微信营销市场需求调查表

调查对象		调查人数		
调查时间		调查人		

项目	内容			
微信营销市场需求调查				
微信购物	几乎每天	经常	偶尔	从不
网购原因	便捷	商户有优惠	盲目跟风	其他
微信支付	几乎每天	经常	偶尔	从不
微信支付金额	50 元以下	50～100 元	100～200 元	200 元以上
微信支付领域	手机、游戏币等充值	吃喝玩乐消费	其他生活资费	购买电影票/彩票等
其他微信功能使用情况	微信卡包	微信运动/公益捐助	微信读书	微信理财

总结:

1. 微信用户群体有哪些特征?

2. 微信用户获取信息与什么有关?

3. 微信用户的哪些消费习惯、消费需求在影响微信营销?

4. 如何优化自己的微信用户群?

项目 2

平台介绍

学习目的

| 了解微信公众平台，清楚微信公众号的申请、设置、认证等；

| 了解微信公众号目录导航的设计和优化；

| 了解微信公众平台的基本功能。

学习重点

| 微信公众号注册前的准备工作及其类型；

| 微信公众号的设置，包括头像、命名、微网站的设计，以及商户简介、商户图片展示、自动回复、目录导航菜单的设计。

任务 2.1 微信公众平台的介绍

微信公众平台是企业、商户进行网络营销运用最多的一种自媒体形式，已逐步深入到大众生活、工作的方方面面。本任务通过对微信公众平台的概念、发展阶段、特性、类型以及基础功能等的介绍，使初学者能够对公众平台有一个整体的认知。

2.1.1 微信公众平台简介

微信公众平台是腾讯推出的一个全新的服务平台，通过这一平台，每个人都可以打造自己的微信公众号，并实现同时与特定群体以文字、图片、语音等多种方式进行沟通与互动，旨在为企业、媒体、组织及个人提供业务服务与用户管理服务。

2012 年 8 月 23 日，腾讯在微信中新增了微信公众平台模块，至此，微信公众平台诞生，企业、媒体纷纷注册微信公众号，成为第一批用户。之后，平台陆续开放了第三方接口、自定义菜单等，个人用户也越来越多，与此同时，众多以微信二次开发为主的第三方服务平台陆续诞生，如微盟、点点客等。

微信公众平台自诞生之日至今大致经历了 6 个发展阶段，如表 2-1 所示。

表 2-1　微信公众平台发展的 6 个主要阶段

阶段	时间	事件
第一阶段	2011 年 1 月	微信发布上线
第二阶段	2012 年 8 月	微信公众平台上线
第三阶段	2013 年 8 月	微信公众号进一步细分为两大类型：订阅号、服务号
第四阶段	2013 年 10 月	微信公众号权限出现划分，有认证和非认证公众号之分，认证后可享用更多的高级接口功能
第五阶段	2014 年 9 月	微信企业号上线
第六阶段	2016 年 11 月	所有公众号开放了关联小程序的功能。开通小程序模块后，公众号可以快速接入小程序，并可以在各场景下使用小程序。小程序入口支持放在公众号的自定义菜单、图文消息和模板消息等场景中

以上是微信公众平台自诞生以来非常具有代表性的 6 个发展阶段，每个阶段对公众平台的发展和完善都有极大的促进作用。从产品的角度来看，微信公众平台就是腾讯旗下的一款互联网产品，只要不断完善、能够满足用户需求，就可以在市场竞争中得以生存。

可以预测，未来公众平台的功能将越来越多，越来越丰富化、系统化、多元化。事实也是这样，用户对公众平台的期待越来越大，从注册量的情况就可见一斑。据统计，截至 2016 年年底，我国的微信公众号用户已经突破 1200 万个，涉及各行各业、方方面面。这说明微信公众号将会有更大的市场。与此相对应的，开发和运营工作也会更加火热，所需要的开发、运营人才也将出现一个大的缺口。

2.1.2　微信公众平台的类型

微信公众平台有三大类型，分别为订阅号、服务号和企业微信（原企业号）。三个类型的公众号特点、用途各有不同，如图 2-1 所示。

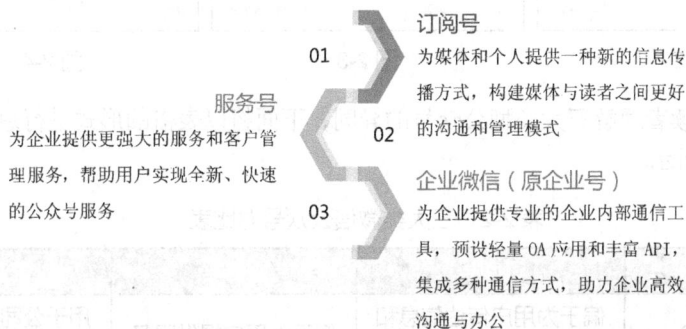

01　订阅号
为媒体和个人提供一种新的信息传播方式，构建媒体与读者之间更好的沟通和管理模式

服务号
为企业提供更强大的服务和客户管理服务，帮助用户实现全新、快速的公众号服务
02

03　企业微信（原企业号）
为企业提供专业的企业内部通信工具，预设轻量 OA 应用和丰富 API，集成多种通信方式，助力企业高效沟通与办公

图 2-1

1. 订阅号

订阅号（见图 2-2）适用于个人、企业、组织，但个人订阅号暂时不支持微信认证，同时功能也较少；订阅号注重信息传播，每天可以群发 1 条信息；消息折叠在"订阅号"文件中，适用于媒体类。

2. 服务号

服务号（见图 2-3）适用于企业和组织，个人暂时无法申请；服务号注重满足用户的需求、服务，是企业管理用户的平台，每个账号每个月可以群发 4 条信息；信息显示在好友对话列表中，适用于银行、通信运营商、快递服务业等。

3. 企业微信

企业微信（见图 2-4）只适用于企业和组织，主要用于企业内部管理。为企业提供专业的企业内部通信工具，预设轻量 OA 应用和丰富 API，集成多种通信方式，助力企业高效沟通与办公。企业成员关注企业微信后即可在微信中接收企业通知；信息显示在好友对话列表中，适用于企业内部或企业间的合作。

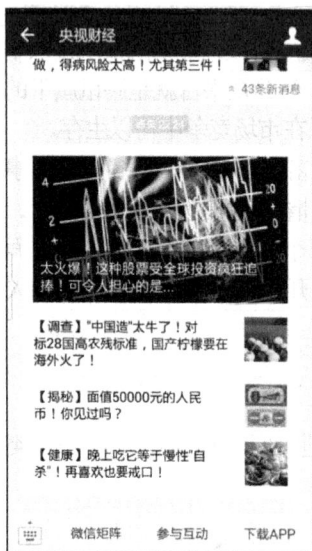 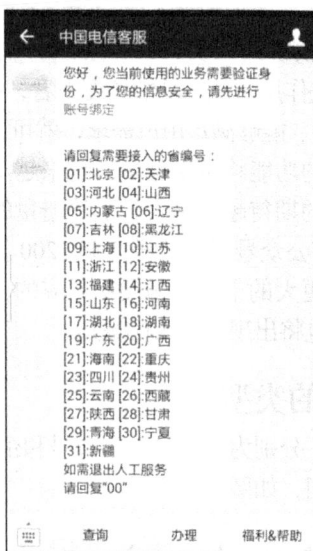 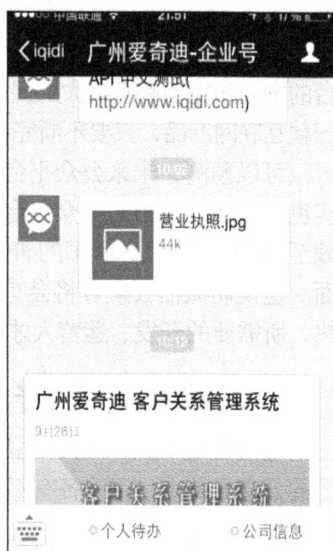

图 2-2　　　　　　　　　　图 2-3　　　　　　　　　　图 2-4

为了便于读者理解三大类型公众号的异同，下面将以表格的形式进行总结、对比分析，如表 2-2 所示。

表 2-2　三大类微信公众号对比表

公众号类型	订阅号	服务号	企业微信
功能和用途	偏于为用户传达信息和资讯	偏于为用户提供服务	用于公司内部管理与通信

公众号类型	订阅号	服务号	企业微信
适用主体	个人、媒体、企业、政府或其他组织	媒体、企业、政府或其他组织	企业、政府或其他组织
消息显示方式	出现在订阅号目录	出现在好友会话列表顶端	出现在好友会话列表顶端
消息显示次数	最多 1 条/天	最多 4 条/月	最多 200 条/分钟
高级接口权限	暂不支持	支持	支持
定制应用	暂不支持	暂不支持	支持
自定义菜单	支持	支持	支持

需要注意的是，在运营者开通微信公众号前，必须选择公众号类型，是订阅号、服务号还是企业微信，一个运营主体只能选其一。

2.1.3　微信公众平台的优势

微信公众平台在各行各业之所以备受追捧，最主要的原因就是其拥有其他媒体形式无法比拟的优势，如跨平台性、互动性、传播性等，这些优势是微信公众平台自身携带的，天然具有的。

这些优势具体包括以下 5 个方面。

1．跨平台性

微信公众平台整合在微信 App 内，只要用户安装了微信 App，无论是安卓系统用户还是 iOS 系统用户，都可以使用微信公众平台。

2．互动性

互动性向来是新媒体运营最主要的一个优势，QQ、微博皆是如此，微信公众平台则更胜一筹，因为微信公众平台延续了微信强大的互动性优势。微信公众平台本身就是一个社交平台，用户可以与微信公众平台进行一对一的实时互动。

3．传播性

微信公众平台是依托微信而存在的，可借助微信的熟人网络，将内容轻松分享出去，且方式更加简单，传播的有效性、及时性得到了极大的保障。

4．支持多种开发语言

微信公众平台的开发基于动态脚本语言，如 PHP、JSP 等，因而任意一种该类型的语言都可以开发微信公众平台。

5．便捷性

相比于电视、广播、杂志等传统媒体，公众号更符合现代人的使用理念，轻便化、碎片化，随时可使用；而相比于 App 等移动端媒体，则更加轻量化，无需下载，可谓"用之即来、挥之即去"，几乎不占用手机本身的存储空间。

实训 1 分析微信公众平台的意义

用自己的话简短地阐述微信公众平台的性质、适用范围、功能以及与其他自媒体相比的优势，并填写表 2-3。

表 2-3 微信公众平台的意义

性质	
适用范围	
功能	
优势	

实训 2 总结订阅号与服务号的区别

结合实际案例总结，分析微信订阅号、服务号之间的区别与联系，下面以大家都比较熟悉的大众点评网为例来进行实战分析。

大众点评网是国内最大的信息交换平台之一，2012 年年末就先后开通了两个微信公众号：订阅号和服务号，并实施双号运营。订阅号为"大众点评网"，如图 2-5 所示，主要推送吃喝玩乐等信息资讯及秒杀、抢购等活动信息。服务号为"大众点评"，如图 2-6 所示，主要提供在线客户服务及热门活动参与服务，还可以直接提供如订酒店、找美食、看电影等各种服务。

图 2-5

图 2-6

根据以上资料，综合分析大众点评两种微信公众号的异同之处并填入表 2-4。

表2-4　两种微信公众平台的异同

大众点评	订阅号	服务号
名称		
平台定位		
消息显示方式		
消息群发次数		
验证方式		
内容		
有无高级接口权限		
有无定制应用		
有无自定义菜单		

任务 2.2　账号的基本设置

　　一个人的微信公众号就是用户自己的一张名片，其他用户通过观察微信昵称、头像、个性签名以及其他信息就可以判断账号使用者可能是怎样的一个人（企业），进而决定是否进行更深入的接触和交往。所以，用户对自己的微信公众号进行账号基本设置就显得非常重要。

2.2.1　申请账号

　　要拥有一个微信公众号，首先必须要申请账号，微信公众号的账号申请通常在官网上进行，有 7 个步骤，具体如下。

　　第一步，打开浏览器，输入"http://mp.weixin.qq.com"或直接搜索"微信公众平台"，进入微信公众平台官方页面，单击右上角的"立即注册"链接，如图 2-7 所示。

图 2-7

第二步，输入邮箱、密码、系统自动显示的验证码，在填写这些信息后，勾选最下方的"我同意并遵守《微信公众平台服务协议》"，如图 2-8 所示。

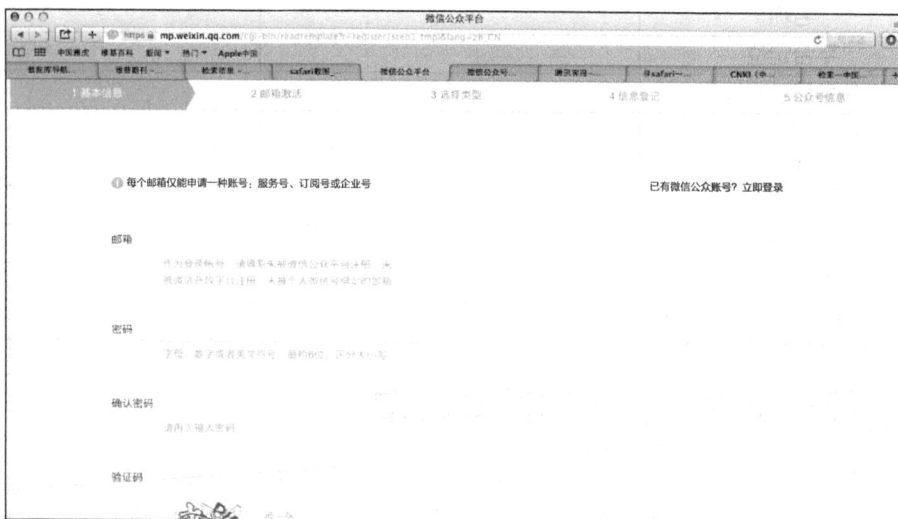

图 2-8

这里我们需要注意的是，作为登录微信公众号的邮箱，必须是没有注册过任何微信公众号，且没有绑定过任何个人微信号的邮箱。此外，微信公众号的密码必须由字母、数字或者英文符号构成，不少于 6 个字符，英文字母区分大小写。

第三步，系统会自动发送验证邮件到我们所填写的邮箱里，这时我们需要登录所注册的邮箱，进入微信官方发送的邮件页面，并单击其中的链接激活账号，如图 2-9 所示。

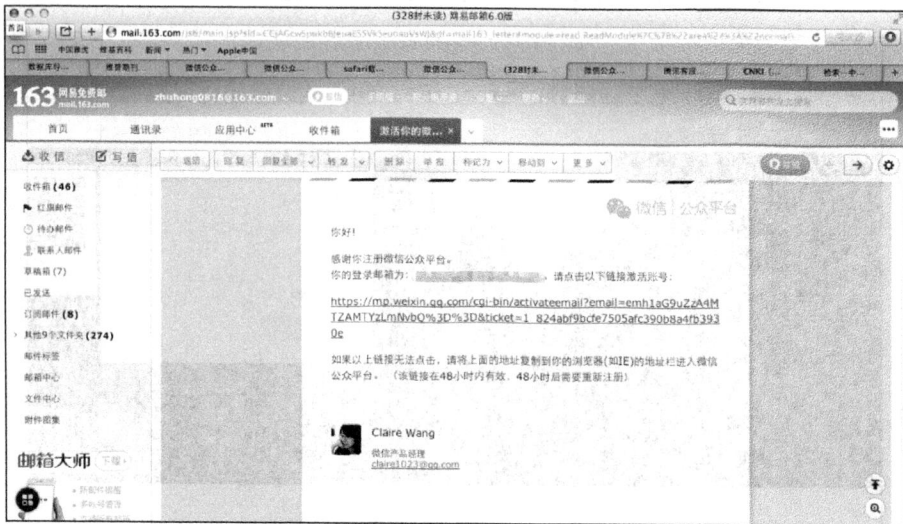

图 2-9

第四步，单击链接后，系统会自动跳转至微信页面，如图 2-10 所示。提示请选择微信公众号类型，此时可以根据自己的需要选择相关类型。

图 2-10

这里需要注意的是，账号一旦创建成功，其类型不可更改，所以在选择的时候需要十分谨慎。

第五步，根据微信公众号的类型，进行用户主体信息登记，这里可以看到微信公众号对应的主体类型包括政府、媒体、企业、其他组织、个人 5 种，如图 2-11 所示。

图 2-11

选择不同的主体类型，页面会提示填写不同的信息进行登记，比如选择"企业"类型，页面会提示需要登记企业名称、营业执照注册号、营业执照扫描件、对公账户、运营者身份证姓名和号码、运营者手机号码等信息。腾讯公司设置这一步的目的就是要实名认证用户的账号，实际上是腾讯公司对于第三方合作伙伴的真实性、合法性的一种担保，这也为整个微信网络营造了良好而安全的氛围。

如果对于选择主体类型存在疑惑，可以参考组织机构代码证上的组织类型来选择公众平台信息登记主体类型，比如个体工商户、企业法人、企业非法人等选择"企业"类型，医院、学校等可以选择"其他组织"类型。需要注意的是，如果你是个体工商户，但没有对公账户，则应该选择"其他组织"类型来完成注册账号。

第六步，填写账号的基本信息，包括账号名称、功能介绍、运营地区等。

这里需要注意的是，账号名称通常为 2～16 个汉字，且一旦设置无法更改。功能介绍可以写 4～120 个字，主要用于介绍该公众号的特色和功能，并将在主页中直接呈现给用户，如图 2-12 所示。

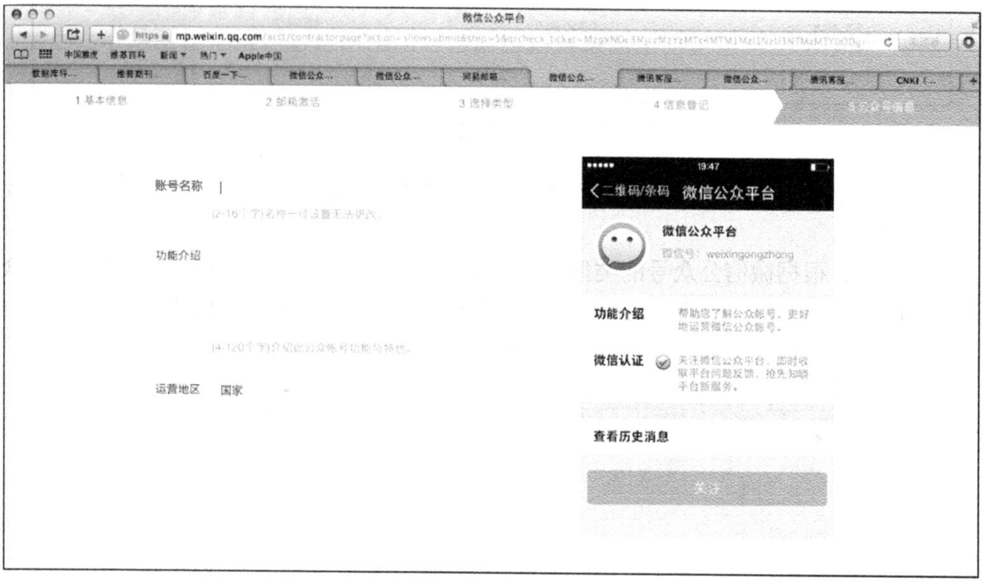

图 2-12

最后一步，当确认输入的信息无误后，页面就会自动跳转至微信公众平台，整个注册过程即全部完成，如图 2-13 所示。

2.2.2 设置账号头像

纵观一些异常火爆、粉丝众多的微信公众号，它们都有一个共同点——醒目的头像。微信公众号的账号头像就如同企业的 LOGO、品牌标识一样，是区别于他人的符号。好的头像可以树立自己的正面形象，增加曝光度，给用户留下深刻的印象。

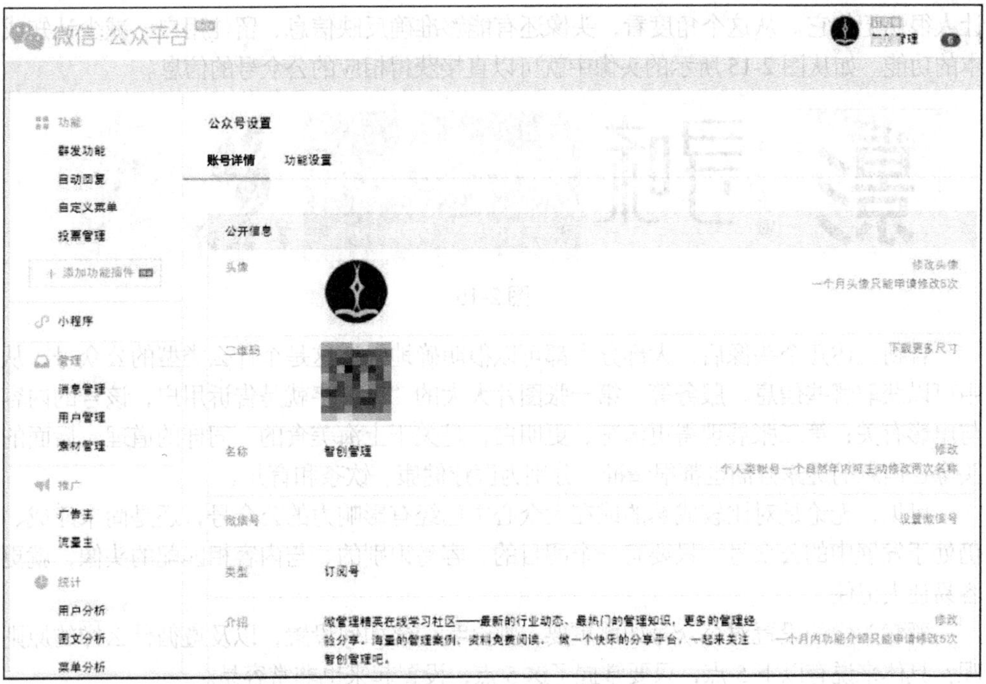

图 2-13

　　头像的主要作用就是强化记忆、便于识别，可提升企业在大众心目中的形象，让关注者很快就记住你。以图 2-14 为例，这些企业微信公众号的头像就很好地向大众展示了自己的企业形象或品牌形象。

图 2-14

　　当然上述所举的例子都是些较成熟的，或者在大众心目中已经有较大影响力的企业或品牌，头像的记忆和识别作用表现不明显。但对于一些尚未建成，仍处于发展中的企业或品牌，这种作用无疑会显得更加明显。

　　比如，我们偶然看到一篇十分有趣的公众号文章，在好奇心的驱使下必然会进一步去关注这个公众号。如果该号的头像比较有特色，则很容易加深我们对该号的第一印象，让人很快记住它。从这个角度看，头像还有能够准确反映信息、留住用户、减少认知成本的功能。如从图 2-15 所示的头像中就可以直接获得相应的公众号的信息。

图 2-15

看到上述几个头像后，大部分人都可以很明确地知道这是个什么类型的公众号，从中可以获取哪些信息、服务等。第一张图片大大的"影"字就是告诉用户，该号的内容与电影有关；第二张展现得更清楚、更明白，是关于上海美食的。同样的道理，后面的头像在信息的透露方面也都很精准，分别为医疗健康、饮茶和育儿。

可见，无论是对比较成熟的或在大众心中已经有影响力的公众号，还是尚未建成、仍处于发展中的公众号，只要有一个醒目的、容易识别的、与内容相匹配的头像，就更容易让人记住。

既然头像的设置对公众号如此重要，那么我们该如何设置，以及遵循什么样的原则呢？具体来说有以下 5 点，只要掌握了这 5 点，设置起来也非常容易。

1. 以企业、品牌、产品名称直接做头像

直接用企业、品牌、产品的名称是一种最常用的方法，或将这些元素进行简单的变形、延伸，如字体变化、英文简写、添加背景、添加网址、标语等。

类似的头像有金凤成祥、必胜客、顺丰速运等，如图 2-16 所示。

图 2-16

2. 以企业 LOGO 做头像

这种方法比较简单，一般直接引用企业 LOGO。值得注意的是，在用 LOGO 做头像时，千万不可对其进行变形、修饰、添加背景或其他元素，因为 LOGO 本身就是企业或品牌的身份象征，具有独特性、唯一性。

类似的头像有大众点评、滴滴出行、丹尼斯百货等，如图 2-17 所示。

3. 以个人形象做头像

以个人头像作为公众号头像多运用于行业大咖、明星艺人或自媒体公众号，目的就是利用个人的影响力强化公众号形象。

图 2-17

这种方法适合在某个行业、领域内较有影响力的个人，或者主要依靠个人形象、影响力来打造、支撑运营的中小企业、创业团队，如自媒体"罗辑思维"。这种方法并不适合所有公众号，尤其是大型企业、大众媒体、社会组织等。

4. 以卡通形象做头像

以卡通形象做头像，一种是个人形象的延伸，如有的自媒体人特意为公众号打造的个人漫画形象；另一种就是为体现行业特色而专门设计的形象，如文化创意公司、动漫游戏开发公司、设计公司等，比较有代表性的如轻松筹、南方航空等，如图 2-18 所示。

图 2-18

5. 抽象头像

这种方法是指以塑造一个具体的或虚拟的角色和形象，来表现与之相对应的内容主题的一种方法。如一个推荐股票的公众号，可以用牛做头像，以示"牛市"，也可以用一个上扬的曲线箭头做头像，以示正在暴涨的趋势，如图 2-19 所示。

（a）牛股成群　　　（b）股票早餐　　　（c）股票雷达

图 2-19

特别需要提示的是，在运用这种方法时，需要辅以独特的创意和巧妙的构思。如果只是单纯地描绘一个抽象的形象，未免显得过于单调，无法很好地表现出公众号的内涵和特色，如图 2-19（b）、（c）的背景设计除了表明公众号的内容类型（股票）外，还隐含了公众号内容的特色图 2-19（b）主推早盘盘面分析，图 2-19（c）主推选股、推股、荐股。

2.2.3 拟写账号名称

一个好的微信公众号，除了需要有醒目的头像外，还需要有吸引人的名称。头像和名称通常捆绑在一起，被认为是一个微信公众号重要的外在形象。因此，公众号有个好的名称非常重要，那么什么样的名称才能称得上是一个好名称呢？我们先来看一份调查，2016 年 9 月全国微信公众号 10 强排行榜（完整榜单）如图 2-20 所示。

排名	公众号	发布	总阅读数	最高阅读数	平均阅读数	总点赞数	WCI	等价活跃粉丝
1	人民日报 rmrbwx	198/497	4970万+	10万+	10万+	236万+	1575	100万+
2	冷兔 lengtoo	57/170	1700万+	10万+	10万+	216万+	1512	100万+
3	央视新闻 cctvnewscenter	197/448	4123万+	10万+	92051	86万+	1506	100万+
4	卡娃微卡 kawa01	30/239	2390万+	10万+	10万+	94万+	1494	100万+
5	占豪 zhanhao668	30/233	2234万+	10万+	95889	79万+	1477	100万+
6	十点读书 duhaoshu	30/240	2399万+	10万+	99990	58万+	1468	100万+
7	任真天 rzt317	30/240	2400万+	10万+	10万+	51万+	1460	100万+
8	冷笑话 lengxiaohua2012	51/164	1638万+	10万+	99915	68万+	1454	100万+
9	美国内参 mgncwx	30/240	2306万+	10万+	96094	50万+	1453	100万+
10	视觉志 QQ_shijuezhi	30/224	2229万+	10万+	99531	42万+	1451	100万+

图 2-20

看了以上榜单，不难总结出好的微信公众号的账号名称所具备的共同点，总结如下。

第一，要遵循一定的原则，响亮、易记、易识别，如人民日报稳居榜首，其总阅读数、平均阅读数及 WCI 均稳居榜首，此外还有央视新闻、十点读书、美国内参、视觉志QQ 等，多来自比较有影响力的同名纸质版报纸、杂志、新闻广播等，容易被记住、识别。同时由于名气比较大，因而往往也自带众多粉丝，具备这两点自然会火。

第二，要有一定的技巧性，如传递的信息要具有乐趣性、新颖性。如冷兔、卡娃微卡、任真天、冷笑话等，虽然在名气上不及前者，但由于乐趣性和新颖性，也往往会吸引不少粉丝的关注。

那么，在实际操作中，运营者如何做才能更好地拟写微信公众账号名称呢？这里有几个取名的小技巧需要掌握，只要运用好这几个技巧，你的公众号也会让人看一眼就很难忘记。

1. 直接命名法

直接命名法即直接以企业、品牌、产品的名字来命名，这样的例子很多，适合任何行业（见表 2-5）。

表 2-5 直接命名法

行业	零售	体育	餐饮	阅读	团购
名称	唯品会	NBA	俏江南	九点杂志	大众点评网

这种命名法适用于已经有较大影响力或众多粉丝的企业与品牌。最大的优势是可借用企业、品牌或产品已形成的影响力，方便粉丝搜索和记忆。

2. 前缀和后缀法

如果所涉企业在不同地区设立有子公司、分公司，产品面对的消费者针对性比较强，有明显的群体性。这时，就可采用链条式矩阵体系，即按照子公司、分公司的业务类型，或不同市场下的地域特性，分别申请多个公众号，以进行配套宣传和差异化宣传。

以中信银行信用卡为例，总名称是"中信银行信用卡"，为凸显出地域特性，分别以分公司所在地为后缀构建不同的账号，如深圳地区为"中信银行信用卡深圳"，广州地区为"中信银行信用卡-广州"等，如图 2-21 所示。

3. 相似命名法

如果说直接命名法是大企业、大品牌的一种命名法，那么相似命名法则恰恰相反，适合于初创或正处于上升期的企业或品牌。即依葫芦画瓢去模仿，借用行业内影响力较大的、有代表性的公众号的势，然后结合自身的特色进行演绎，这样就能很好地达到"借势"的目的，以小博大、以低成本获取粉丝和市场。

十点读书是一个非常受读者喜欢的阅读类公众号。每天十点，十点读书定期为读者推荐好书，提供精美的故事、美文、电台等，深深吸引了一批爱阅读的粉丝。与此同时，市场上也出现了很多以"十点"为关键字的公众号，主题也无非是向读者推荐美文、有哲理性的故事以及其他文字、音乐等，如图 2-22 所示。

图 2-21

图 2-22

  曾有一个名为"滴滴打人"的公众号,成立短短半天在微博的转发量就突破百万,其成功的一个主要原因就是命名的成功,借了公众号"滴滴打车"的势,可瞬间让受众产生熟悉感,同时又会让人觉得有些新鲜,存在感与话题感大增。

4. 提问命名法

  提问命名法可以理解为你问我答或自问自答,如今晚看啥呀、什么值得买、什么值得吃等。当把这些问题作为公众号名称时,可以很好地激发粉丝的好奇心,引导、诱导粉丝去关注更多内容。值得注意的是,这些问题实际上是没有固定答案的,在这里设置什么问题不是关键,关键是设置的问题要新颖,能够吸引更多的人关注,如图2-23 所示。

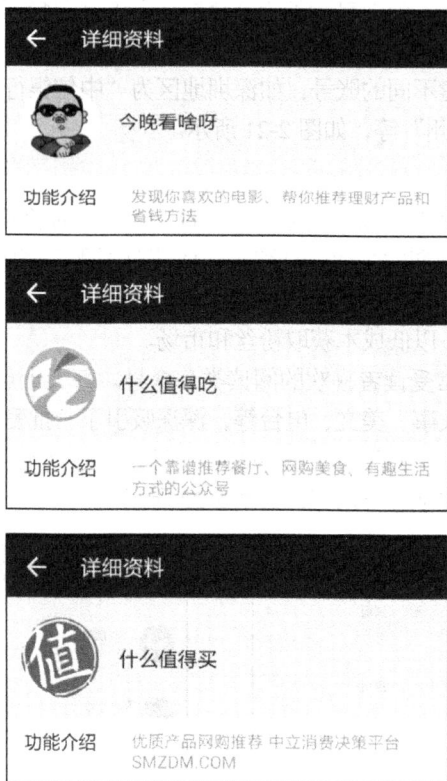

图 2-23

5. 功能命名法

  功能命名法即根据所涉企业、品牌、产品的具体功能来命名,将其功能提取出来,着重强调,以加深用户对这种功能的记忆。如酒店助手——订酒店这个公众号,很显然其功能就是帮助大家订酒店,为了更好地为粉丝提供这方面的服务,最好的办法就是在命名上加以说明。

  这类命名法多运用于以提供吃、穿、住、行、用等服务为主的企业或品牌,多采用

"××（主体）+功能"的格式，如途牛旅游网、微生活会员卡、神州出租、百度饮品、龙泰通电子等。这类命名法的优势在于推广方便，用户范围广泛、定位准确，可最大限度地提升公众号的曝光度，如图 2-24 所示。

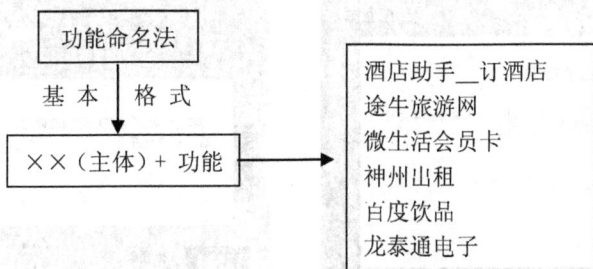

图 2-24

6. 形象命名法和抽象命名法

形象命名法是指利用拟人、拟物、比喻等形象化的手法，把抽象的事物具体化，可以用拟人、比喻等修辞手法来实现，如拇指阅读、篮球公园、电影工厂、她生活等。

抽象命名法与形象命名法相对，是将具体的事物拟人、拟物化或者模糊化。这类公众号以新鲜、好玩、有趣为主，没有严格的规则和规范，目的只有一个，即让粉丝感觉到眼前一亮，给用户以"云里来，雾里去"的恍惚感，如槽边往事、琢磨先生、乐活铺子、小道消息、一些事一些事等，如图 2-25 所示。

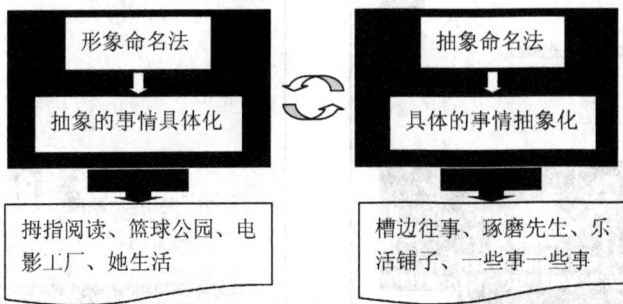

图 2-25

2.2.4　认证账号

微信公众号的账号认证采用自愿申请的原则，先由微信公众号经营者向系统提出申请，经平台审核后即可成为认证号。认证过后的微信公众号的功能比未认证账号的功能更多些，这对提升公众号的内容质量、完善公众号的服务体验有很大的作用。

如认证后的公众号具备利用后台自动获取用户的公开信息、地理位置信息的能力，如图 2-26 和图 2-27 所示。

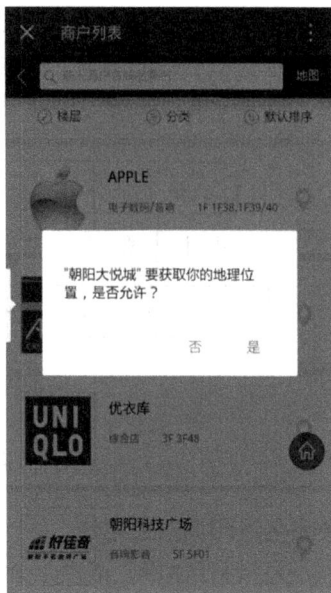

图 2-26　　　　　　　　　　　　　图 2-27

　　也可具有为用户提供多样化服务、个性化服务，开通微商城、微信小店的能力，如图 2-28 和图 2-29 所示。

图 2-28　　　　　　　　　　　　　图 2-29

　　类似的功能还有很多，总之，对账号进行认证后可享有更多的特权、使用更多的特色功能，最具有代表性的就是九大接口功能。认证后的微信公众号不但可以完善自身的运营体系，还可以大大增加运营者在用户心目中的可信度、公信力。

微信公众号的账号认证方法如图 2-30 所示，具体为：进入微信公众平台，选择"设置→公众号设置→申请微信认证"。

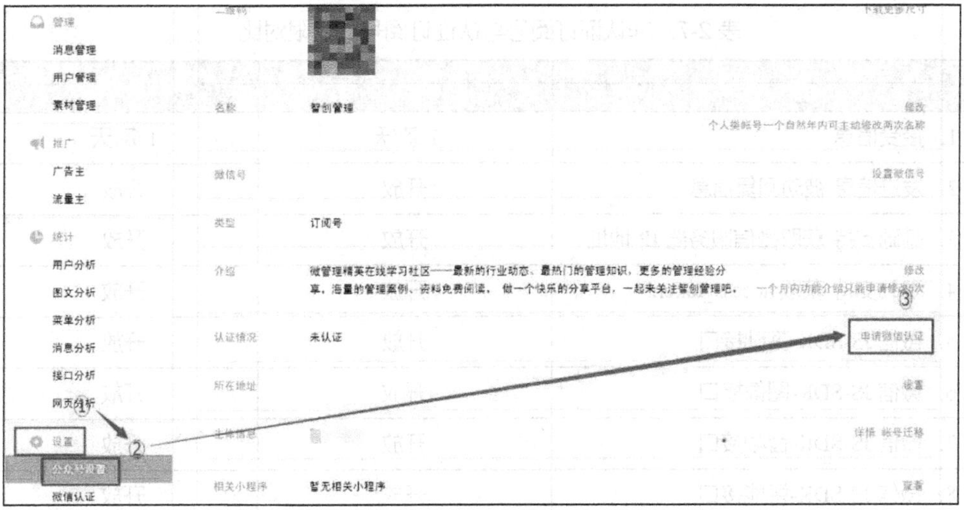

图 2-30

账号认证需要针对订阅号、服务号分别进行，相对应地，两者所拥有的权限也是有差异的，如表 2-6 所示。

表 2-6　不同账号类型的认证号拥有的不同特权

账号类型	认证号拥有的特权
订阅号	1. 可以自定义菜单（可设置跳转外部链接，设置纯文本消息） 2. 可以使用部分开发接口 3. 可以申请广告主功能 4. 可以申请卡券功能 5. 可以申请多客服功能 6. 微信公众号头像及详细资料会显示加"V"标识
服务号	1. 可以使用全部高级开发接口 2. 可以申请开通微信支付功能 3. 可以申请开通微信小店 4. 可以申请广告主功能 5. 可以申请卡券功能 6. 可以申请多客服功能 7. 微信公众号头像及详细资料会显示加"V"标识

注：认证费用 300 元/次，一次性支付，认证无论成功或失败，审核费用不退。

个人类型的微信公众号暂时不支持微信账号认证，2014 年 8 月 24 日前注册成功且条件满足的微信公众号除外。

微信营销

为了更好地区分两者的差异，我们准备了两个表格。表 2-4 和表 2-5 详列了认证订阅号与非认证订阅号、认证服务号与非认证服务号的权限对比。非认证订阅号与认证订阅号的权限对比如表 2-7 所示。

表 2-7　非认证订阅号与认证订阅号的权限对比

接口类型	非认证订阅号	认证订阅号	
1. 接受信息	1 条/天	1 条/天	
2. 发送信息/被动回复信息	开放	开放	
3. 基础支持-获取微信服务器 IP 地址	开放	开放	
4. 基础支持-获取 access_token	开放	开放	
5. 微信 JS-SDK-基础接口	开放	开放	
6. 微信 JS-SDK-图像接口	开放	开放	
7. 微信 JS-SDK-音频接口	开放	开放	
8. 微信 JS-SDK-智能接口	开放	开放	
9. 微信 JS-SDK-设备信息	开放	开放	
10. 微信 JS-SDK-地理位置	开放	开放	
11. 微信 JS-SDK-界面操作	开放	开放	
12. 微信 JS-SDK-微信扫一扫	开放	开放	
13. 微信 JS-SDK-微信卡券	不开放	开放	认证订阅号有而非认证订阅号没有的十大功能
14. 微信 JS-SDK-分享接口	不开放	开放	
15. 自定义菜单功能	不开放	开放	
16. 发送消息-客服接口	不开放	开放	
17. 发送消息-群发接口	不开放	开放	
18. 发送消息-模板消息接口	不开放	开放	
19. 用户管理-用户分组管理	不开放	开放	
20. 用户管理-设置用户备注名	不开放	开放	
21. 用户管理-获取用户基本信息	不开放	开放	
22. 用户管理-获取用户列表	不开放	开放	

与订阅号一样，认证服务号和非认证服务号仅仅体现在权限范围上，具体如表 2-8 所示。

表2-8　非认证服务号与认证服务号的权限对比

接口类型	非认证订阅号	认证订阅号	
1. 接受信息	4 条/月	4 条/月	
2. 发送信息/被动回复信息	开放	开放	
3. 基础支持-获取微信服务器 IP 地址	开放	开放	
4. 基础支持-获取 access_token	开放	开放	
5. 微信 JS-SDK-基础接口	开放	开放	
6. 微信 JS-SDK-图像接口	开放	开放	
7. 微信 JS-SDK-音频接口	开放	开放	
8. 微信 JS-SDK-智能接口	开放	开放	
9. 微信 JS-SDK-设备信息	开放	开放	
10. 微信 JS-SDK-地理位置	开放	开放	
11. 微信 JS-SDK-界面操作	开放	开放	
12. 微信 JS-SDK-微信扫一扫	开放	开放	
13. 自定义菜单功能	开放	开放	
14. 微信 JS-SDK-分享接口	不开放	开放	认证服务号有而非认证服务号没有的十八大功能
15. 微信 JS-SDK-微信卡券	不开放	开放	
16. 发送消息-客服接口	不开放	开放	
17. 发送消息-群发接口	不开放	开放	
18. 发送消息-模板消息接口	不开放	开放	
19. 用户管理-用户分组管理	不开放	开放	
20. 用户管理-设置用户备注名	不开放	开放	
21. 用户管理-获取用户基本信息	不开放	开放	
22. 用户管理-获取用户列表	不开放	开放	
23. 用户管理-获取地理位置	不开放	开放	
24. 用户管理-获取用户基本信息	不开放	开放	
25. 推广支持-生成带参数的二维码	不开放	开放	
26. 推广支持-长链接转短链接接口	不开放	开放	
27. 素材管理-素材管理接口	不开放	开放	
28. 智能接口-语义理解接口	不开放	开放	
29. 多客服-获取多客服消息记录、客服管理	不开放	开放	
30. 微信 JS-SDK-微信小店	不开放	开放	
31. 微信 JS-SDK-微信支付	不开放	开放	

▌实训　掌握账号的基本设置

根据本节掌握的知识，申请自己的公众号，并完善账号的设置（要求如表 2-9 所示）。

视频：微信公众号
账号的基本设置

表 2-9　账号设置项目

头像	
名称	
微信号	
功能介绍	
认证	

任务 2.3　认识微信公众平台的基本功能

使用公众平台的编辑模式和开发接口，公众号的所有者或运营者可发送消息、接收消息，并可按需进行回复。收、发、回复消息，以及发起投票活动是微信公众平台编辑模式下的四大基本功能，这些功能是运营公众号必须要掌握的，本任务将对这几个功能的基本操作进行详细的阐释和分析。

▌2.3.1　设置消息的群发

群发功能是微信公众平台上的主要功能之一，运营者发布文字、图片、音频等信息都需要通过这一功能来实现。群发后的信息可以同步出现在微信公众号中。

登录微信公众平台后台，单击左边功能栏目的"群发功能"，就能进入群发功能界面进行操作。群发功能界面提供给企业"新建群发消息"模块和"已发送"模块两个管理功能模块，如图 2-31 所示。

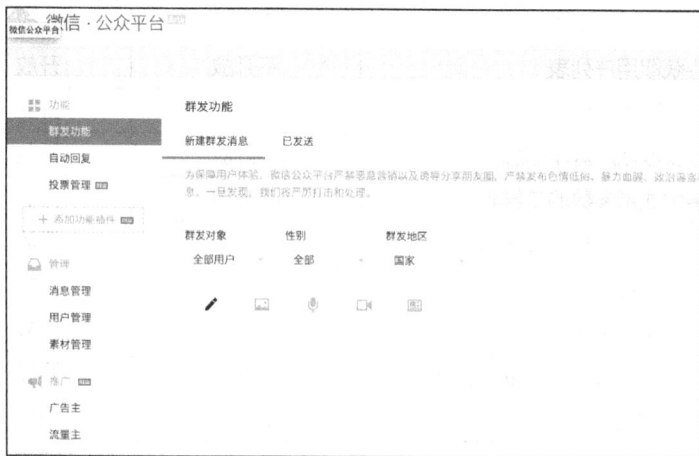

图 2-31

"新建群发消息"模块用于首次编辑信息，当需要推送或分享一条信息时，即可在该模块中进行编辑。信息的发送也可以分两种形式，第一种是"从素材库中选择"，第二种是"新建图文消息"，如图 2-32 所示。

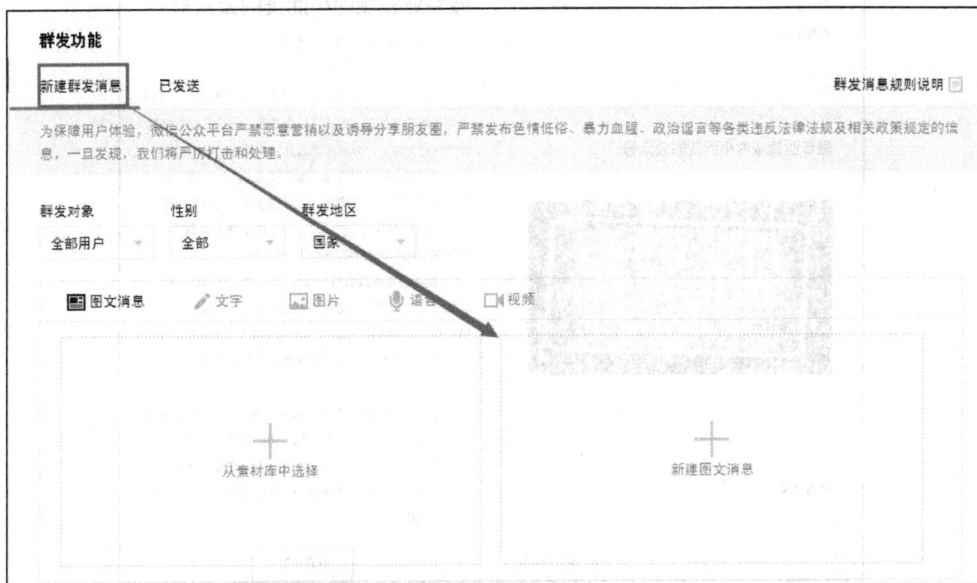

图 2-32

单击"新建图文消息"，进入编辑界面，然后根据要求填写标题、作者、正文以及封面图后即可发送。以公众号"智创管理"为例，效果如图 2-33 所示。

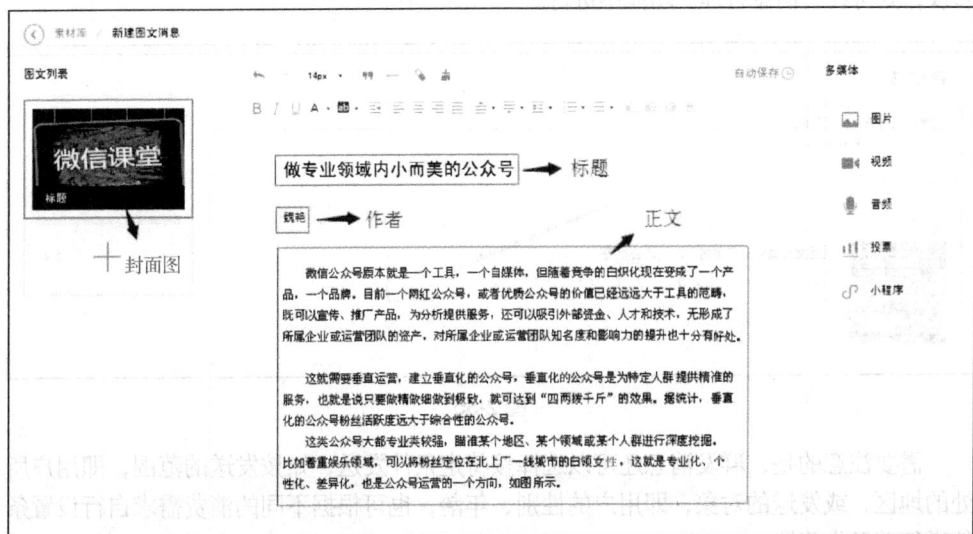

图 2-33

群发成功后即可显示在用户的手机端，效果如图 2-34 所示。

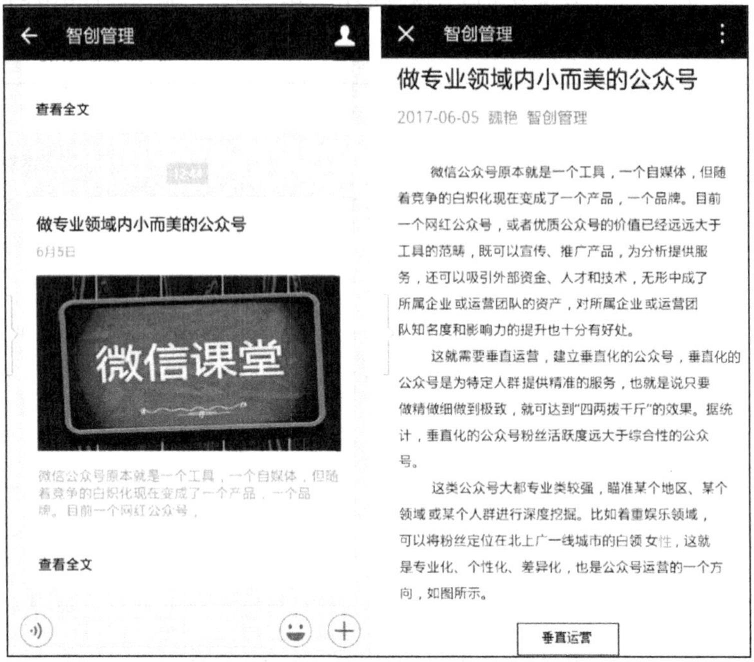

图 2-34

"已发送"模块的主要功能是对已发送的消息进行编辑，通常用于对那些不需要的或需要重新修改的已发送内容进行删除操作，如图 2-35 所示。如果需要进行更多的编辑、修改，则可在"消息管理"功能中进行。

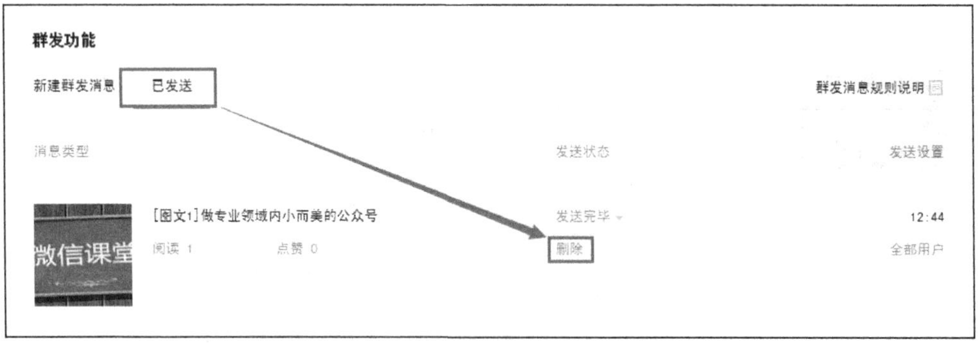

图 2-35

需要注意的是，群发消息还可以选择按特定条件发送，如按发送的范围，即用户所处的地区，或发送的对象，即用户的性别、年龄，也可根据不同的消费需求自行设置条件进行差异化营销。

同时，群发功能对所发消息进行了诸多限制，这是运营者在群发消息时必须要注意的，具体如表 2-10 所示。

表 2-10　群发消息限制

群发类别	要求
人数	无限制，只能群发给订阅用户，而不能发给非订阅用户
频率	订阅号 1 条/天；服务号 4 条/月；企业微信无限制
标题	不超过 64 个字节
内容	不超过 600 个字符或汉字
语音	最大 30MB，最长 30 分钟，支持 mp3、wma、wav、amr 格式
视频	最大 20MB，支持 rm、rmvb、wma、avi、mpg、mpeg、mp4 格式
图片	上传至素材管理中的图片、语音可多次群发，没有有效期
语言	暂时仅支持中文和英文
添加小程序	公众号可将已关联的小程序添加到群发文章的正文中，用户点击后可打开小程序。运营者可自定义小程序卡片的标题和图片，指定小程序打开页面

2.3.2　设置消息的自动回复

自动回复是微信公众平台上又一个非常重要的功能，也是运营者必须掌握的操作技巧。当后台把消息推送出去之后，经常会收到粉丝的反馈。为了能够与对方进一步沟通，这时就会用到自动回复功能。

登录微信公众平台，单击左侧的"功能"选项进入"高级功能"。然后单击"编辑模式"下面的"进入"按钮即可进入自动回复设置页面。单击页面右侧的关闭滚动条向右拖动，即可开启"编辑模式"，然后单击"启用"按钮，再单击"设置"，我们会看到页面右侧出现了图 2-36 中显示的 3 种自动回复设置消息。

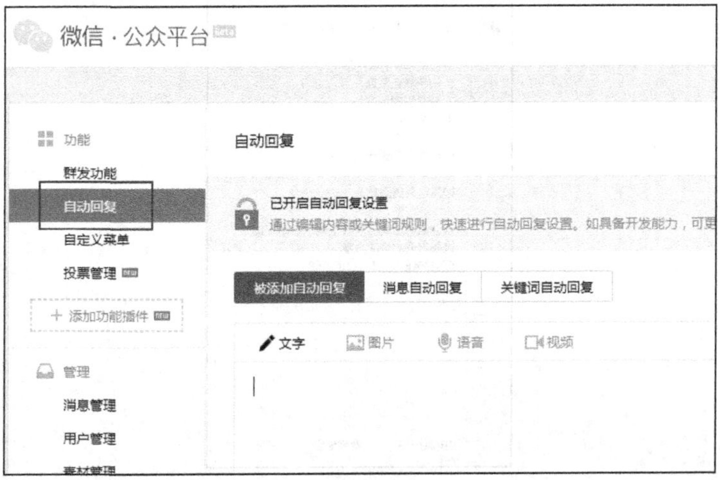

图 2-36

　　具体操作流程为：功能→高级功能→编辑模式→自动回复（添加相应的关键词自动回复消息）。

　　目前，微信公众平台上有 3 种形式的自动回复设置，分别为被添加自动回复、消息自动回复、关键词自动回复，这 3 种自动回复设置分别用在不同的场景中，如表 2-11 所示。

表 2-11　公众号上 3 种形式的自动回复

类型	运用场景
被添加自动回复	用户首次关注公众号时
消息自动回复	在用户给平台发送消息时，平台会自动回复已设置好的文字/语音/图片/视频给对方
关键词自动回复	通过设置关键字回复规则（规则名字数最多为 60 字）来满足粉丝的回复需求，一旦用户发送的消息内含有所设置的关键字（关键字字数不超过 30 字，可选择是否全匹配，如设置了全匹配，则必须关键字全部匹配才生效），即可把设置好的回复内容自动发送给用户

1. 被添加自动回复

　　在后台管理界面左侧管理列表中单击"自动回复"功能，即可进入"被添加自动回复"，在跳出的自动回复编辑框中输入想要回复的消息即可。回复的内容包括文字、声音、图片、视频、链接地址（最多 600 个字）。

　　"被添加自动回复"最重要的一个功能是欢迎语的设置。欢迎语是当有新用户关注时自动弹出给新用户的内容，是运营者与用户进行最初交流的一种形态。如首次关注南京奥派官方微信公众号——奥派股份时，便可收到图 2-37 所示的内容。

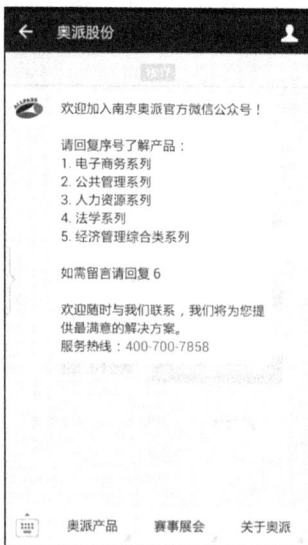

图 2-37

这里重点介绍下欢迎语的设置技巧，在公众平台上设置欢迎语，不能只是简单的问候或说句客套话，最好运用一些技巧，不仅可以吸引用户的关注，还可以为用户提供最有价值的信息。欢迎语的设置技巧具体如表 2-12 所示。

表 2-12　欢迎语的设置技巧

表示问候	以亲切的语气向粉丝打招呼，问候语不能过于常规化，一定要有创意，尽量做到形式多样，表达新颖
介绍平台，并提供有价值的信息	向粉丝展现平台的价值，用一句话或一篇文章等简单地介绍该号，给以粉丝明确的平台定位，让粉丝知道你是谁、是干什么的、能提供什么样的信息
抛砖引玉、引导读者	目的是提起关注者继续关注下去的兴趣，总的来讲就是直接告诉粉丝如何运用本公众号。值得注意的是，这种引导要简单，越简单越好

2. 消息自动回复

与"被添加自动回复"类似，"消息自动回复"的内容亦包括文字、声音、图片、视频在内的多种方式。不同的是该模块下的回复只能设置一条回复信息，不能添加链接地址信息，且只有在用户做出回应时才会自动弹出，否则不会激活。

仍以奥派为例，根据提示回复数字"1"就会收到"电子商务系列产品"，如图 2-38 所示。

图 2-38

3. 关键词自动回复

"关键词自动回复"是一种特定的自动回复形式，是指运营者在微信公众平台可以通过添加规则（规则名字数最多为 60 字）设置关键词自动回复。如运营者设置了关键字"平台服务"，那么用户发送的消息内如果含有关键字（可选择是否全匹配，如设置了全匹配则必须关键字全部匹配才生效）"平台""服务"或"平台服务"，即可得到设置好的自动回复内容。

这极大地增强了运营者与用户的深度互动，即当用户输入规定范围内的关键词时就会触发该功能，系统会按照关键词自动回复给用户后台设置好的内容。

在进行"关键词自动回复"设置时需要注意字数限制，如输入名称字数、关键词字数、回复内容字数等都有严格的要求，具体如表 2-13 所示。

表 2-13　关键词自动回复输入规则

类别	名称	关键词	回复
具体规定	不超过 60 个汉字，最多可以设置 200 条	单个关键词不超过 30 个汉字，每条消息最多可设置 10 个关键词	每条规则最多可设置 5 条回复，单条回复不超过 300 个汉字
注意事项	（1）"关键词自动回复"可以添加文字、声音、图片、视频，链接地址可以输入，但是不支持超链接至网页 （2）回复最多设置 200 条只是理论上的，这个规定微信官方并没有明确说明 （3）回复内容可以在界面中进行设置，可以选择每次都推送全部回复内容，也可以选择回复部分内容。如规则里可设置 10 个关键字，关键字相同但设置的回复内容不同的，系统会随机回复；每个规则里可设置 5 条回复内容，若设置了多个回复内容（没有设置"回复全部"），系统会随机回复		

2.3.3　设置自定义菜单

公众平台可以在会话界面底部设置自定义菜单，你可以按需设定菜单项，并可为其设置相应的动作，如可以设置使用用户通过点击菜单项，收到设定的消息或者跳转到设定的链接。

具体的设置步骤为：进入微信公众平台→功能→添加功能插件→自定义菜单→添加菜单→点击"+"添加子菜单→设置动作→发布。

最多可以创建 3 个一级菜单，一级菜单的名称字数不多于 4 个汉字或 8 个字母。每个一级菜单下最多可创建 5 个子菜单，子菜单名称字数不多于 8 个汉字或 16 个字母，如图 2-39 所示。

在子菜单下设置内容详情，选中子菜单后右侧会出现"设置动作"的页面，在该栏中即可输入所要展示的内容。可选择"发送消息"或"跳转网页""转跳小程序"。"发送消息"是指用户点击后回复给用户的是一条信息（包括图片、文字、语音、视频和图文信息）。"跳转网页"与"转跳小程序"是指用户点击后，页面会直接跳转到一个网页（微网站、微社区平台或微信小程序等）。

图 2-39

通常来讲，编辑中的菜单不会立即生效，通常会在发布成功 24 小时后在手机端同步显示，若多次编辑，以最后一次保存为准。

在公众平台后台，每项自定义菜单都可视为一个按钮，按钮一般有两种类型，一种是 Click，另一种是 View。

1. Click

用户点击 Click 类型的按钮后，微信服务器会通过消息接口推送事件类型的消息给开发者，消息中含有按钮开发者填写的 key 值，开发者可以通过自定义的 key 值与用户进行交互。

2. View

用户点击 View 类型的按钮后，微信内置浏览器将会打开开发者在按钮中填写的 URL，建议与网页授权获取用户基本信息接口（oAuth2.0 网页授权）结合使用，获得用户的登录个人信息。

Click、View 分属两种完全不同的菜单类型，因此，其属性也各不相同，如表 2-14 所示。

表 2-14　自定义菜单按钮类型、属性及说明

按钮类型	属性	属性说明
Click	Type	按钮类型，这里是 Click
	Name	菜单标题，不超过 16 个字节，最多显示 4 个汉字，子菜单不超过 40 个字节，最多显示 8 个汉字
	Key	用户点击微信服务器返回来的值，开发者根据这个值来判断用户点击的是哪个按钮，不超过 128 个字节
View	Type	按钮类型，这里是 View
	Name	菜单标题，不超过 16 个字节，最多显示 4 个汉字，子菜单不超过 40 个字节，最多显示 8 个汉字
	URL	用户点击时跳转到的网页链接，不超过 256 个字节

▌2.3.4　发起投票活动

投票功能可供微信公众平台的运营者组织比赛、活动、评选，并进行粉丝意见的收集等活动。如"小气·小明星"评选活动，可以提供参赛者的信息让粉丝参与投票，手机端显示如图 2-40 所示。

图 2-40

运营者可以通过进入微信公众平台，单击"功能→投票管理→新建投票"进行投票活动管理，按需要填写投票项目相关资料，如图 2-41 所示。

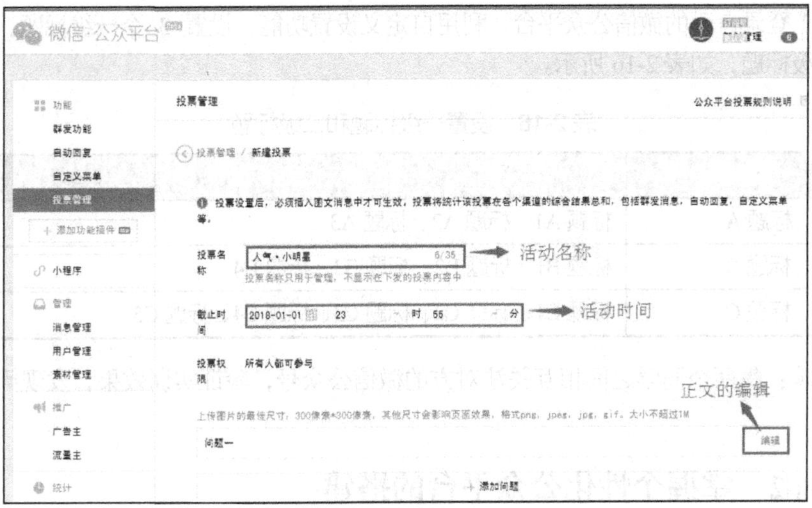

图 2-41

同一个投票模板在不同渠道、不同图文中的投票结果会累计计算，同一投票模板同一个微信用户仅支持一次投票。公众平台仅提供投票功能，投票的内容和结果属于公众平台运营者个人行为，如公众平台运营者发现微信用户通过作弊、造假等不诚实、不道德的方式参与投票造成错误的结果，需自行核实。同时，腾讯官方会对投票的内容进行把控，如出现违规内容，将会删除相关信息，并部分或全部暂停甚至终止为该违规公众平台提供投票功能，或采取其他的处理措施。

▌实训 1　掌握微信公众平台基础功能

（1）登录自己的微信公众平台，利用群发消息功能，根据需求群发图文消息。要求面向的对象是全班同学，性别不限。

（2）登录自己的微信公众平台，利用自动回复功能，根据不同情景设置不同类型的自动回复，如表 2-15 所示。

表 2-15　设置 3 种自动回复

序号	类型	情景	设置内容
1	被添加自动回复	用户首次关注公众平台时	欢迎访问我的公众平台
2	消息自动回复	用户获取特定的信息时	回复内容："奥派" 得到回复的内容："奥派微信营销实战平台，锁定互联网+时代下的新型营销模式，致力于为学生和老师提供实战应用型训练平台。"
3	关键词自动回复	用户搜索某个关键字信息时	设置关键字内容："微信营销一站式服务，打造优质微信营销平台！" 回复关键字："微信　一站式"

（3）登录自己的微信公众平台，利用自定义设置功能，设置 3 个一级标题，并分别下设二级标题，如表 2-16 所示。

表 2-16　设置一级标题和二级标题

一级标题	二级标题
标题 A	标题 A1、标题 A2、标题 A3
标题 B	标题 B1、标题 B2、标题 B3、标题 B4
标题 C	标题 C1、标题 C2、标题 C3、标题 C4、标题 C5

要求：每两个同学之间相互关注对方的微信公众号，验证实训效果，发现问题并及时修正。

实训 2　掌握个性化公众平台的搭建

在微信公众平台后台可以对自动回复、自定义菜单及群发功能等进行最基本的设置。但如果需要创建一个个性化的公众平台，则需要第三方平台的辅助，在一个本地化的运行环境中更有利于平台的开发，奥派微信营销平台的功能如图 2-42 所示。

图 2-42

单击奥派微信营销平台（以下简称奥派），进入"功能管理"，如图 2-43 所示。

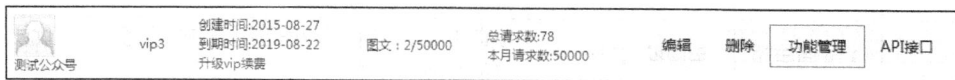

图 2-43

打开"基础设置",可以发现有很多栏目,这些栏目既包含了微信公众平台官方平台上的功能,如群发功能、自定义回复功能等,又增加了不少特色功能。通过这些功能,运营者可高效、快捷地打造有特色的公众号。

1. 消息群发

(1)单击"新增群发消息",即可对所发信息的内容进行编辑和设置,然后选择群发标题、群发方式等,单击"保存"按钮,如图 2-44 所示。

图 2-44

(2)消息保存后,可以进行发送、预览或删除,如图 2-45 所示。

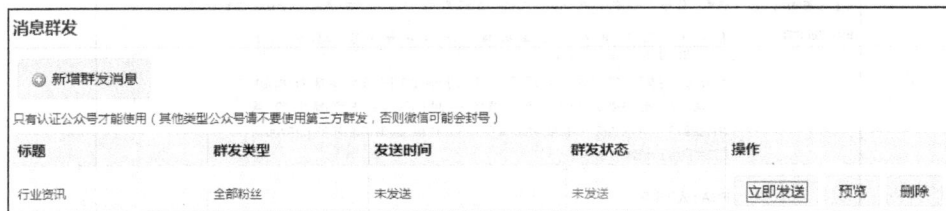

图 2-45

2. 自动回复

(1)微信-文本回复

如果以文本的形式回复,可直接单击"微信-文本回复",编辑文本自定义内容,编辑完成后单击"保存"按钮,如图 2-46 所示。

当粉丝发送该关键词时,将会自动回复已设置的回复内容,如图 2-47 所示。

(2)微信-图文回复

如果以图文的形式回复,可直接利用"微信-图文回复"→"新增图文自定义回复"功能,设置图文自定义回复内容,如图 2-48 所示。

编辑文本自定义内容

关键词： 赞
多个关键词请用空格格开：例如：美丽 漂亮 好看

关键词类型： ⊙ 包含匹配（当此关键词包含粉丝输入关键词时有效）
○ 完全匹配（当此关键词和粉丝输入关键词完全相同时有效）

内容或简介： 多谢夸奖/拥抱

请不要多于1000字否则无法发送!

保存 切换到图文模式 取消 ☺ 表情

图 2-46

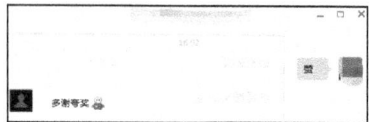

图 2-47

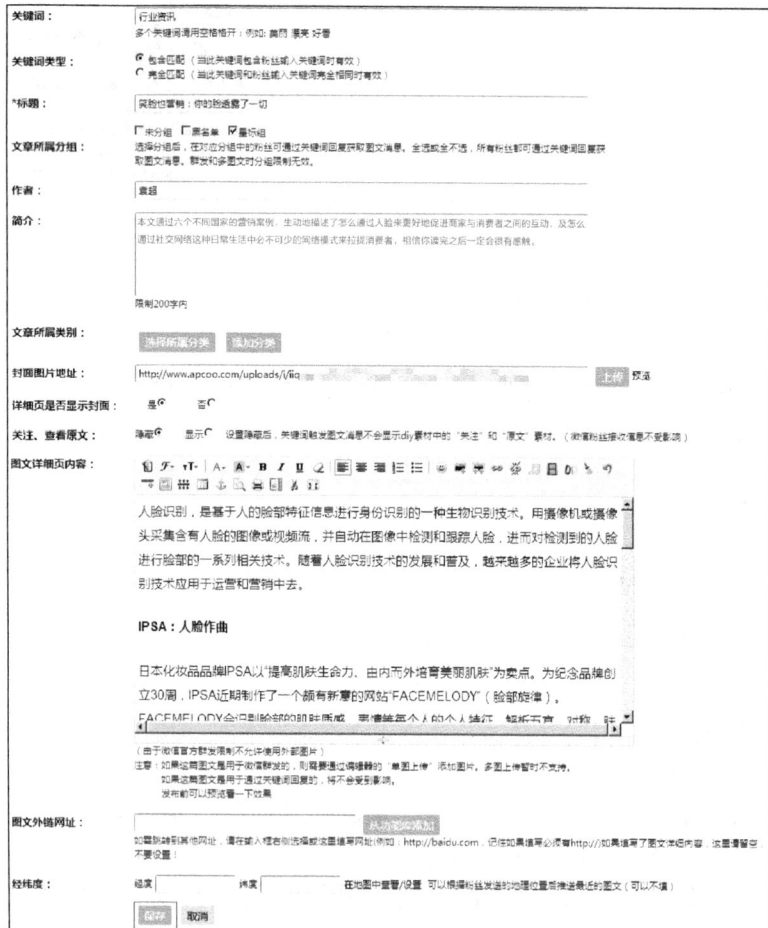

图 2-48

设置完毕后，单击"保存"按钮，在微信中的显示效果如图2-49所示。

图 2-49

（3）微信-语音回复

如果以语音的形式回复，可以利用"微信-语音回复"→"新增语音回复"功能。编辑语音回复内容时，音频文件可以从本地上传，也可从系统的素材库中直接选择，如图 2-50 所示。

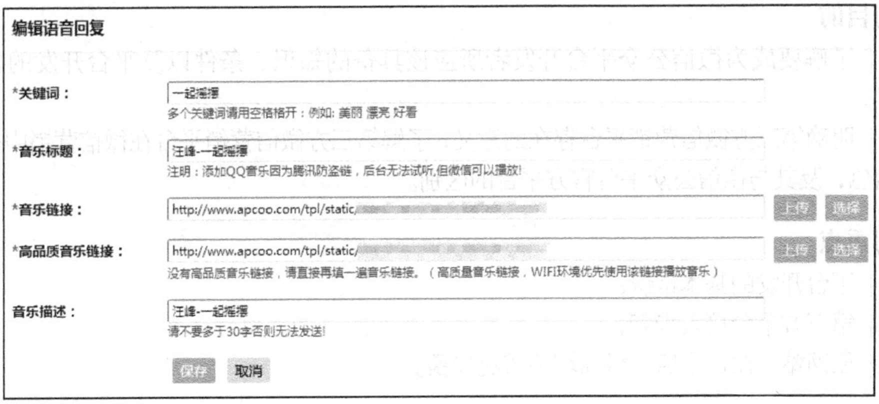

图 2-50

当粉丝发送该关键词时，就会收到已设置的语音回复内容，如图 2-51 所示。

图 2-51

平台开发

通过项目 2 的学习，读者已经对微信公众平台及其编辑模式有了一定的了解，所掌握的知识也可以满足初级公众号运营者的运营需要。但是这并不足以支撑整个微信营销，因为有很多应用场景是编辑模式不能满足的，比如用户身份验证、企业的业务系统对接、个性化回复等，这些只有通过开发模式才能实现。本项目主要介绍开发模式的启用。

学习目的

| 了解要成为微信公众平台开发者所应该具备的知识、条件以及平台开发的常用工具；

| 明确第三方微信营销平台存在的意义，了解第三方微信营销平台在微信营销中扮演的角色，及其与微信公众平台官方平台的区别。

学习重点

| 平台开发的基本常识；

| 第三方平台接入步骤；

| 微网站、微信小店、微商城的搭建步骤。

任务 3.1　开发微信公众平台

微信公众平台有两大模式，一个编辑模式，另一个开发者模式，前者主要是针对没有开发能力的初级运营者，后者主要是针对具备开发能力的专业运营者。在开发者模式下，公众号的所有功能都可通过编程实现，相比而言，比编辑模式更复杂、更专业，需要运营者具备一定的专业能力。

3.1.1　开发条件

在任务 2.3 中讲到的微信公众平台基本功能的编辑和设置，基本上就是编辑模式下的所有内容。不同于编辑模式的是，开发者模式并不是简单地编辑和设置，还需要搭建开发所需的公网环境，掌握必要的编程语言，并进行编程。那么，微信公众平台开发需要具备哪些条件呢？具体来讲有以下 4 个。

1. 账号信息要完整

在启用开发者模式时，系统会检查公众号的账号信息的完整性，包括头像、名称、功能介绍，是否进行了账号验证，以及其他信息的填写是否完整。如信息不够完整，就无法开启开发者模式，因此，在开启开发者模式前，必须先按系统的要求完善账号信息。

2. 必须保证在公网环境中运行

由于账号处理程序时需要与微信服务器进行交互，因此必须将其部署在公网环境中。公网是相对局域网而言的，我们自己家庭或企业内部使用的比较具有私密性的计算机，一般都处在局域网环境中。在局域网中，只有在该范围的用户才能使用和访问，外部用户是无法访问的。公网则不同，公网具备独立的公网 IP，能够支撑外部程序的运行，还能为部署应用程序分配访问域名，使应用程序被更多外网用户访问。

对于许多中、小企业或个人开发者而言，假如没有或者无法搭建公网环境，无疑会成为微信公众平台开发的最大障碍。

3. 掌握必要的开发语言

（1）动态脚本语言：PHP、JSP、C#等，任意一种都可以，但需要有一定的开发经验。

（2）HTML、DIV+CSS：HTML 是超文本标记语言，指页面内可以包含图片、链接，甚至音乐、程序等非文字元素；DIV+CSS 为 Web 设计标准，是一种网页的布局方法。网页设计基本上都是用这两种技术组合而成的，运营者只要对这两种技能有一定的基础即可。

（3）JavaScript、AJAX：JavaScript 是网页前端动态语言；AJAX 是一种创建交互式网页应用的网页开发技术。运营者需要具备这两种技能的基础。

（4）HTML5、XML：HTML5 是超文本标记语言（HTML）的第五次重大修改；XML 是可扩展标记语言，是标准通用标记语言的子集，是一种用于标记电子文件使其具有结构性的标记语言。运营者只要了解这两种技术即可。

4. 请求校验程序

在启用开发者模式的过程中会要求填写接口配置信息，这就意味着要先完成请求校验程序的开发。请求校验程序有哪些要求、如何开发将在任务 3.2 中为读者详细介绍。

3.1.2 开发软件

这里的开发软件主要是指开发所需的服务器，这是一种网络应用开发平台。它让开发者在开发时不需要任何实际的服务器，只需要上传一个应用程序就能够为外网用户提供服务。

运用软件为开发者节约了大量的人力、时间及各种软硬件成本。

支撑微信公众号运营的服务器通常来讲分为两大类，分别为云主机和虚拟空间。云主机又称云服务器或云计算服务器，是云计算服务体系中的一项主机产品，一般为托管于 IDC 机房的服务器或者由第三方服务商提供的服务器；虚拟空间即利用网络空间技术，把一台服务器分成许多虚拟的"主机"，每一台"主机"都具有独立的域名和 IP 地址，具有完整的 Internet 服务器功能。

两者虽然技术特点很相似，但也有很多不同，主要区别表现在 3 个方面，如图 3-1 所示。

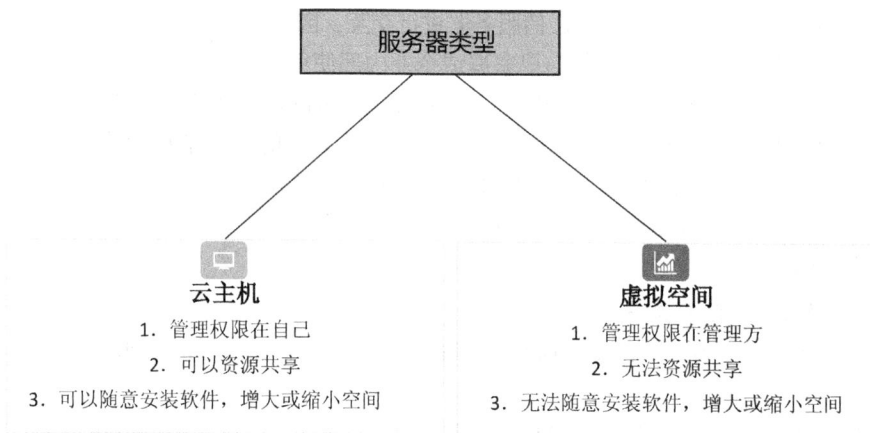

图 3-1

对比两种服务器类型，总结来说，云主机比较适合作为微信公众平台的服务器，主要是为了灵活管理、降低成本、资源共享。

新浪 SAE（Sina App Engine）、百度 BAE（Baidu App Engine）都是云主机，也是目前运用最多的两种云主机，基本能够解决开发者对公网环境的需求。接下来将详细讲解新浪 SAE 和百度 BAE 两种云主机。

1. 新浪 SAE

SAE 是一个简单高效的分布式 Web 服务开发及运行平台，它是新浪研发中心于 2009 年 11 月 3 日正式推出的国内首个公有云计算平台。SAE 提供了一系列分布式计算、存储服务供开发者使用，包括分布式文件存储、分布式数据库集群、分布式缓存、分布式定时服务等，这些服务大大降低了开发者的开发成本。同时又由于 SAE 整体架构的高可靠性和新浪的品牌保证，大大降低了开发者的运营风险。

另外，作为典型的云计算平台，SAE 采用"所付即所用，所付仅所用"的计费理念，通过日志和统计中心精确地计算每个应用的资源消耗（包括 CPU、内存、磁盘等）并据此收取费用。

2. 百度 BAE

BAE 是一个支持多语言的、弹性的服务端运行环境，能帮助开发者快速开发并部署应用。使用 BAE，开发者不用维护任何服务器，只需要简单地上传应用程序，就可以为用户提供服务，从而缩短了产品发布周期，使产品能快速适配市场需求。

其主要特性如下：

（1）业界主流 Runtime，应用迁移零成本；

（2）支持后台长时间的程序运行；

（3）支持 PHP、Java、Python 等多种语言；

（4）应用 SVN／GIT 管理代码，一键式应用自动部署；

（5）支持动态扩容、负载均衡；

（6）可快捷接入云存储、云推送、媒体云等丰富的云服务。

SAE 和 BAE 各有优势，都能够满足微信公众平台的开发需要。注册 SAE 可免费使用约 5 天，通过实名认证、开发者认证能免费使用更久。对于访问量较小的应用来说，BAE 2.0 几乎是完全免费的。BAE 目前已发展到 3.0 版本，3.0 版本已开始收费。

3.1.3 开发工具

对于微信公众平台的开发，腾讯官方只给出了 PHP 语言的示例代码，这也让部分开发者误以为只有 PHP 语言一种选择。微信公众平台的处理程序其实就是一个 Web 项目，负责接受并响应微信服务器发送的 HTTP 请求。因此，只要是支持动态 Web 开发的编程语言都能够用于微信公众平台开发，比如 Java、PHP、.NET、ASP 和 Ruby。

下面对搭建微信公众平台开发环境所用到的工具进行介绍，工具的安装和配置有大量的资料可以参考，这里不再赘述。

1. JDK

JDK 是原 SUN 公司推出的 Java 开发工具包，它是整个 Java 的核心，包括了 Java 运行环境、Java 工具和 Java 基础类库。JDK 已由最初的 JDK 1.0 版本，发展到现在的 JDK 1.7 版本，随着版本的不断更新，运行效率也得到了显著的提高。

2. My Eclipse

Java 开发工具有很多种，比较著名的有 Eclipse、NetBeans 和 J Builder，这些工具本身也是使用 Java 编写的。其中，Eclipse 以其开源性和扩展性，深受广大 Java 开发者喜爱。

Eclipse 本身只是一个框架和一组服务，通过安装相应的插件构建开发环境。如果要用 Eclipse 开发 Java Web 应用，就需要为其安装支持 Java Web 开发的插件，而 My Eclipse 就是最佳选择。

My Eclipse 是一款非常优秀的用于开发 Java、J2EE 的 Eclipse 插件，目前支持 Java、JSP、Servlet、JDBC、AJAX、JSF、Struts、Spring、Hibernate、EJB 3 等的开发，同时也是一款几乎囊括了目前所有主流开源产品的专属 Eclipse 开发工具。

使用 My Eclipse 需要付费,要想免费使用,可以考虑 lomboz Eclipse 和 Eclipse IDE for Java EE Developers。

3. Tomcat

Tomcat 是 Apache 软件基金会(Apache Software Foundation)Jakarta 项目中的一个核心项目,它是一个免费的、开源的 Web 应用服务器。它技术先进、性能稳定,而且免费,因此深受 Java 开发者的喜爱,同时也得到了部分软件开发商的认可,成为目前运用较多的一种 Web 应用服务器。

值得注意的是,Tomcat 一般适用于中小型系统、访问较小的场合。

▍实训 了解新浪 SAE 及新浪 SAE 的创建

通过 3.1.2 节的学习可知,创建相应的服务器是开发的主要条件,如果不创建相应的服务器,所谓的开发行为就是一场空谈。新浪 SAE 可以作为支撑微信公众平台开发的应用引擎(服务器)。

SAE 是国内主流的云计算平台,用户可免费注册,注册后新浪会向用户赠送云豆,利用这些云豆可创建网站等应用,用户访问和使用平台资源也会消耗云豆,云豆使用完则需要购买。用于学习及测试时,新浪 SAE 是一个比较好的选择。下面就详细介绍一下下载、设置新浪 SAE 服务器的具体步骤。

(1)打开新浪 SAE 的操作界面,如图 3-2 所示。

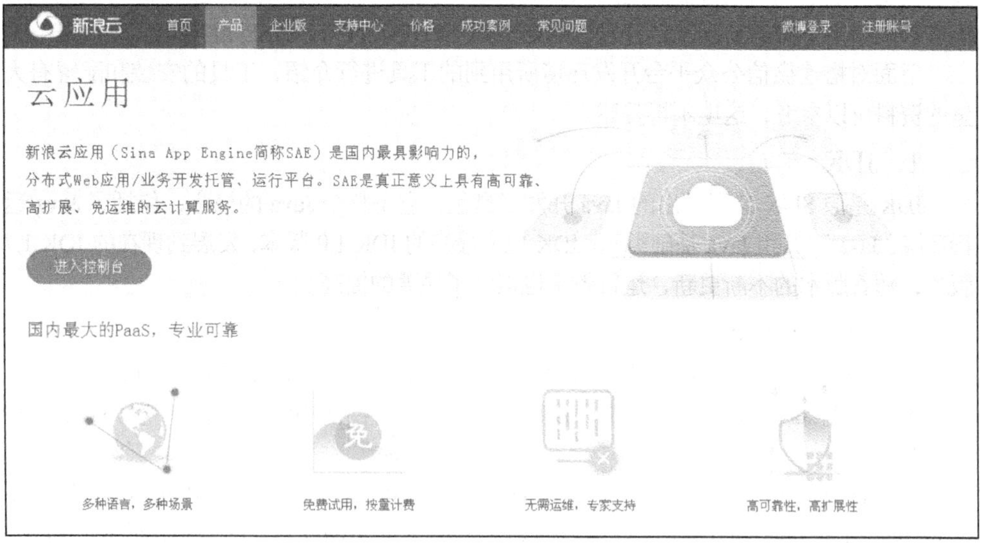

图 3-2

(2)单击右上角的"注册账号"按钮,进入图 3-3 所示的界面。如果已有新浪微博账号,可以直接登录。如果没有,则单击"立即注册微博账号"按钮进入。

(3)用已有的微博账号登录界面如图 3-4 所示。

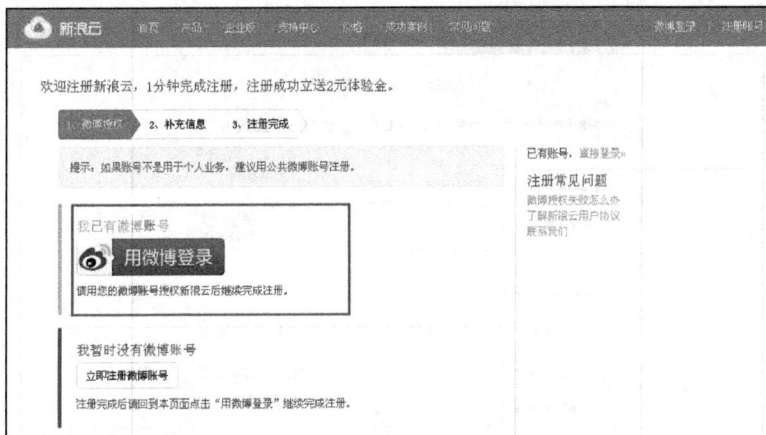

图 3-3

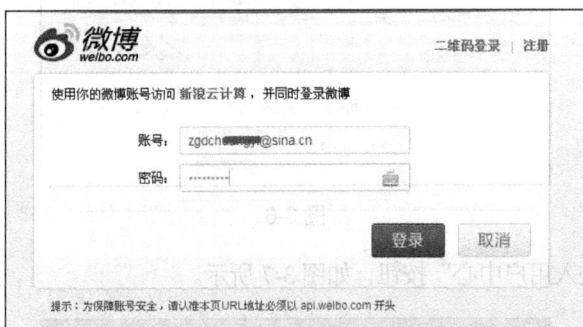

图 3-4

（4）登录后，单击"连接"按钮，如图 3-5 所示。

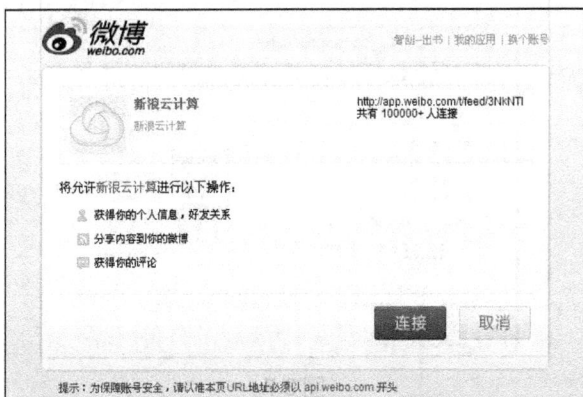

图 3-5

（5）连接成功后，进行信息补充，填写详细资料，如绑定手机号、安全邮箱、安全密码等，完成单击"下一步"按钮，如图 3-6 所示。填写的信息非常重要，务必求实，不可忽视。

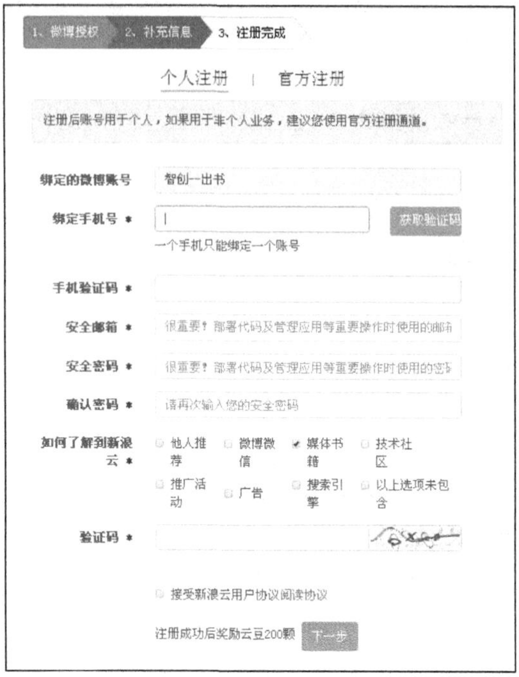

图 3-6

（6）单击"进入用户中心"按钮，如图 3-7 所示。

图 3-7

进入用户中心后的用户中心界面如图 3-8 所示。

（7）完成基本的注册操作后，接下来就要进行实名认证，单击"实名认证"选项，如图 3-9 所示。在微信接入开发者模式时，新浪 SAE 必须进行实名认证，否则会验证失败。

图 3-8

图 3-9

（8）完成实名认证后，进入控制台。单击 按钮，可以新建一个应用，如图 3-10 所示。

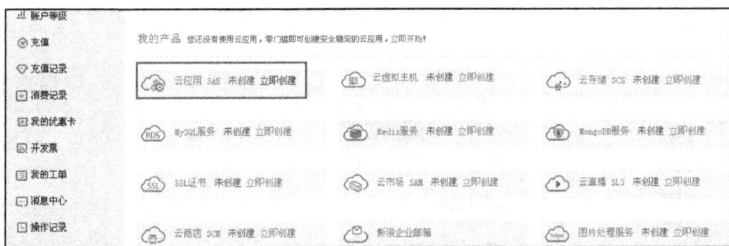

图 3-10

（9）选择部署环境，分别选择 PHP 版本、标准环境、5.3 或 5.6；填写应用信息（必填），应用信息包括二级域名和应用名称，二级域名就是你将来的访问地址，一旦创建不可修改。填写完毕后，即可单击右侧的"创建应用"按钮，具体如图 3-11 所示。

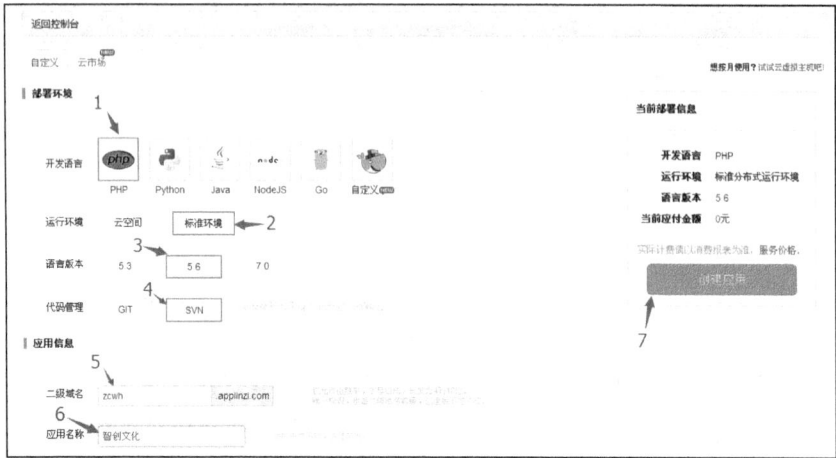

图 3-11

（10）这时页面会弹出一个关于 SAE 的提醒，创建者可以查看自己所创建的应用是否有悖其规定，若没有，则单击"继续创建"按钮，如图 3-12 所示。

创建成功后的页面如图 3-13 所示。

图 3-12

图 3-13

任务 3.2　开启微信开发者模式

　　本任务首先对比微信公众平台运营模式中两种模式的优缺点，并讲解如何开启开发者模式。开启微信开发者模式作为微信公众平台开发的第一步，操作简单却非常重要。

3.2.1　微信公众平台的两种模式

　　微信公众平台的高级模式中有两种模式：编辑模式和开发者模式。这两种模式的运营思路完全不同。编辑模式基本围绕我们之前讲过的基础功能进行，主要目的是实现文字、语音、图片、图文消息的自动回复。而开发者模式主要是围绕二次开发进行的，通过该模式可以实现微信编辑模式几乎所有的功能，同时开发更多高级功能，如图 3-14 所示。

编辑模式

在此模式下，可通过简单的界面编辑设置自动回复、自定义菜单等功能

开发者模式

在此模式下，开发者可通过平台提供的接口，实现自动回复、获取订阅者、自定义菜单等功能

图 3-14

　　接下来，我们就来了解一下两种模式的优缺点。

（1）编辑模式如图 3-15 所示。

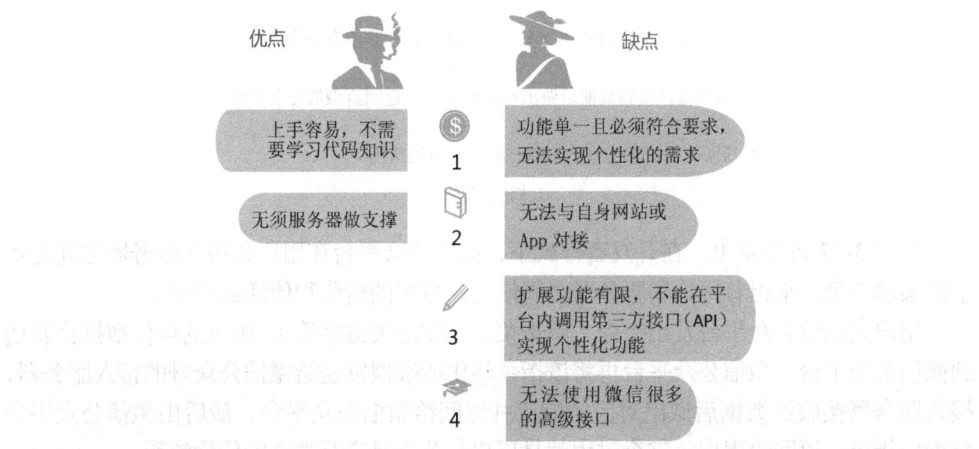

优点　　　　　　　　缺点

上手容易，不需要学习代码知识　　$ 1　功能单一且必须符合要求，无法实现个性化的需求

无须服务器做支撑　　2　无法与自身网站或 App 对接

3　扩展功能有限，不能在平台内调用第三方接口（API）实现个性化功能

4　无法使用微信很多的高级接口

图 3-15

（2）开发者模式如图 3-16 所示。

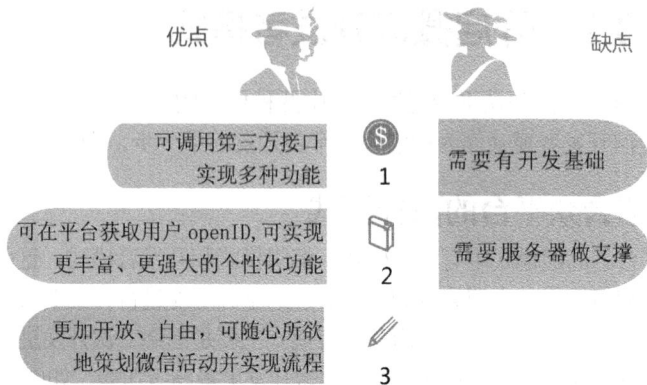

图 3-16

对比两种模式的优缺点，不难发现编辑模式的使用效果远不及开发者模式。前者是公众号的初级运用，后者则属于二度开发和深度运用。开发者模式的运作原理如图 3-17 所示。

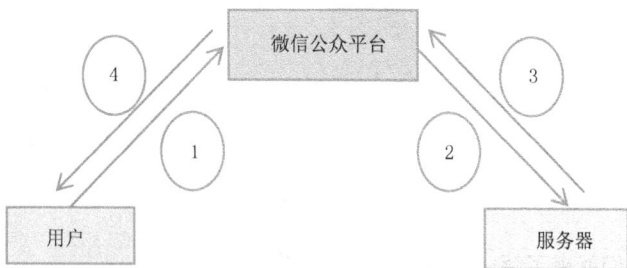

1. 用户发出指令

2. 微信公众平台将该指令转化成数据发送给接入服务器

3. 服务器接收到数据后做出对应的响应，返回给微信公众平台

4. 最后由微信公众平台转换成指令，再返给用户

图 3-17

从图 3-17 可以看出，在开发者模式下，微信公众平台在用户和接入服务器之间充当了桥梁的角色，承担着用户和服务器之间信息、数据的转化和传递的重任。

用户向微信公众平台发出指令（单击菜单、发送关键字等），相应的操作数据会发送到微信公众平台。微信公众平台再将该指令转化成数据发送给微信公众号的接入服务器，接入服务器接收到数据后做出对应的响应并返回给微信公众平台，最后由微信公众平台转换成指令，返回给用户。这个过程就是用户与公众号交互数据的传输流程。

▌3.2.2 成为开发者的两种方法

为了能够更充分地运用微信公众平台的多种功能，尤其是对于服务号而言，必须开启开发者模式。成为开发者的方法大致有两种，一种是自己搭建服务器，利用开发工具自行开发，第二种是借助第三方服务平台。

自行开发要求开发者拥有公网服务器资源，并且按照开发者文档完成相关程序的开发。搭建服务器运行环境需要开发者有一定的开发经验，熟练掌握 HTTP、CSS、JavaScript 等开发语言。这种方法不太适合没有任何编程基础的运营者。

第二种是借助第三方服务平台，将自己的平台与第三方平台相连，借助对方的有利资源进行开发。第三方平台可提供现成的程序和模板，省时省力，简单高效，只需支付一定的费用即可（不同的第三方服务平台费用标准不一样）。

因此，做微信公众平台运营开发的企业、商户，如果不具备开发条件，对开发语言不太精通，也没有专业的技术团队，便可利用第三方服务平台。

▌3.2.3 第三方平台的授权和使用

微信公众平台官方为了便于管理，也为了帮助微信公众平台运营者快速构建自己的微信公众号，将多种接口和功能权限进行了授权。在这种背景下，各式各样的第三方服务平台应运而生，只要在官方平台上提出申请，审核后获得授权，即可成功入驻官方平台。微信公众平台官方对第三方平台的授权如图 3-18 所示。

图 3-18

第三方平台入驻微信公众平台官方平台后，用户便可通过自己的微信公众平台后台进入第三方平台，并使用其中的权限接口。

第三方平台大都是辅助性的，是微信公众平台官方平台的特色化、细分化后的产物。第三方平台上的资源有针对电商行业的解决方案、针对旅游行业的解决方案等。如需对微信公众平台的功能进行优化，有专门优化图文消息视觉样式和排版的工具。第三方平台可提供专门定制的 CRM 用户管理功能，或功能强大的客服系统等。这些特定的运营功能往往是微信公众平台官方无法全部提供的，这时就需要第三方平台利用自己在特定领域的优势进行补充和创新。

因此，第三方平台的定位就是对微信公众平台官方平台的补充和创新，主要表现在模式上、技术上和业务上，如图 3-19 所示。

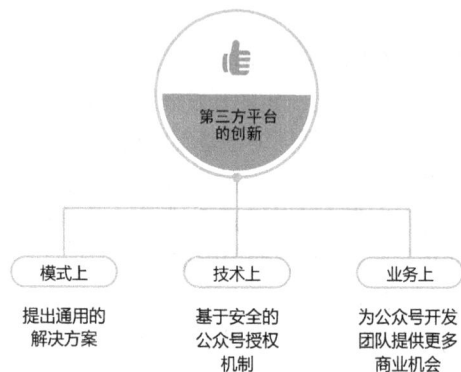

图 3-19

微信公众平台官方对第三方平台的解释是：为了让公众号或小程序运营者在面向垂直行业需求时，可以一键授权给第三方平台（并且可以同时授权给多家第三方），通过第三方平台来完成业务，开放第三方平台给所有通过开发者资质认证后的开发者使用。

借助第三方平台，可使用特殊的接口功能获取更多的客户信息，开发出一些有特色的功能，如可使用消息管理权限、自定义菜单权限、网页服务权限等多种权限。为了便于管理，也为了帮助微信公众平台运营者快速理解和授权自己的接口和功能权限，微信公众平台将各种接口权限进行了专门的组织。扫描右侧二维码查看第三方平台拥有权限的详情说明。

微信公众平台运营规范

公众号第三方平台的权限说明

在技术上，第三方平台是通过获得微信公众平台官方的接口开发授权，代用户进行微信公众平台开发的。用户将账号授权给第三方，第三方即通过自己的技术优势代其开发。第三方平台本质上就是在充当一座桥梁的作用，将微信公众平台官方平台与用户的个人平台连在一起。因此，第三方平台在调用各种接口功能时不但要满足用户需求，还要遵循微信公众平台官方运营规范：《微信公众平台运营规范》（具体内容可通过扫描二维码（2）进行查看）。

3.2.4 常用的第三方平台

1. 腾讯风铃

腾讯风铃是腾讯官方的首款微信开发工具。通过风铃系统，开发者可以进行基于微信的网站建设。

腾讯风铃的模块非常丰富，包括抽奖、社交、图文、留言、报名、地图、电话、视频、客服、欢迎语、兑换、调查、会员卡、优惠券等，基本上囊括了主流需求。另外，腾讯风铃也为企业微信提供了丰富的互动方式，包括大转盘、报名、找茬、团购等。风铃系统的功能设计主要为了满足广大用户的开发需求，风铃为微网站开发提供了 16 种功能，大致分为以下 4 类。

（1）信息推送：包括图文、视频、欢迎语，用来满足企业的信息曝光需求。

（2）网上服务：包括留言、客服，用来满足企业的客服需求。

（3）互动：包括 LBS、报名、调查、社交等，用来满足企业的互动需求。

（4）销售：包括兑换、优惠券、会员卡等，用来满足企业的销售需求。

2. 奥派微信营销平台

奥派微信营销平台简称奥派，是一个综合性的微信营销服务平台。奥派内置 100 多项应用，含近 30 个行业垂直应用，结合微信营销的特点，提出了微信营销 7 步阶梯法，从行业应用、商户展示、宣传推广、营销互动、成交转化、在线交易、智能客服 7 个方面划分微信的功能，更加专业、简明、高效地为用户展示微信营销，使用户能更快、更好、更深入地了解微信营销的运营模式。

3. 微社区

微社区是基于微信公众号的互动社区，它可以广泛应用于微信服务号与订阅号，是微信公众号运营者打造人气移动社区、增强用户黏性的有力工具。微社区解决了同一微信公众号下用户无法直接交流、互动的难题，把公众号"一对多"的单向推送信息模式变成用户与用户、用户与平台之间的"多对多"沟通模式，双向交流给用户带来更好的互动体验，让互动更便捷、更畅快。

微社区随后升级为兴趣部落，在手机 QQ 端也有了入口。同时，只要运营者设置好端口，用户也可以通过微信访问微社区。

4. 有赞

有赞曾用名为"口袋通"，旨在为商户提供强大的微商城和完整的移动零售解决方案，简而言之就是帮商户管理、服务客户，并能通过各类营销手段产生交易，获得订单。只要有赞的账号绑定微信公众号，就可以把店铺经营到微信上，之后就可以向粉丝推送活动通告、上新通知，和粉丝直接交流和沟通，粉丝可以直接在微信公众号内点击进入店铺，浏览商品，并完成最终的购买。

更重要的是，有赞提供了十分强大的客户管理系统（需要微信认证服务号），可以对粉丝进行分组，也可以打上特定的标签，从而更有针对性地进行消息推送。

5. 微盟

微盟是国内领先的微信公众服务平台，提供一站式微信营销解决方案，是上海微盟科技股份有限公司推出的一个针对微信公众号提供营销推广服务的第三方平台。其主要功能是针对微信商户公众号提供与众不同的、有针对性的营销推广服务。微盟是目前国内最大的微信开发服务商，基于微信为广大企业提供开发、运营、培训、推广等一体化解决方案，帮助企业树立微信营销行业标杆形象。

实训 1 掌握第三方平台的接入步骤

第三方平台是在微信公众平台官方的授权下，专门为微信公众号运营者、微信营销人员提供的一种特定平台。第三方平台可以为微信营销提供多种多样的细分化、个性化管理和服务，不但大大降低了运营者的精力、时间成本，还可以解决很多专业性问题。尤其是对那些没有任何开发基础、掌握开发知识较少的运营者，第三方平台可为其提供一站式服务。

视频：第三方平台的接入

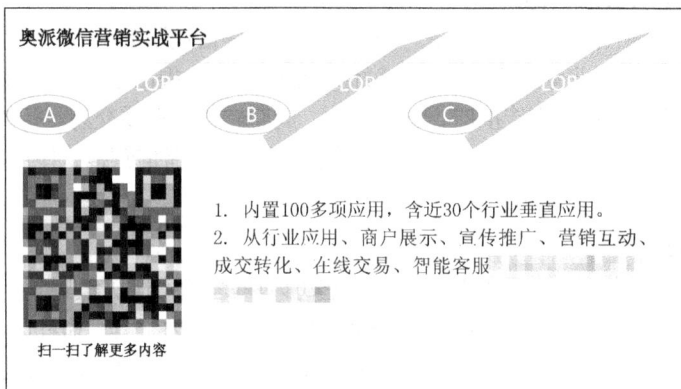

下面将详细介绍一个第三方平台——奥派微信营销实战平台，如图 3-20 和图 3-21 所示。

图 3-20

图 3-21

1. 注册

（1）打开奥派微信营销实战平台，单击页面右上角的"注册"按钮，如图 3-22 所示。

图 3-22

（2）填写注册信息，单击"注册"按钮，如图 3-23 所示。

图 3-23

（3）账号注册成功后，联系客服进行审核。待审核通过后，即可使用该账号登录平台，如图 3-24 所示。

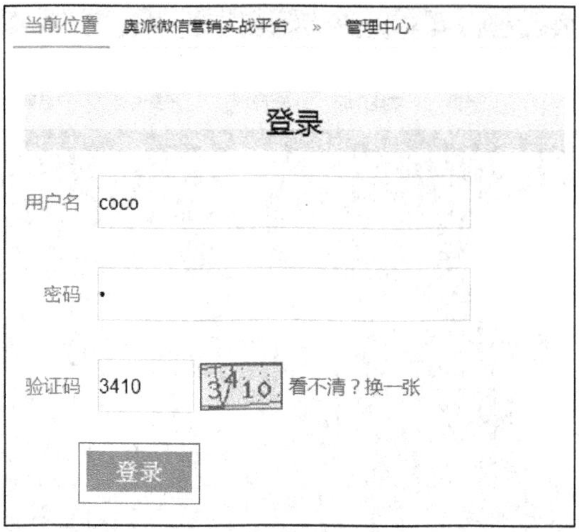

图 3-24

2. 管理中心

（1）登录微信公众平台，单击左侧的"设置→公众号设置"，记住原始 ID，并将二维码图片保存至本地，待上传使用，如图 3-25 所示。

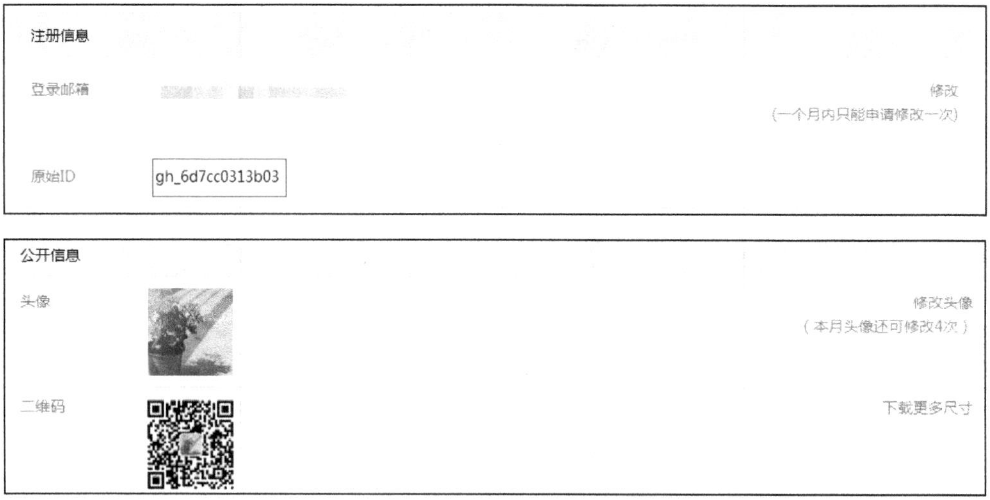

图 3-25

（2）回到奥派，进入"管理中心"，进入"功能管理"，如图 3-26 所示。

（3）单击"绑定公众号"按钮，填写微信公众号信息，上传二维码，选择微信公众号类型，单击"提交"按钮，如图 3-27 所示。

图 3-26

图 3-27

（4）绑定成功，至此可获得多项特权功能。特权功能可通过以下步骤查看，登录微信公众平台，按照"功能→添加功能插件→授权管理"进行操作，如图 3-28 所示。

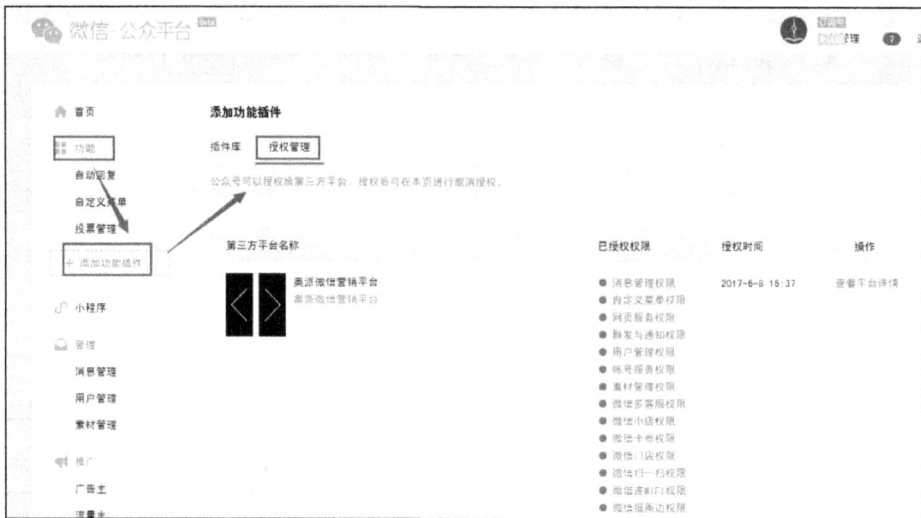

图 3-28

▌实训 2 掌握通过第三方平台获取 URL、Token 的方法

本实训重点介绍了如何成为开发者。我们已经知道，若想成为开发者，最主要的就是获取 URL 和 Token。具体的获取方法各有不同，更直接、更简单的方法是借助第三方服务平台。这里仍以奥派为例进行说明，具体做法可分为 3 个步骤。

（1）登录奥派（没有账号的需要先注册），并在平台上绑定个人微信公众号。单击已绑定公众号后的"API 接口"按钮，会直接显示出 URL 和 Token，如图 3-29 和图 3-30 所示。

图 3-29

图 3-30

（2）登录微信公众平台，进入开发者模式，单击"修改配置"按钮成为开发者，然后在弹出的页面里单击"启用"按钮，如图 3-31 所示。

图 3-31

（3）启用后需要填写 URL 和 Token，此时，将在奥派平台中获得的接口信息填写进去提交即可，如图 3-32 所示。

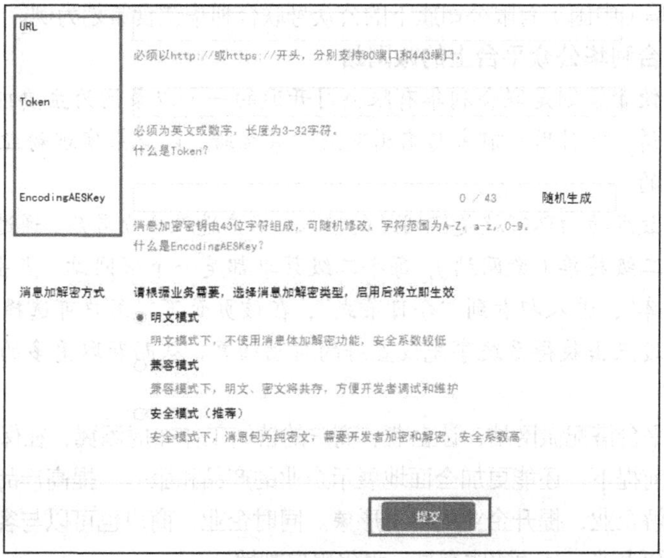

图 3-32

任务 3.3　搭建微信营销实战平台

　　微网站、微信小店、微商城是基于微信而产生的新商业模式。微信具有用户量大、传播速度快、操作便捷等优点，为商户提供了一个闭环式的营销平台。利用该平台，企业、商户可进行商品上架、宣传推广、活动促销、客户购买支付等全方位的营销一体化工作。

3.3.1　微网站的搭建

　　微网站是一种跨移动平台的营销型网站，源于 Web App 和网站的融合创新，兼容 iOS、Android、Windows Phone 等各大操作系统，可以方便地与微信、微博等应用链接。

1. 微网站的开发价值

　　微网站由于与微信、微博等移动平台结合，更适应现代网站的发展模式。所以，在商业风向纷纷转移到移动端的今天，微网站的地位也愈发重要，开发价值也显得更大，今后的一段时期内，微网站势必会展现出良好的商业效果。

　　本节讲的是如何将企业网站搬上微信公众平台，使其面向更多的移动端受众。将微网站搬进微信公众平台，是指在微店中创建移动网站页面，并通过各种接口功能来丰富、完善网站的内容。网站建成后，只要用户关注该微信公众平台即可直接访问网站。用户在移动端就可浏览网站上显示的所有信息，并通过关键词自动回复实现双方的交流。

　　以联合利华（中国）有限公司旗下的公众号联合利华饮食策划为例。

案例：联合利华公众平台上的微网站

　　联合利华饮食策划是联合利华有限公司开通的一个以菜谱为主要内容的公众号，每天会更新菜谱，吸引用户前来与名厨交流做菜经验，以此来实现粉丝引流，达到提高销售量的目的。

　　该公众号最成功的环节就是微网站的植入。用户进入公众号后，通过菜单功能"我要菜谱"激活二级菜单（微网站），每个二级菜单都是一个微网站。点击一个微网站，如"掌上菜谱库"，进入即看到"今日菜式"，在该页面下，用户可选择自己所喜欢的菜系，并可通过点击获得系统事先设置好的自动回复，从而获取更多的详细信息，如图 3-33 所示。

　　微信公众平台搭配微网站，让企业、商户的营销工作如虎添翼，在保留微信公众平台所有优势的前提下，还能更加全面地展示企业的产品和服务，提高产品和服务的曝光率，让顾客了解企业，提升企业的自身形象。同时企业、商户也可以与客户进行更好的互动，通过后续跟进、互动达成交易，强化用户黏性。

图 3-33

2. 微网站的功能

大部分企业在最初做互联网营销时都依靠 PC 端，无论是企业官方网站还是交易性网站都需要在 PC 端完成运营；而到移动互联网时代，这些网站就大大受到了限制，因而也就出现了微网站。微网站将企业网站搬进了用户的手机，把公司开在了微信上，更迎合了移动互联网时代用户的需求。

微网站是进行微信营销的基础，与传统网站相比，便捷性更强，体验性更好。因此，越来越多的企业注册微信公众平台，创建微网站。那么，企业可以利用微网站做哪些工作呢？微网站常用的功能有 15 项，具体如表 3-1 所示。

表 3-1　微网站的常用功能

序号	常用功能
1	自动显示独立网址
2	添加商户名称
3	添加商户图片
4	自由编辑商户简介
5	随时发布最新公告
6	精选商品的展示和预定
7	发布各种信息及优惠信息
8	通讯方式的添加与修改
9	所属行业、地区和地址
10	实名认证
11	微视频
12	补充介绍自定义板块
13	留言板
14	积分统计与奖励
15	添加外部链接

除了上述这些常规的功能外，还有一些特殊功能、定制功能在二次开发后方可使用。这需要根据企业自身的需求而定，如有些企业内部拥有 CRM 管理系统或公司内部的 OA 系统，利用内部系统对接功能，微网站可以与这些程序实现对接，实现线上线下统一管理。

案例：理肤泉微信 CRM 系统管理

理肤泉是欧莱雅护肤系列旗下的一款护肤产品，2007 年 6～7 月间，理肤泉运用微信服务号，发起了样品派发活动——免费赠送参与者 50ml 装的舒缓喷雾一瓶。此次活动突破了以往的小样派发模式，首次在微信上展开，并优化派发流程，有效提升了消费者体验，拓宽了用户信息与反馈的获取通道。

这是化妆品行业首例对微信智能系统的应用，堪称利用微信进行产品宣传和推广的范例。

理肤泉此次活动很好地将线上（微信申请）与线下（到店领取）进行了串联，将企业的外部应用（微信）与内部应用（CRM 系统、ERP、数据库等）进行了整合。同时把线下的消费者信息再通过线上返回到品牌的数据库中，即从企业内、外部系统提取有用信息，再通过微信公众平台提供给消费者，满足消费者的需求，创造了客户价值。如此便形成了由外向内再由内及外的闭环，将企业与用户联系起来，从而使消费者获得了新鲜、便捷的体验。

这种促销方式的亮点在于对 O2O 模式的巧妙运用。将微信公众号（微信智能系统）作为面向消费者的直接窗口，有效地把线上线下业务连接在一起，将企业内、外资源进行重新整合，将收集到的用户信息汇总到企业 CRM 系统，同时也将消费者的行为反馈到 ERP 和 SCM 系统，优化了客户管理，为后续营销的开展提供了诸多便利条件。

具体运作的路径如图 3-34 所示。

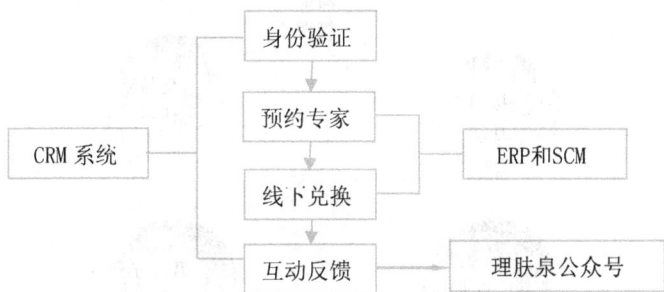

图 3-34

3.3.2 微信小店的搭建

微信小店（微小店）是微信公众平台上的一个功能模块，它是基于微信公众平台打造的一种电商模式。该功能开通后，即可将小店接入菜单，运用添加商品、商品管理、订单管理、货架管理、维权等功能添加和管理商品，在公众号内完成销售，如图 3-35 所示。

微信小店是基于微信公众平台而开通的线上店铺，依靠微信公众平台，形成了"商户店铺+交易体系+第三方服务商+微信支付+广点通（腾讯公司推出的效果广告系统）+大数据运作"的模式，这与淘宝上传统的"商户店铺+基础交易系统+第三方服务商+支付宝+直通车+大数据"的模式如出一辙。

图 3-35

因此，微信小店的管理可分为六大部分，如图 3-36 所示。

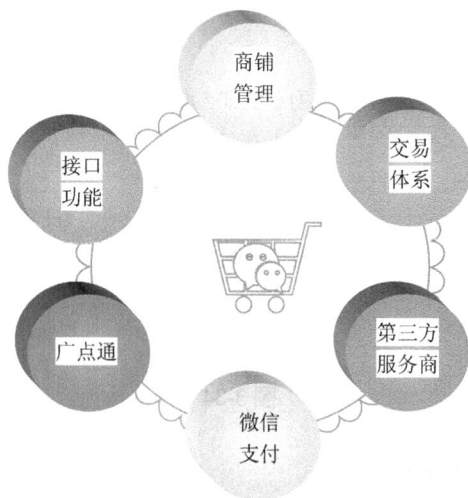

图 3-36

1. 商铺管理

登录微信公众平台，进入"添加功能插件"入口下的"微信小店"就可以对商铺进行管理，如图 3-37 所示。第一次登录需要按照系统提示先开通，这也是运营小店的第一步。

商铺管理的内容就是添加商品，填写商品的基本信息、选择货架、商品发布等。

（1）添加商品

在"选择类别"中选择要发布的商品的类别，如图 3-38 所示。

图 3-37

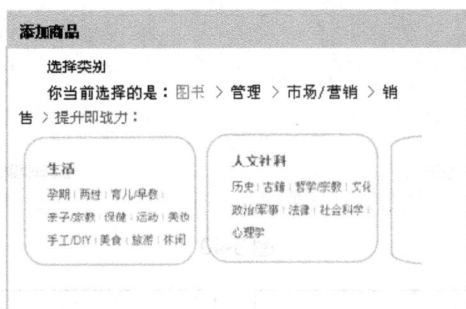

图 3-38

（2）填写商品的基本信息

填写商品名称，上传商品图片，填写运费、库存、内容描述等。可以为上传的商品设置不同类别进行分组，合理设置商品分类能方便地将商品添加到货架，并进行及时的管理，同时，对逾期商品还可以进行下架处理，如图 3-39 所示。

图 3-39

（3）选择货架

货架是用于填充商品的显示模板，如图 3-40 所示；选择完货架之后，商户可以将分组的商品添加到设置好的货架中，如图 3-41 所示。

图 3-40

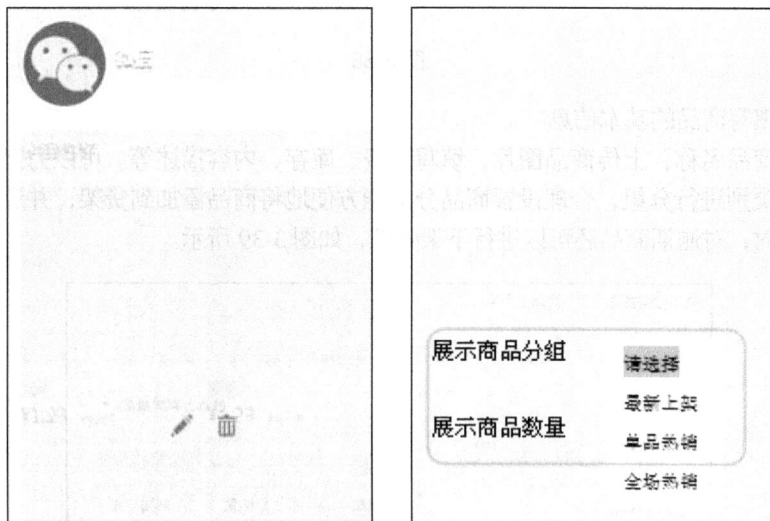

图 3-41

（4）商品发布

编辑好货架后，单击"发布"按钮，然后复制链接，链接可以填入自定义菜单或下发到商品消息中，如图 3-42 所示。

图 3-42

2. 交易体系

订单管理：用户支付成功后，微信公共平台后台会生成相应的订单，商户可以查询订单，并进行发货操作，如图 3-43 所示。

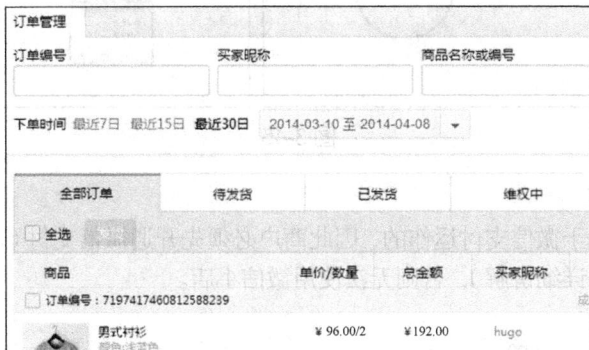

图 3-43

交易详情：商户在微信客户端交易详情中可以查看到支付成功、已发货等消息的通知，如图 3-44 所示。

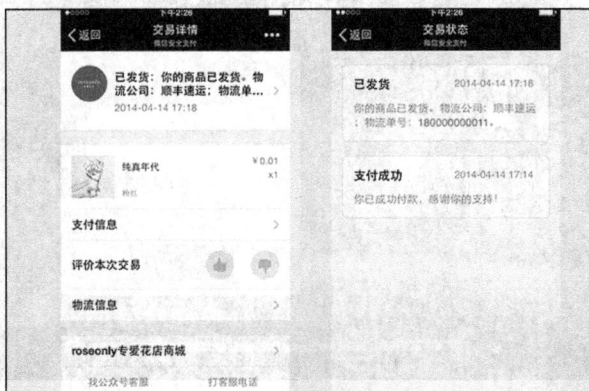

图 3-44

3. 第三方服务商

微信要做的就是"连接一切"，连接人，连接企业，连接商品，让它们组成有机的自运转的系统，避免了分割的局部商业模式。微信"连接一切"的模式，瞄准的不仅仅是人，而是人和商品，这便是微信公众平台微信小店的理论基础。

微信小店将平台开放给第三方，与第三方一起打造人、物、服务的生态系统，像会员管理、货运系统管理、优惠活动等功能，只能依靠第三方来实现，如图 3-45 所示。而微信小店原生的方案能够实现最基础的商品交易，有助于建造透明公正的商业体系，让系统在规则下运转，避免人为的干预。

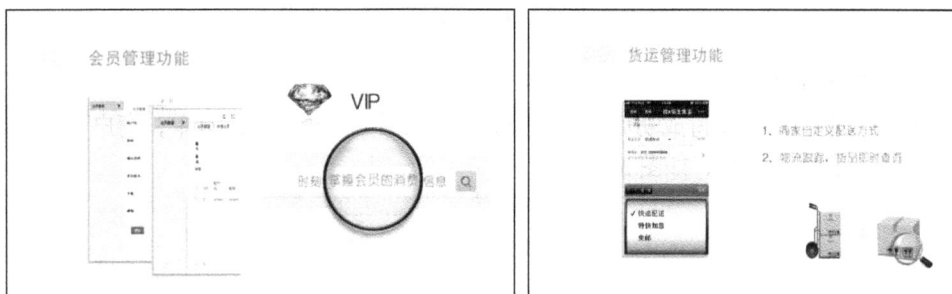

图 3-45

4. 微信支付

微信小店是基于微信支付运作的，因此商户必须先开通微信支付（具体内容在项目 5 在线交易管理中将详细讲解），否则无法使用微信小店。

5. 广点通

广点通是基于腾讯大社交网络体系的广告平台。通过广点通，商户可在 QQ 空间、QQ 客户端、手机 QQ 空间、手机 QQ 等平台投放广告并进行产品推广。广点通登录系统界面如图 3-46 所示。

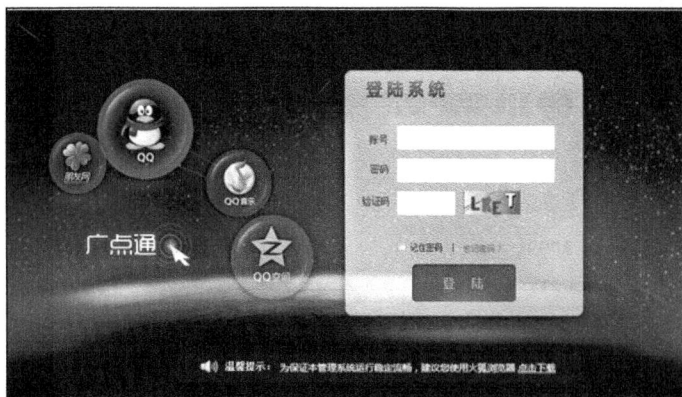

图 3-46

6．微信小店的接口功能

除此之外，微信还开启了很强的技术开发功能，让部分有开发能力的商户可以通过
API 接口自行开发管理系统，通过接口的权限实现多元化的功能。这样的接口通常有以下
7 个，如表 3-2 所示（相关开发程序将在本任务的实训任务中详细介绍）。

表 3-2　微信小店接口类型与功能

接口类型	功能
商品管理接口	开发者可通过商品管理接口，来增加商品、删除商品、修改商品信息、查询已有商品，并可通过接口对商品进行上下架等操作管理
库存管理接口	开发者可通过库存管理接口，来为已有商品增加和减少库存，包括进行与自身系统或其他平台的库存同步
运费模板管理接口	对于部分运费计算复杂的商品，开发者可通过运费模板管理接口，来生成、修改、删除和查询支持复杂运费计算的运费模板
分组管理接口	开发者可通过分组管理接口，来对已有商品进行分组管理。接口包括增加、删除、修改和查询分组
货架管理接口	微信商户除了可以在微信公众平台网站中自定义货架外，也可通过接口来增加、删除、修改和查询货架。货架也是通过控件来组成的。开发者甚至可以将自己的页面作为货架，通过 JS API 来调出商品详情页
订单管理接口	开发者可按订单状态和时间来获取订单，并对订单进行发货
功能接口	目前功能接口暂时只支持上传图片接口一项。微信商户开发接口中所有需要用到图片的地方，都需先使用上传图片接口来预先获得图片的 URL

这些接口使微信成为一个生态系统、一个服务性的平台，这也正是微信成为商业平
台的核心理念所在。

此外，开通微信小店还需要符合以下 3 个条件。

（1）必须先开通微信支付，之后才可申请开通微信小店。

（2）微信小店只可用于售卖微信支付经营范围之内的商品。

（3）在使用微信小店过程中，必须同时遵守微信公众号以及微信支付相关的各项协
议、规则，包括但不限于遵守《微信公众平台服务协议》《微信电子商务服务协议》以及
商户与腾讯签署的《微信公众平台商户服务协议》（纸质）。

3.3.3　微商城的搭建

微商城又叫微信商城，是第三方开发者基于微信而研发的一款社会化电子商务系统，
是一款集电商、微商、移动互联网、移动智能终端、线上支付平台于一体的购物系统。
消费者只要登录微商城平台就可以实现商品查询、选购、体验、互动、订购与支付一键

式操作，足不出户享受购物的全过程。

　　图 3-47 和图 3-48 所示为好药师公众号上创建的微商城，点击"健康商城"即可进入店铺，选购商品。

　　　图 3-47　　　　　　　　　　　　　　　　图 3-48

　　与微网站、微信小店相比，微商城的优势更为明显，功能更多，体系更强，是微信推出的唯一一款全方位的电商解决方案，其在微网站、微信小店原有功能的基础上，进行了大幅度优化和改进。

1．微商城的优势

　　微商城的优势主要有以下 4 点。

　　（1）专业化的管理

　　微商城不做整合营销，只专注于微信，实现了通过微信对商城的一站式管理。同时拥有强大的技术支持，很好地弥补了微信公众平台本身功能不足、针对性不强、交互不便利等问题。为公众号商户提供更为贴心，且是核心需求的功能和服务。

　　（2）操作便捷、简单

　　微商城的管理界面简单易用、操作方便、设计人性化，无须安装任何软件，采用全自动"云"平台，可进行多账号管理，只需要简单的设置即可完成复杂的微信营销推广。

　　（3）功能强大

　　微商城旺铺是微信店铺搭建的系统之一，也是业界使用最多的微信移动电商 O2O 产品。通过微商城旺铺，商户可以进行店铺装修、商品管理、订单管理、调用运费模板、营销管理、支付管理及微信帮购等，同时实现在运营上的社会化客户关系管理和 O2O 的落地执行。

微商城的特色是主打服务，为微信公众号商户提供专业的营销、推广等服务，使商户可以轻松管理自己微信上的各类信息，对微信公众号进行管理、维护，如在线发优惠券、抽奖、刮奖、派发会员卡等。

（4）客户关系管理更完善

微商城的会员卡是业内公认最强大的社会化客户关系管理系统，拥有全能的会员管理、精准的会员营销、强大的积分策略、便捷的会员交易、智能的数据分析等模块，支持粉丝分组管理、高级个性群发、在线充值、线下会员导入、门店管理等重要功能。

微商城与微商城会员卡完全打通，微商城会员卡里面的积分、优惠券可直接在微商城里使用，支付时也可以使用会员卡余额支付。

微商城管理的核心就是会员的管理，通过微商城，商户可以添加多种级别的会员卡，如普通卡、银卡、金卡等，商户可以为不同级别的会员卡设置积分要求，便于会员根据不同的积分享受不同的优惠待遇。

具体的设置方法可以通过一个示例来学习。

进入奥派，按照"管理中心→功能管理→会员卡"的步骤操作，单击"添加会员卡"按钮即可对会员卡卡面进行设置。本设置里有多款已设置好的模板，商户可按照自己的需求填写信息，会员卡卡面设置如图 3-49 所示。

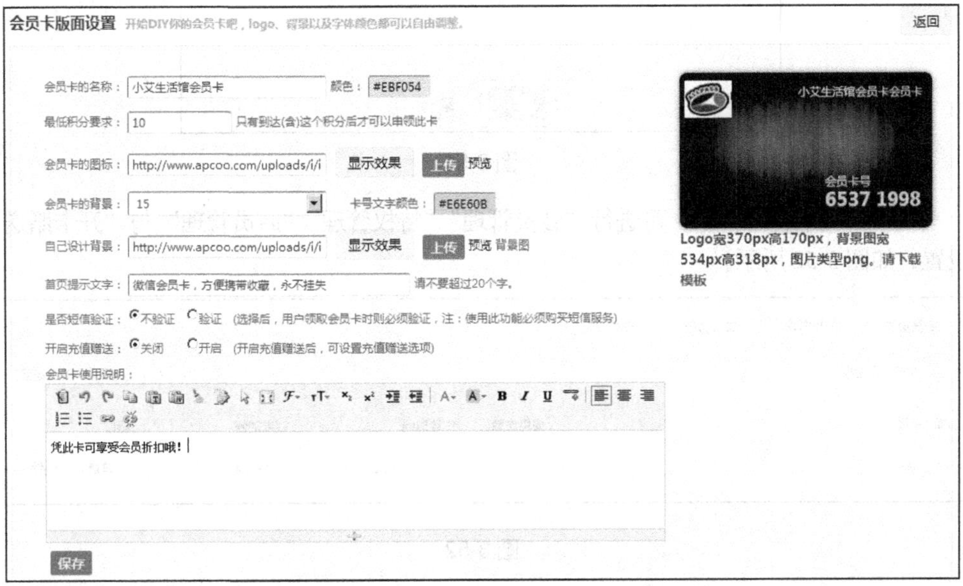

图 3-49

商户可以设置粉丝关注公众号即赠送会员卡，如图 3-50 所示。

图 3-50

选择要赠送的会员卡，单击"确认"按钮，如图 3-51 所示。

图 3-51

在"会员卡管理"中，可进行"会员管理""特权管理""店员管理"与"开卡赠送"设置，如图 3-52 所示。

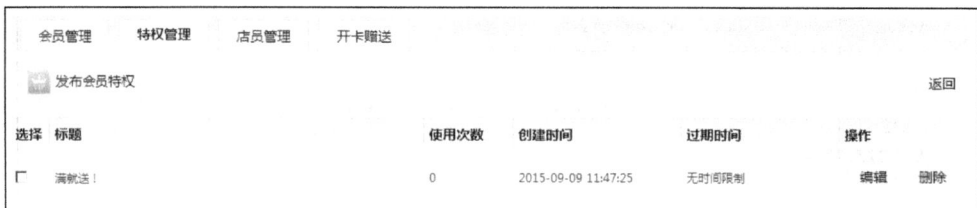

图 3-52

在"会员卡通知"中，可以添加通知内容，发送给持有该会员卡的会员，如图 3-53 所示。

会员卡通知				
⊕ 添加通知				
标题	**截止日期**	**添加时间**	**操作**	
让我悄悄的告诉你~~	2015-09-19	2015-09-09 11:51:08	编辑	删除

图 3-53

在"积分设置"中，可设置会员卡积分策略及规则，如图 3-54 所示。

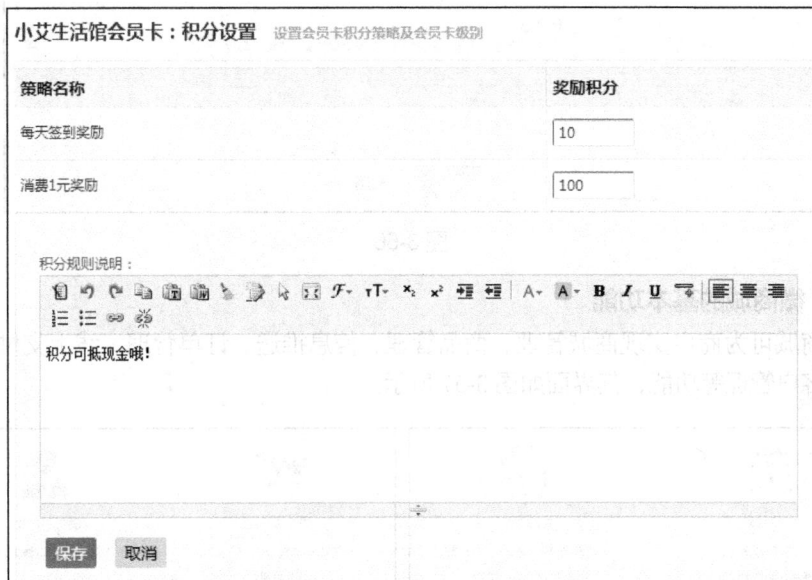

小艾生活馆会员卡：积分设置 设置会员卡积分策略及会员卡级别

策略名称	**奖励积分**
每天签到奖励	10
消费1元奖励	100

积分规则说明：

积分可抵现金哦！

保存　取消

图 3-54

在"会员开卡"中，可创建会员卡号，如图 3-55 所示；还可创建卡券，如图 3-56 所示。

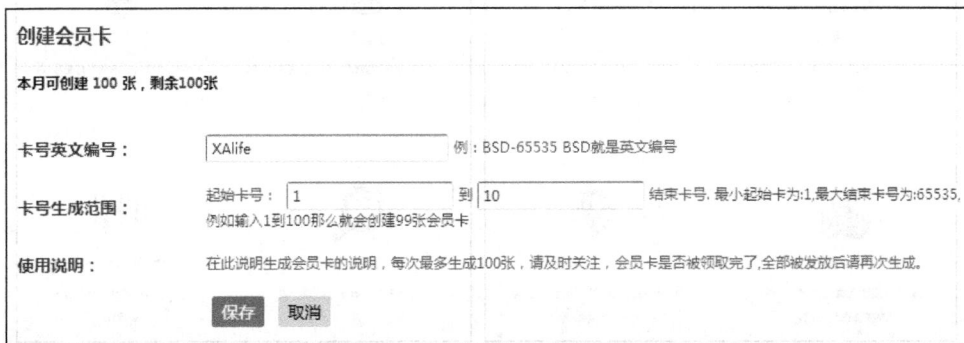

创建会员卡

本月可创建 100 张，剩余100张

卡号英文编号：　　XAlife　　　　　　　　　例：BSD-65535 BSD就是英文编号

卡号生成范围：　起始卡号：1　　到 10　　　　　结束卡号，最小起始卡为:1,最大结束卡号为:65535,
　　　　　　　　例如输入1到100那么就会创建99张会员卡

使用说明：　　在此说明生成会员卡的说明，每次最多生成100张，请及时关注，会员卡是否被领取完了，全部被发放后请再次生成。

保存　取消

图 3-55

选择卡券类型

选择你要创建的卡券属性

● 普通卡券　赠送卡券

选择你要创建的卡券类型

优惠券
即"优惠券",普通优惠券

礼品券
可为用户提供消费送赠品服务

代金券
可为用户提供抵扣现金服务,可设置成为"满*元,减*元"

确认　取消

图 3-56

2. 微商城的基本功能

微商城可为商户实现商城管理、商品管理、信息推送、订单管理、线上支付、物流管理、客户管理等功能,其界面如图 3-57 所示。

商城管理
商家低成本服务6亿微信用户,抢占手机移动端购物的市场份额

商品管理
后台商品管理系统操作便捷商家轻松管理商品信息

交易管理
简化消费者购物流程,商家后台轻松管理

会员中心
消费者不需登录,快捷查询订单状态

精美模板
随心随意变更页面模板,与众不同店铺体验

推送图文
主动面向6亿用户推销商品服务

数据魔方
实时掌握运营数据,及时制定营销计划

微信支付
安全快捷支付,消费者更轻松

公众号商品搜索
对话框直接输入商品关键字,商家准确推送商品信息

LBS定位搜索
精准定位商家位置,线上线下消费者自由购物

打印快递单
快递信息打印,商家快捷操作发货

物流跟踪查询
物流状态随时更新,消费者省心收快递

图 3-57

3. 微商城的促销活动管理

微商城除了具有上述 12 种基本功能之外，还有多种营销应用和促销活动插件，为商户量身打造了一系列营销工具。商户可以利用这些工具展开促销活动，设置各种优惠活动，如"扫码优惠价""积分抵扣""满减""降价拍""限时折扣""分组群发"等活动，如图 3-58 所示。通过设置优惠活动，商户可以打造专属于自己的店铺优惠体系，提高买家黏性与交易成功率。

以有赞为例，有赞微商城设置了很多优惠活动，如图 3-58 所示。

图 3-58

那么，商户如何设置对用户的优惠活动呢？以优惠券为例，进入有赞商城后台，在"应用和营销"界面的"优惠券"栏进行设置，如图 3-59 所示。

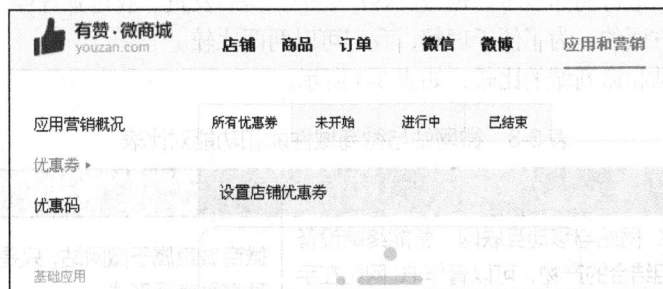

图 3-59

此外，还可以用同样的方法设置"满减/送""赠品""订单返现"等多种优惠形式，如图 3-60 所示。

图 3-60

在设置优惠券时还需要注意以下 4 个问题。

（1）优惠券面值可以随机选择，如不选择优惠范围，则默认为固定面值。

（2）可以选择相应的会员等级领券，如不选，默认为所有粉丝可领取。

（3）可设置为购物时必须满××元可使用，也可选择为不限制。

（4）可选择仅在原价时可以使用，如不选择，可以在折扣后使用。

3.3.4　三种平台的联系与区别

微网站、微商城、微信小店作为商户最常用的三种实战平台，相互之间既有相同点又有区别。相同点为：都是基于微信公众平台而搭建，是公众平台后台植入的外部功能；都可以帮助商户进行商品展示、销售、客户维护、售后发货、收付款等操作。

区别是多方面的，为了便于理解，我们可以两两比较。

（1）微网站和微商城的比较，如表 3-3 所示。

表 3-3　微网站与微商城性能和功能对比表

	微网站	微商城
性质	PC 网站与移动互联网、智能终端设备相结合的产物，可以看作 PC 网站在手机端的形式延伸	微商城隶属于微网站，只是微网站中的一种高级表现形式
功能	侧重于信息展示，如商户信息的展示、商品展示、最新品公告、促销信息等	侧重于购物和支付，为消费者打造消费、选购和支付一站式的电子商务模式

（2）微信小店和微商城的比较，如表 3-4 所示。

表 3-4　微信小店与微商城性质和功能对比表

	微信小店	微商城
性质	微信小店隶属于微商城，是微商城中的一种特殊的模式，是微信公众平台自带的一种电子商务平台	微商城又叫微信商城，是第三方开发者基于微信而研发的一款社会化电子商务系统
功能	由于只是一个 App 的应用，很多时候只是个宣传、交易的中间平台。在管理上有很多不足和短板	除了扮演着宣传、交易平台的角色外，更重要的是内部管理比较完善，可以对商品、客户、订单进行多平台管理

根据上述两个表格的内容可以总结出，微网站、微商城、微信小店三者的性质是相同的，只是在功能定位上有差异化，功能范围可表示为微网站＞微商城＞微信小店。

▎实训 1　掌握微网站的搭建与管理

开发微网站一般需要对首页、栏目页、内容页几个重点项目进行设计。当然，业界并没有一个固定的样式，大多数情况还需要根据自身的需求、相应的业务进行设计。接下来，就来详细讲解一下如何通过第三方平台奥派来搭建自己的专属微网站。

（1）登录微信公众平台，进入基本配置，就会看到图 3-61 所示的内容，单击"已授权的第三方网站"链接进入已授权的第三方平台。

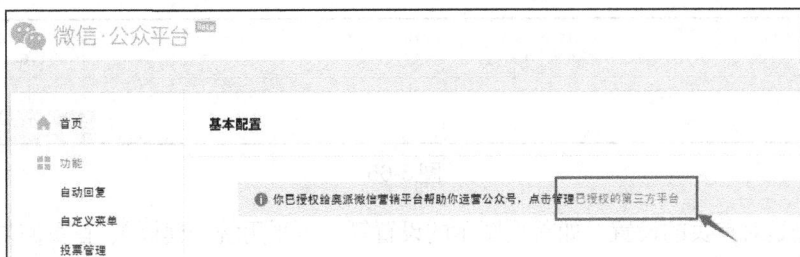

图 3-61

（2）单击"查看平台详情"链接，进入平台，如图 3-62 所示。

图 3-62

（3）登录奥派，如图 3-63 所示。

图 3-63

（4）进入"管理中心"，然后单击"功能管理"选项，进入图 3-64 所示的页面。

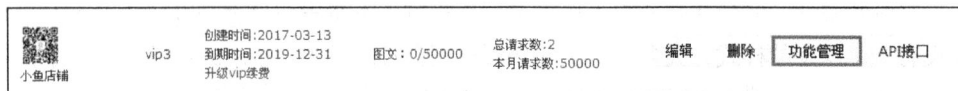

图 3-64

（5）单击"微网站"选项，如图 3-65 所示。

图 3-65

首先是对首页的设置，如首页图示的设置等（可采用统一模板）、首页回复信息等的配置。

1. 首页图示的设置

首页图示的设置一般来讲有两种形式，一种是 H5 动态，另一种是静态，都可以直接选择自定义模板来设置。

（1）H5 动态模板管理

① 在"H5 自定义模板"下选择模板，单击"确定"按钮将其设为首页模板，如图 3-66 所示。

② 在"我的模板"中，可以复制现有模板，并自定义内容，如图 3-67 所示。

③ 复制后，进入自定义界面，如图 3-68 所示。

图 3-66

图 3-67

图 3-68

④ 编辑完成后，单击"保存"按钮，效果如图 3-69 所示。

图 3-69

⑤ 设置网站信息，单击"确认"按钮，如图 3-70 所示。

⑥ 回到"H5 自定义模板"中，将其设置为首页模板，如图 3-71 所示。

图 3-70

图 3-71

⑦ 在微信中打开微网站首页，显示效果如图 3-72 所示。

（2）静态模板管理

如果想做简单一点的微网站，选择静态模板即可，微信首页显示效果如图 3-73 所示。

图 3-72

图 3-73

2. 首页回复信息的配置

（1）设置微网站的首页信息可按照图 3-74 所示逐项进行，尤其是关键词和公众号链接地址为必填项。设置好之后，单击"保存"按钮。

（2）同时也可通过单击"添加分类"接口对首页信息进行分类设置。在编辑图文的时候就可以选择分类，系统会自动生成一个 3G 网站，如图 3-75 所示。

图 3-74

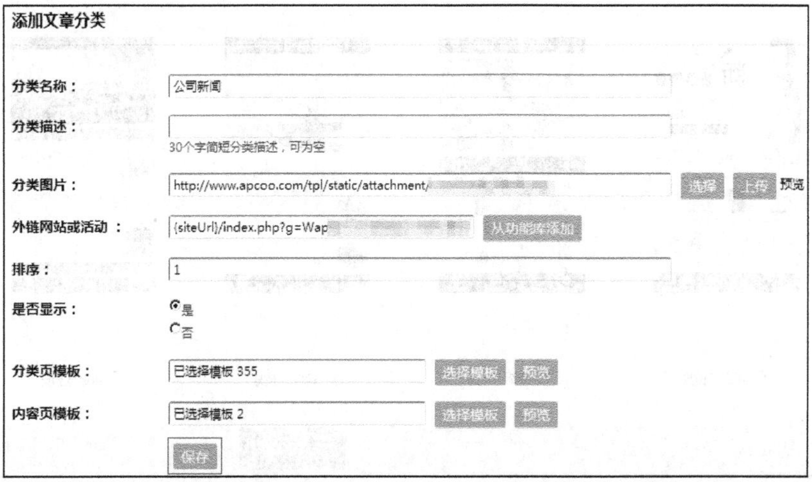

图 3-75

（3）对于添加的分类，还可以继续添加其子分类、设置幻灯片、查看分类文章，如图 3-76 所示。

图 3-76

3. 网站信息设置的高级模板

（1）详细填写站点配置信息，如名称、LOGO、域名、第三方统计代码等，完毕后单击"提交"按钮，如图 3-77 所示。

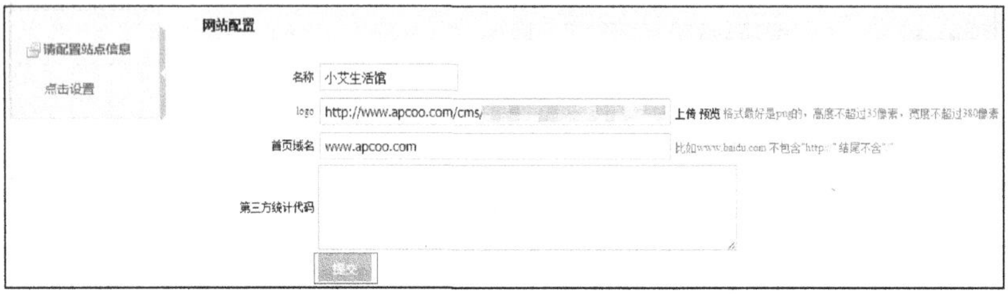

图 3-77

（2）选择自己所需的模板，如图 3-78 所示。

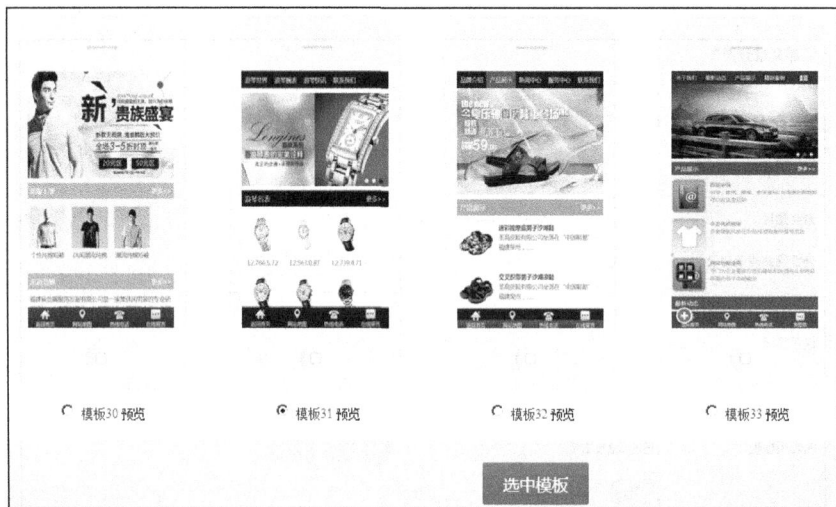

图 3-78

（3）设置 3G 网站的栏目，可根据原有模板进行修改，如图 3-79 所示。

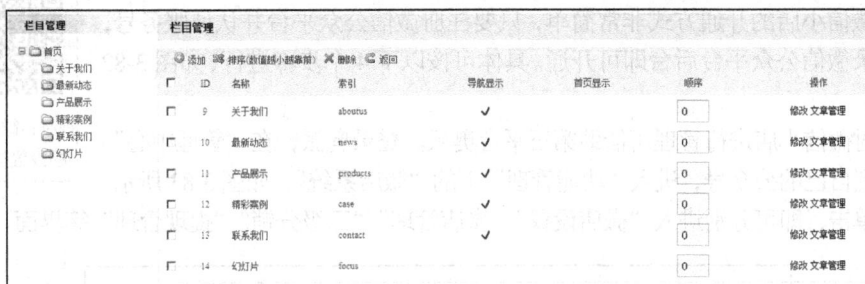

图 3-79

（4）设置栏目后，需要生成栏目页，如图 3-80 所示。

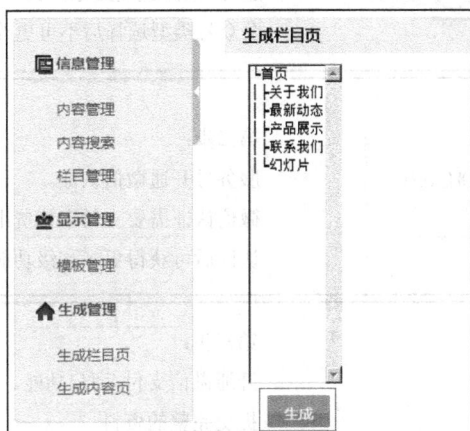

图 3-80

4. 底部导航菜单的设置

设置 3G 站点的底部菜单，包括分类、风格、颜色与版权，如图 3-81 所示。

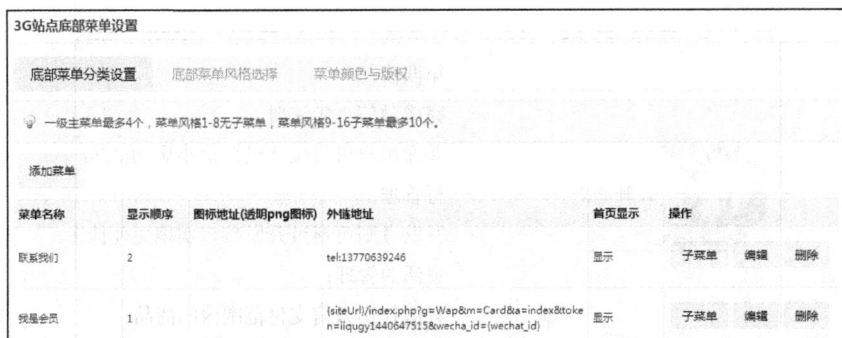

图 3-81

95

▍实训 2　掌握微信小店的搭建与管理

　　微信小店的开通方式非常简单，只要注册微信公众平台并认证服务号，再登录微信公众平台后台即可开通。具体可按以下 4 个步骤进行，如图 3-82 所示。

　　对微信小店进行管理可借助第三平台奥派。登录奥派，在"管理中心"中找到自己的公众号，进入"功能管理"下的"微店系统"，如图 3-83 所示。继续单击，即可分别进入"微店设置""微店管理""三级分销""提现管理"等界面。

第一步：
开通微信公众号的服务号。
服务号群发信息4 条/月；
公众号类型选择后不可更改

第二步：
服务号开通微信认证。
微信认证需要支付审核费用300元；
认证后可获得更多高级功能接口

第三步：
开通微信支付/商户功能。
提交完整的资料
（商户基本资料、业务审核资料
财务审核资料）；
缴纳风险保证金；
开通微信支付功能

第四步：
完成微信小店注册。
普通用户可直接通过微信小店功能进行管理；
开发者则可通过开发接口实现更便捷灵活的管理；
只能售卖微信支付范围内的商品

图 3-82

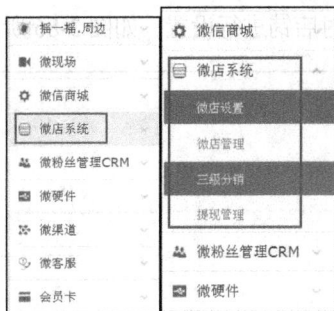

图 3-83

（1）进入"微店管理"，单击"创建店铺"按钮创建店铺，如图 3-84 所示。

图 3-84

（2）填写信息后，单击"创建店铺"按钮，如图 3-85 所示。

图 3-85

（3）进入"微店设置"，对店铺进行设置，如图 3-86 所示。

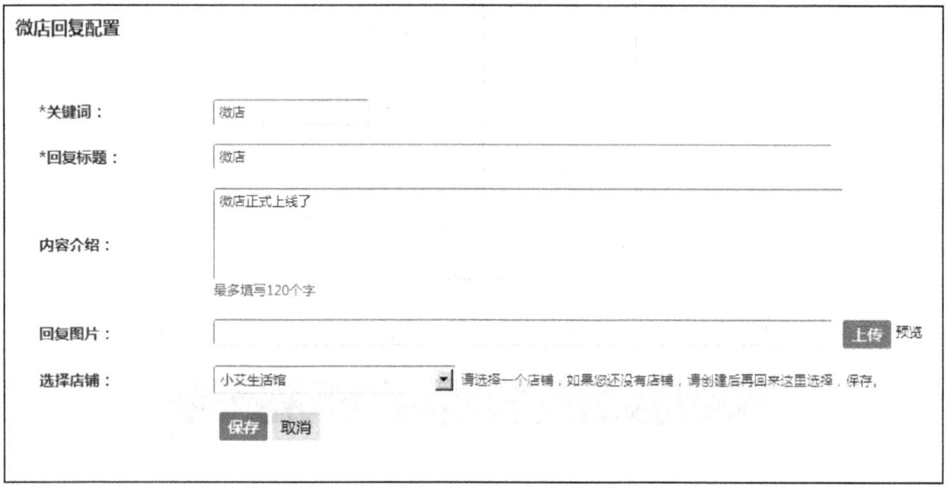

图 3-86

（4）进入"微店管理"，对店铺进行页面管理，如图 3-87 所示。

图 3-87

（5）三级分销管理。通过分销管理可以查阅分销统计、分销商排名、分销商订单、我的分销商、本店商品、分销配置等数据信息，以便更好地掌握分销商的动态，如图 3-88 所示。

（6）提现管理，即对销售所得金额进行提现，开户行、卡号、提现人的信息、提现时间、提现状态等都可一一查到，如图 3-89 所示。

图 3-88

提现管理---提现列表							
开户行	卡号	提现人	总金额	提现时间	提现状态	操作	

图 3-89

营销策划与推广

学习目的

| 学习微信营销活动的类型、活动策划、推广、实施和效果跟踪与反馈。

学习重点

| 掌握微信营销活动的类型及各个类型的特点，熟练掌握简单的 H5 页面（HTML5 页面的简称）操作，以及微众筹、微秒杀等多个活动的创建步骤；

| 掌握微信内容营销的方法、步骤，学会撰写微信内容推广文案，学习如何在文案中植入产品信息；

| 掌握微信营销推广活动策划、推广的方法和技巧，使方案得到有效执行，并对结果进行反馈。

任务 4.1　创建与推广 H5 页面活动

在微信营销中，利用微信公众号组织各种游戏活动，如产品促销游戏、与用户互动游戏等，既可以最大限度地宣传企业，加深用户对品牌的认知和了解，强化品牌影响力，又可以提高用户的黏性，强化用户的品牌忠诚度。那么如何开展这些活动呢？最常见的活动形式又有哪些呢？

4.1.1　微信营销中的 H5 页面活动

通过 H5 页面活动来达到推广商品、吸引粉丝的目的，是微信营销中的常用方法。提到微信 H5 页面活动，大部分人都会想到抢红包、抽奖、大转盘、打飞机等，如图 4-1 所示。

随着微信营销运用的普及，微信公众平台二次开发的深入，H5 页面活动越来越受企业欢迎，有些企业已经将目光转向了参与性、趣味性更强的大型游戏。吉利汽车就是一个非常具有代表性的案例。

图 4-1

案例：吉利汽车的 H5 页面游戏互动

2013 年 9 月，吉利公司的新产品 GX7 上市，为了增强消费者对这款车的认识，吉利公司利用微信公众号做宣传。吉利公司在微信公众号中植入了一款名为"经典飞机大战"的游戏，如图 4-2 所示。

图 4-2

这款游戏于 9 月 23 日正式在微信端上线，整个活动以"飞机争霸赛"为主线，同时植入更多的 GX7 新品信息，让消费者在"打飞机"的比赛中更加全方位地了解新品的性能和优势。活动充分展现了该款车的理念与内涵，即"有实力、有应变、有魄力、有本事"的品牌核心理念。

同时，游戏的设置十分富有操作性、趣味性，不仅迎合了一部分想了解、购买该车的用户的需求，还迎合了一大部分潜在客户的精神需求，如有的人纯粹是为了从游戏中找到乐趣而参与游戏。人们之所以钟爱游戏，最主要的原因是现代生活节奏加快，多数人将大部分时间和精力投入到工作中，如果在闲暇之余能放松一下，其感受不亚于一场野外旅游。从这个角度上看，吉利的游戏营销正好满足了用户的这一需求，与用户实现了零距离交流，一定程度上缓解了参与者在生活中的紧张心情。

总之，吉利公司通过微信游戏大大提高了吉利 GX7 的知名度，扩大了其在市场的影响力，提升了企业在消费者中的口碑。

该案例从侧面反映出了微信游戏的推广活动受欢迎的主要原因。其实，微信游戏推广活动的优势有很多，如可充分利用移动互联网的便利性、降低企业的营销成本、符合大多数参与者的消费需求等，无论对卖方还是对买方都具有正面作用，如图 4-3 所示。

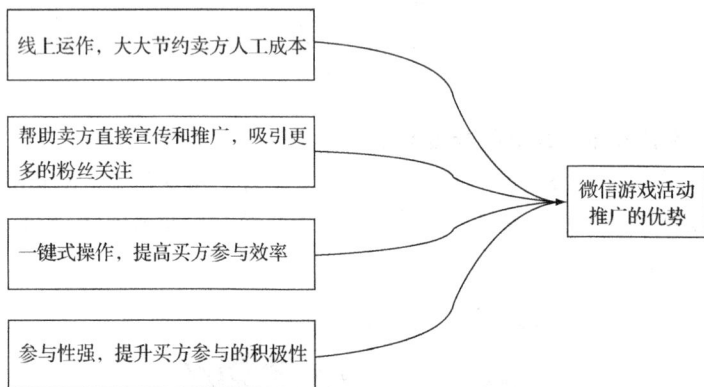

图 4-3

微信是基于互联网技术发展起来的一种传播工具，自诞生以来在各行各业不断攻城掠地。游戏互动营销作为传统营销的主要手段，与微信的结合使得企业营销更加符合市场要求，更符合大多数年轻消费者的心理预期，如在产品宣传、粉丝引流上更加接地气，在售后服务体系建设上考虑更加周到，更深入人心。这在很大限度上推进了营销工作的发展进程，扩大了微营销的规模。

反过来看这个问题，各企业如何乘着微信发展的"东风"，借助微信游戏的影响力，赶上"微营销"这趟列车呢？答案是一方面要勇于创新，设计、开发更加实用的互动游戏，另一方面要重视微信公众平台潜力的开发和挖掘。

▎4.1.2　H5 页面的概念和特点

H5 页面是以文字、图片、音乐、视频、链接等多种形式进行展示的页面，其丰富的控件、灵活的动画特效、强大的交互应用和数据分析功能，使其能高速低价地实现信息传播，且非常适合通过手机来展示、分享。也因其灵活性高、开发成本低、制作周期短的特性，使其成为当下企业营销的不二利器，常见于企业宣传、活动推广、产品介绍、会议邀请、公司招聘等。典型的案例是淘宝在"双十二"推出的预售推广 H5 专题页。

案例：淘宝"双十二"推出的 H5 页面专题活动

淘宝"双十二"期间推出的 H5 专题页活动如图 4-4 所示，设计师巧妙地利用图形的设计与组合，在滑动过程中营造出一种丰富的视差滚动效果，单个图形元素的遮罩、旋转与整体页面的动势配合极为默契。

图 4-4

微信互动活动大都是 H5 页面式的。H5 页面是采用 HTML5 技术制作的。HTML 即超文本（页面内包含图片、链接，甚至音乐、程序等非文字元素）标记语言，是标准通用标记语言下的一个应用；5 是指第五代重大修改的版本号。随着移动互联网的发展，H5技术已经在移动设备端得到极大的开发和应用，如 H5 化的 App、微信小游戏等。与原生态的 App、游戏相比，H5 化后更有针对性、灵活性，便于用户的操作和使用。

H5 技术最显著的优势是通过标记符号来标记要显示的网页中的各个部分。网页文件本身是一种文本文件，通过在文本文件中添加标记符，可以告诉浏览器如何显示其中的内容，如文字如何处理、画面如何安排、图片如何显示等。同时，这些也都可以"动"起来，如"动"的图片、文字，设置的按钮以及其他细节等。通过 H5 技术优化游戏的优势主要有以下几方面。

1. 互动性强

与以往简单的静态广告传播图片不同，H5 活动运营页的互动性更强、质量也更高，其独具话题性的设计使用户乐于分享和传播。

　　民生银行合肥分行使用 H5 技术开发了幸运大转盘游戏，基本做法是先把所有元素切成不同的小块，每个小块都由不同的图案组成，然后再将它们重新组合起来，通过不同的层叠样式表（Cascading Style Sheets，CCS）动画来让它"动"起来，如图 4-5 所示，点击"我要抽奖"转盘即可自动转起来。

2. 可直接调试和修改

　　较之原生态游戏，H5 技术还有一个优势就是可在网页上直接调试和修改。目前，大多数微信小游戏都是基于 H5 技术开发的，运营者可根据自身需求随时调试和修改。仍以民生银行合肥分行幸运大转盘为例，如果需要对奖品的设置进行修改，即可通过后台程序直接进行设置。

　　使用 H5 技术优化游戏的优势还有很多，如快速输出静态页面，可增加动画、音乐、音频等。因此，有 H5 开发能力的运营者，建议尽量使用这种技术，不做微信营销的企业也可以做 H5 网站、App 等。从技术的角度来看，H5 化后传播速度更快，开发成本也相对较低，用户访问时也更便捷。通过微信等移动端即可直接跳转，有助于流量的转化。

图 4-5

4.1.3　常用的 4 种 H5 页面类型

　　H5 页面有很多种类型且形式多变，既有比较简单的图文、邀请函、贺卡、测试题等形式，也有比较复杂的抽奖、游戏等形式。接下来对常见的 H5 页面活动进行详细介绍。

1. 简单图文

　　简单图文是一种比较初级的 H5 页面，以图为主，穿插着少量的文字。通过翻页等简单的交互操作，起到类似幻灯片的传播效果。其中图文中的"图"形式多样，可以是照片、插画、GIF 等，如图 4-6 所示。

图 4-6

这种页面活动考验的是内容的质量和讲故事的能力。新浪微博就利用这种方式做过简单的图文 H5 专题页。

案例：新浪微博 App 上的 H5 活动页面

图 4-7 所示为新浪微博 App 上曾经采用的一组 H5 活动页面。页面用多张图片组合而成，图片采用清净淡雅的风格，视觉简洁温暖，点缀以品牌宣传文字。

每切换一张图片，文字就渐隐浮现，让观众聚焦于文字内容，给用户传递出新浪微博的价值观——阅读有故事的人，使新浪微博的品牌形象和理念更深入人心。

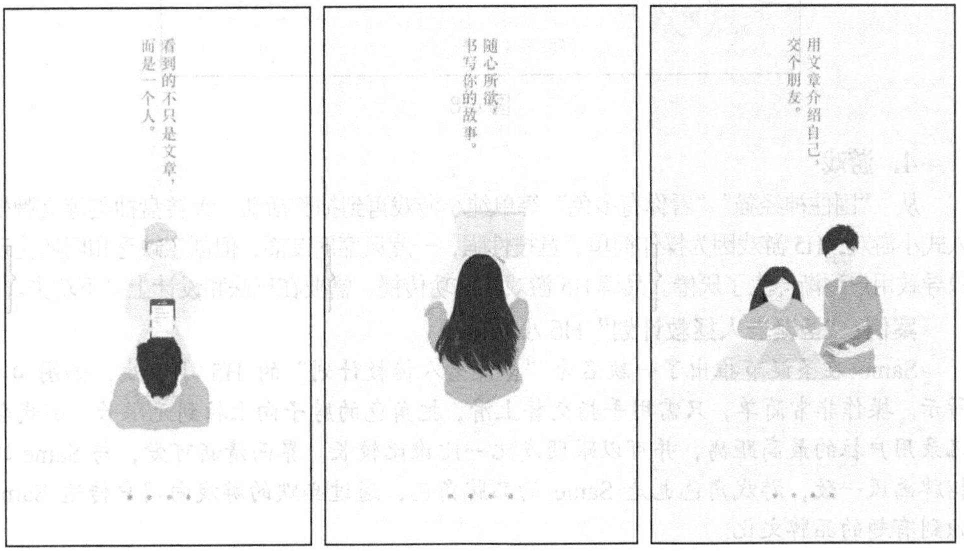

图 4-7

2. 礼物、贺卡

H5 形式的礼物、贺卡、邀请函可以通过引入多种技术使画面具有动感，还可以通过插入语音、音频等来提升用户的好感度。通过提升用户体验来潜移默化地达到品牌宣传的目的。

3. 问答、评分、测试

问答形式的 H5 页面屡见不鲜，利用问题来激发用户的求知欲和探索欲，问题一个接一个、环环相套，直到最后用户才能知道到底是什么结果。

值得注意的是，所有的问题都必须围绕一条清晰的主线设置，以使最后结果合理、不突兀。在设置问题时，如果能辅以出彩的文案和视觉效果，可大大弱化答题的枯燥感。

案例：我的印象笔记公众号上的问答式 H5 页面

图 4-8 所示为我的印象笔记公众号上的问答式 H5 页面，问题的设置、图片的色彩、文案的文字都搭配得恰到好处。

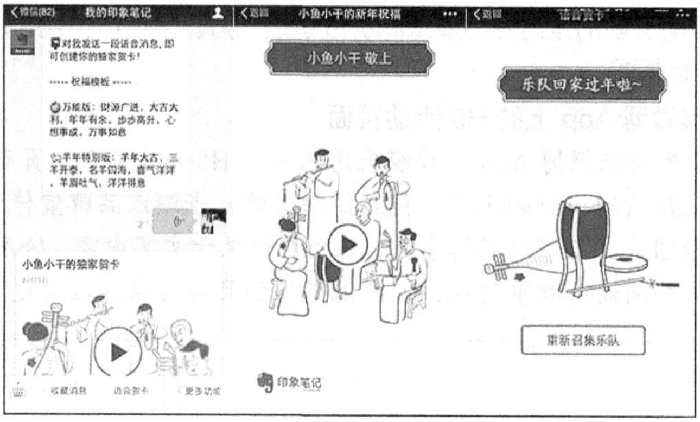

图 4-8

4. 游戏

从 "围住神经猫" "看你有多色" 等单纯小游戏再到抽奖活动、大转盘抽奖等品牌植入式小游戏，H5 游戏因为操作简单、竞技性强，一度风靡朋友圈，但创意缺乏和同质化现象导致用户逐渐产生了厌倦。品牌 H5 游戏要成功传播，需要在玩法和设计上多下功夫。

案例："圣诞老人拯救计划" H5 小游戏

Same 在圣诞节推出了一款名为 "圣诞老人拯救计划" 的 H5 小游戏，如图 4-9 所示。操作非常简单，只需用手指交替上滑，把角色的脖子向上拉到无限长。游戏会记录用户拉的最高距离，并可以跟朋友比一比谁比较长。界面清新可爱，与 Same 的招牌画风一致，游戏角色也是 Same 的品牌角色，通过幽默的游戏向用户传达 Same 独到有趣的品牌文化。

图 4-9

▌实训 1　掌握 H5 页面活动的创建

H5 页面活动的开发往往让人联想到复杂的 JavaScript 代码。事实上，制作一款 H5 页面并没有想象中那么难；既可以借助代码，也可以借助

视频：H5 页面
活动的创建

H5 制作工具。下面通过奥派进一步认识 H5 制作工具及其详细的制作步骤。奥派提供了多个模板，企业、商户只要选中模板，再根据自身需求进行简单的编辑即可。

1. H5 场景活动的创建

登录奥派，在"管理中心"中找到自己的公众号，单击进入"功能管理"下的"微场景"选项，如图 4-10 所示。继续单击，分别进入"创建场景""我的场景""场景关键词"。

图 4-10

（1）在"创建场景"界面自主创建或者选择一个模板样式，场景模板如图 4-11 所示。

图 4-11

（2）根据自己的需求对具体信息（如名称、文案等）进行编辑，完成后单击"创建"按钮即可，如图 4-12 所示。

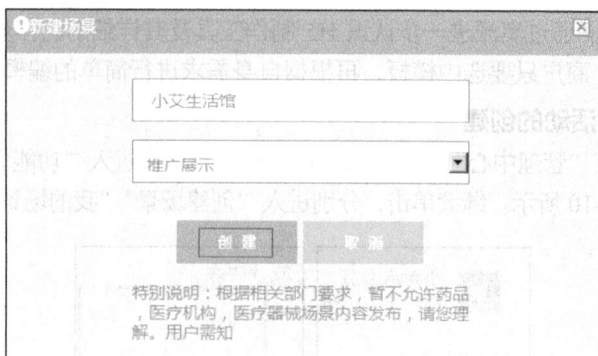

图 4-12

（3）根据模板设置"页面管理"，可在不同版式、风格、互动中选择，如图 4-13 所示。

图 4-13

（4）进行场景设置并保存设置，如图 4-14 所示。

图 4-14

（5）回到"我的场景"界面，在场景的"数据详情"中查看收集的数据，如图 4-15 所示。

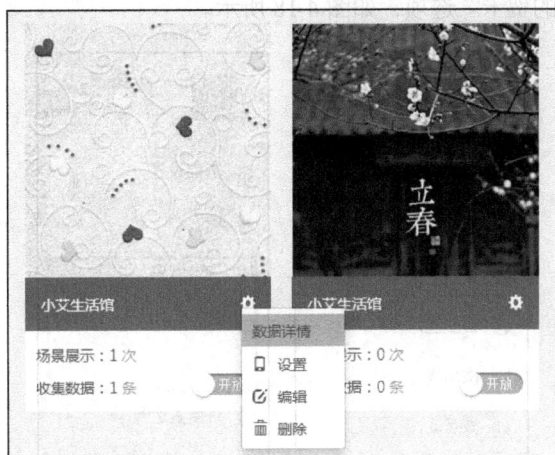

图 4-15

收集到的数据如图 4-16 所示。

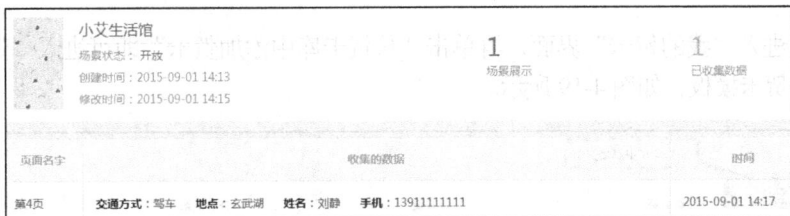

图 4-16

（6）在"高级微场景设置"界面可进行微场景的高级设置，设置完毕单击"保存"按钮即可，如图 4-17 所示。

图 4-17

2. 游戏贺卡的创建

（1）登录奥派，在"管理中心"中找到自己的公众号，单击"功能管理"下的"贺卡营销"，单击"我的贺卡"选项，如图4-18所示。

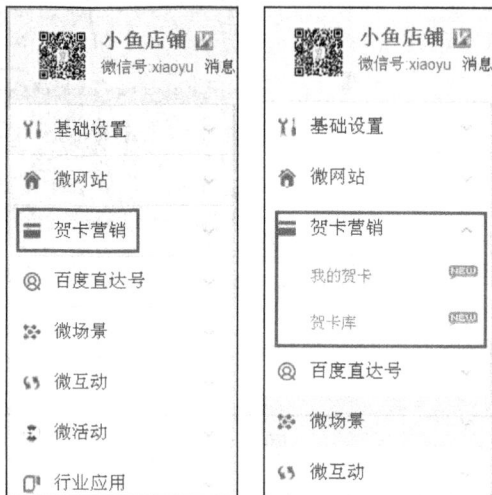

图 4-18

（2）进入"我的贺卡"界面，再单击"从贺卡库中添加贺卡"即可进入"贺卡库"自由挑选贺卡模板，如图4-19所示。

图 4-19

（3）贺卡的模板有多种风格，如节日、邀请、娱乐、动漫等，运营者可选择自己喜欢的风格的模板，如图4-20所示。

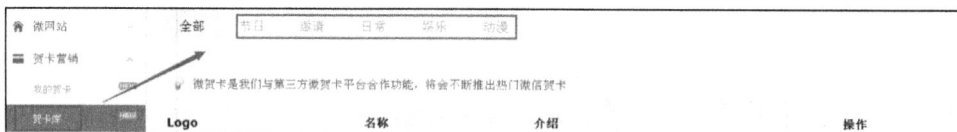

图 4-20

（4）选中目标模板后，以"时间都去哪了"这张贺卡为例，单击"使用此贺卡"按钮，进入编辑界面，如图4-21所示。

（5）进入编辑界面后对该贺卡进行详细的设置，包括关键词、标题、简介、封面图片等，其中标题是必填项。

图 4-21

（6）若想让贺卡更具有个性，还可对其进行个性化设置，如添加背景音乐、添加祝福词、添加收（发）卡人的具体信息等，如图 4-22 所示。

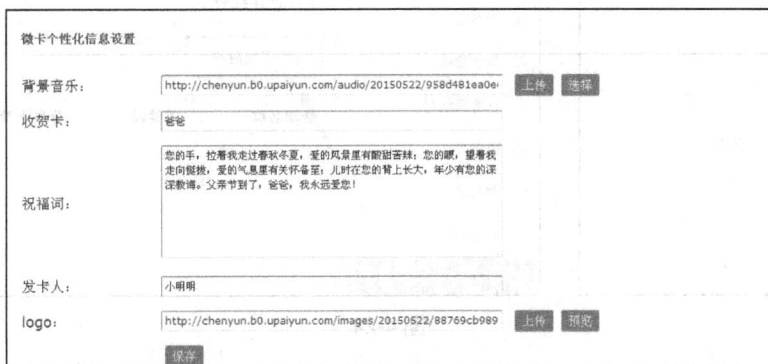

图 4-22

（7）单击"保存"按钮，完成全部设置，一张贺卡即可呈现，如图 4-23 所示。

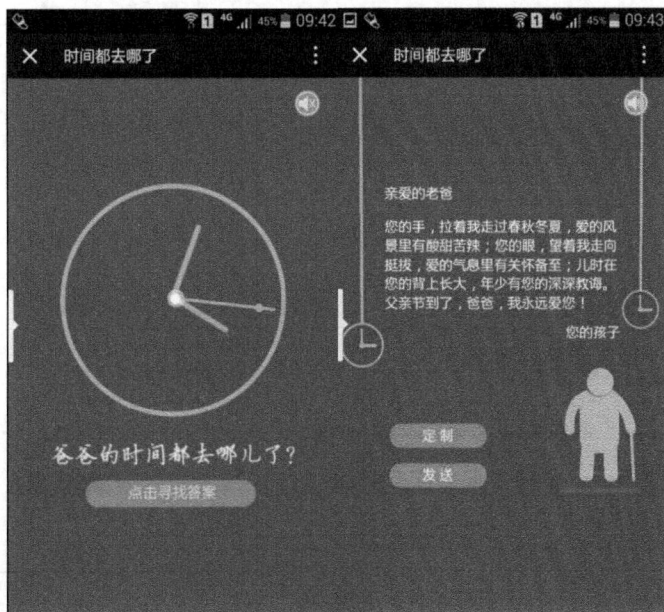

图 4-23

111

3. 红包活动的创建

（1）登录奥派"管理中心"，进入"功能管理"下的"微活动"，继续单击进入"微信合体红包"界面，单击"添加活动"按钮，如图4-24所示。

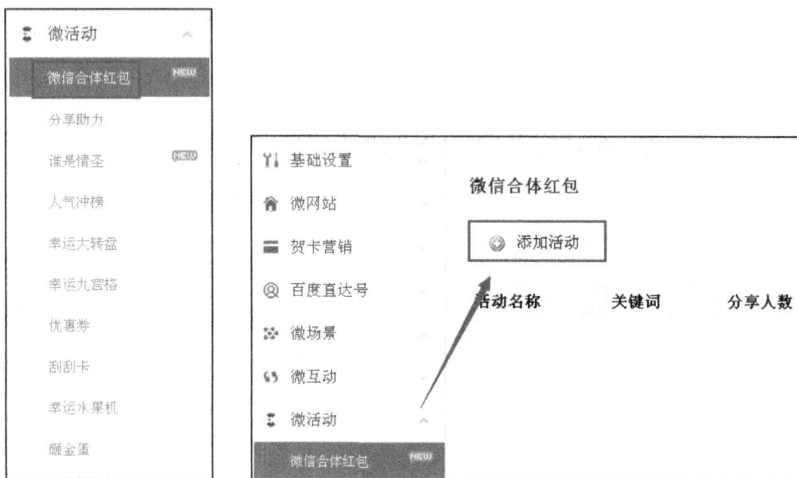

图 4-24

（2）对活动进行设置。其中必填项目包括活动名称、回复标题、回复内容、关键词、自定义提示语和链接、活动介绍、活动时间、随机金额范围、红包总金额、分享人数、限制参与人数等，如图4-25所示。

图 4-25

图 4-25（续）

（3）单击"保存"按钮完成设置。

4. 幸运大转盘的搭建

幸运大转盘活动的创建步骤与抢红包活动类似，需要先登录奥派"管理中心"，进入"功能管理"下的"微活动"。单击进入"幸运大转盘"，再单击"新增大转盘活动信息"，进入编辑界面。

编辑的内容包括活动开始内容、活动结束内容和奖项设置三大板块，如图 4-26、图 4-27 和图 4-28 所示。

图 4-26

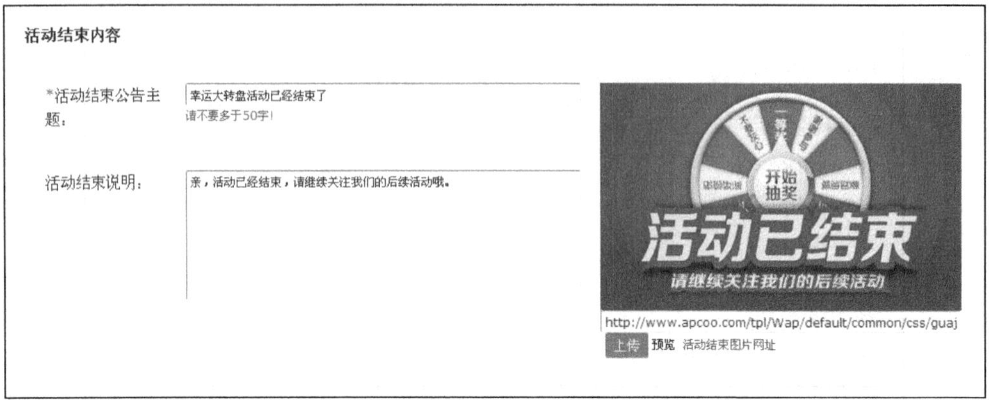

活动结束内容

*活动结束公告主题： 幸运大转盘活动已经结束了
请不要多于50字!

活动结束说明： 亲,活动已经结束,请继续关注我们的后续活动哦。

http://www.apcoo.com/tpl/Wap/default/common/css/guaj

上传 预览 活动结束图片网址

图 4-27

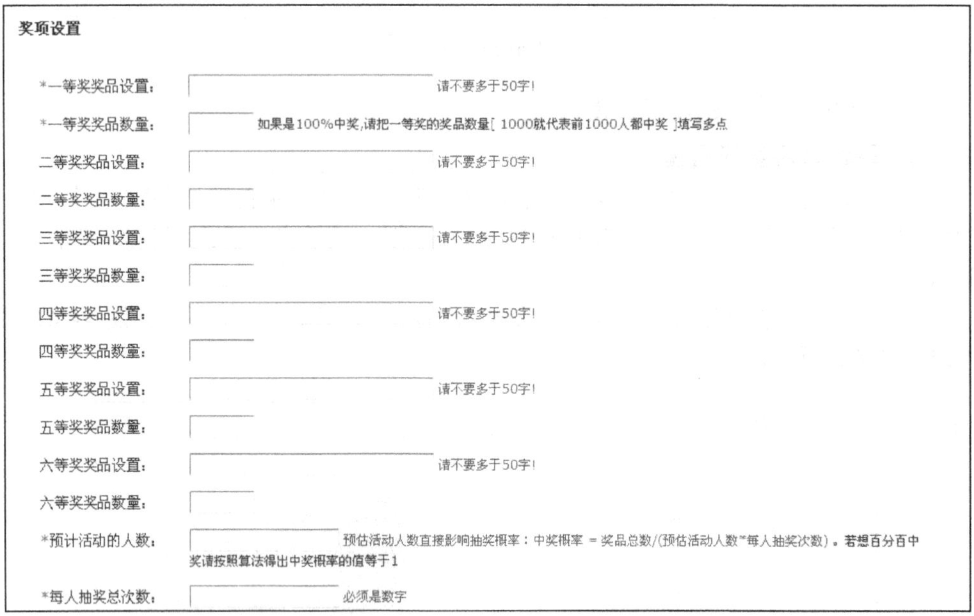

奖项设置

*一等奖奖品设置： 请不要多于50字!

*一等奖奖品数量： 如果是100%中奖,请把一等奖的奖品数量[1000就代表前1000人都中奖"]填写多点

二等奖奖品设置： 请不要多于50字!

二等奖奖品数量：

三等奖奖品设置： 请不要多于50字!

三等奖奖品数量：

四等奖奖品设置： 请不要多于50字!

四等奖奖品数量：

五等奖奖品设置： 请不要多于50字!

五等奖奖品数量：

六等奖奖品设置： 请不要多于50字!

六等奖奖品数量：

*预计活动的人数： 预估活动人数直接影响抽奖概率:中奖概率 = 奖品总数/(预估活动人数*每人抽奖次数)。若想百分百中奖请按照算法得出中奖概率的值等于1

*每人抽奖总次数： 必须是数字

图 4-28

5. 其他

　　除上述非常有代表性的几种 H5 页面活动外，还有很多非常有个性、有特色的 H5 页面活动。利用奥派可以轻松完成十多款营销活动板块的创建，如幸运九宫格、人气冲榜、砸金蛋、刮刮乐等，创建步骤与上述介绍的操作步骤类似。

　　需要先登录奥派"管理中心"，进入"功能管理"下的"微活动"，然后按照提示分别对其进行编辑设置，常见的微信营销活动如图 4-29 所示。

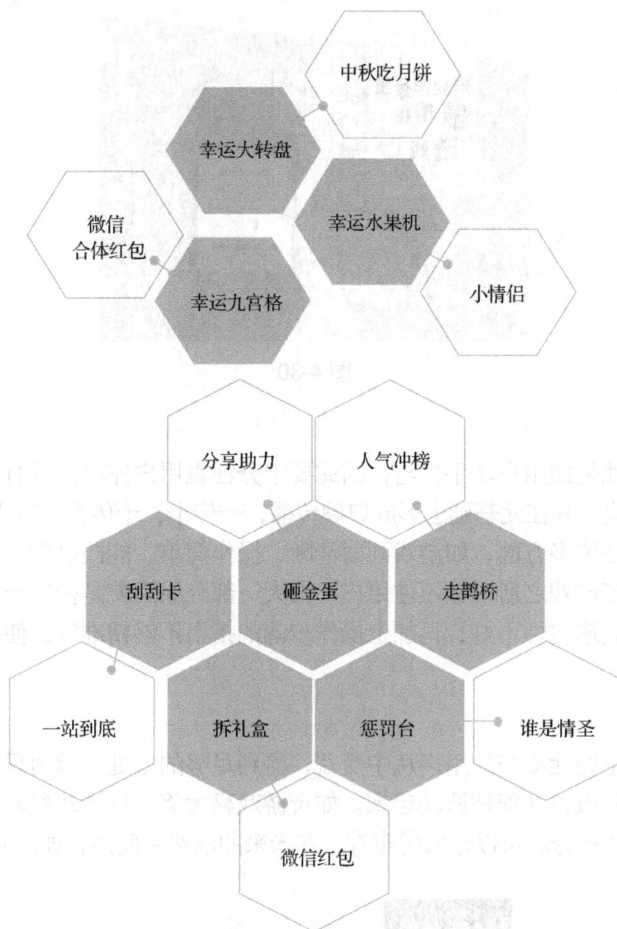

图 4-29

实训 2　开展 H5 页面活动的三原则

游戏互动活动对微信营销的重要性不言而喻，在具体操作时需要注意以下 3 个方面：一是趣味性，二是体验性，三是实用性。

1. 趣味性

有趣是游戏活动最基本的前提。一个游戏若连最基本的趣味性都没有，则很难吸引人的参与。因此，开展游戏活动的首要原则就是具有超强的吸引力，简单有趣，一下抓住参与者的眼球，激发其参与的欲望。

图 4-30 所示为同程旅游的"挑战智商，拼图游戏"，这个游戏活动就是围绕简单、有趣的原则而设计开发的。

微信小游戏是依托微信公众平台实现的互动游戏，因此，操作一定要简单且可在较短的时间内迅速完成，一般要求在 1 分钟甚至 30 秒内就可完成。

115

图 4-30

2. 体验性

游戏的目的就是使用户动手参与，因此要十分注重用户体验。只有良好的体验才能吸引用户持续喜欢，并在此基础上形成口碑传播，一传十，十传百，吸引更多的新用户。

体验性体现在诸多方面，如游戏画面清晰、操作简单，能凸显游戏的主要信息。以操作性为例，很多游戏之所以锁不住用户，很大一部分原因就是操作步骤过于烦琐。功能键与功能键之间连贯性不好，再加上操作步骤的指引不够精准等，使整个游戏的体验性大打折扣。

3. 实用性

实用性即一定要让参与的用户从中受益，得到足够的好处。因为只有回报率高、奖品丰厚，用户的积极性才能被调动起来。如玩游戏赢大奖、玩游戏积累积分等，一旦中奖或积累到一定的积分就可以领取优惠券，在未来的消费中使用，如图 4-31 所示。

图 4-31

当然，这并不是倡导企业一定要用利益诱惑来吸引大众参与，而是强调一定要有实用性。有些游戏设计得十分有创意，即使无法使参与者获得物质奖励，由于可令参与者获得情绪、精神上的满足，同样也可以收到不错的效果。

案例：疯狂手指的创意性

疯狂手指是一个非常富有创意的小游戏，它的创意来自一个工程师，工程师开发了 1 个小时就上线了，第二天就获得了千万流量。类似的还有切水果、神经猫、数钞票等，都是围绕创意开发的，赋予游戏独一无二的创意是获得长久关注最可靠的一条路。疯狂手指的游戏界面如图 4-32 所示。

这说明在设计、开发微信游戏时要有特色、抓热点、拼创意。即使模仿也要具有自己的特色，这是吸引并留住用户的法宝。如果总是与别人的相同，那么用户就不会给予持久性的关注。

图 4-32

如竞技性的小游戏，作为当前开发者最喜欢做的一种游戏类型，雷同的游戏非常多。这部分游戏大都采用评分的方法，比如××分，超过宇宙××%的人之类的，稍复杂一点的游戏则加入了排行榜、加分项等。由于竞技这个热点主题还是很受欢迎的，可以沿用，但在具体的表现形式上要别出心裁。这就要求企业对小游戏不断创新，不创新就没有价值，从而导致一发布就会被同类游戏淹没。

总之，有趣好玩的设计能让用户情不自禁地参加，甚至有时候不给奖励也能吸引很多用户，因为用户在参与的时候已经获得了精神的奖励。如"凡客体""聚美体""对不起体"等小游戏，没有奖励，也有无数人参与转发。

如果企业的营销活动可以让参与者在参与的同时获得精神的奖励回馈，那他们就会大大忽略物质的奖励。

实训 3 了解常见的 H5 制作软件

如今市场上有很多专业的 H5 制作软件，诸如易企秀、兔展、MAKA、人人秀等。这些软件中大部分都有现成的模板，利用这些模板，可以直接编辑，或只需简单的编程即可完成制作。

以 MAKA 为例，MAKA 的原创模板涵盖 20 个行业、10 个应用场景，用于免费创作 H5，资源优质，更新快速。用户可根据场景需要选择相应的模板进行编辑，从而创作 H5。

作为微信运营人员，需要综合运用多种制作工具。请大家在日常实践中，试着用 MAKA、易企秀、兔展、人人秀这 4 个软件分别做一个 H5 页面。然后分析、总结出各个工具的特点、优势、劣势，填入表 4-1。

表 4-1 各 H5 制作软件特点

名称	特点	优势	劣势
MAKA			
易企秀			
兔展			
人人秀			

任务 4.2　创建与推广线上促销活动

促销活动是为了促进某种商品或服务的销售而进行的降价或赠送礼品等行为活动，以便在短期内达到促进销售、提升业绩、增加收益等效果。传统上，这些活动都在线下进行，但随着互联网、移动互联网技术的运用逐步向线上转移，或在线上、线下同步进行。本任务主要讲解如何基于微信公众平台开展线上促销活动，线上促销活动有哪些形式，以及常见活动的创建步骤和方法。

4.2.1　促销活动的形式

很多商户绞尽脑汁想做网店促销活动，但就是找不到好的点子，没有执行力。之所以会出现这样的结果，主要有两个原因，一是因为很多人根本没有意识到促销活动的重要性，二是知道活动可以带动销量、带来人气，但却不知道如何具体做方案，导致即使经常搞促销活动效果也非常有限。

关于促销活动的重要性，前面已经讲过，本节重点阐述常用的促销活动形式。就目前网店常用的促销活动形式来看，主要有 3 种，一是打折，二是发放优惠券，三是抢购。同时，这 3 种方法还可延伸出更多的细分活动。

1. 打折

价格是促销活动的核心，也是买卖双方争论的焦点，线上消费者对价格的敏感度比传统线下的消费者更高。因此，巧妙地降价显得尤为重要，主动打折降价，利用价格优势可以影响消费者的购买行为。

有人说，主动打折降价是不可取的策略，因为价格一旦降下来就意味着舍掉一部分利益。理论上看是这样，可这种理论在互联网时代行不通，尤其是移动营销时代，各企业、商户追求的是流量，而流量需要足够的用户数量来支撑，粉丝多就意味着更多的利润。如新品促销，很多商户不惜代价，甚至亏本打折，就是为了获得更高的销量和人气，诸如经常见到的低价购买+包邮、微秒杀、微砍价等。

主动降价是获取粉丝的一种捷径，即通过降低价格给对方一种"便宜"的感觉，以迎合消费者追求物美价廉的心理，以此来带动消费者更大额度、更多频率的消费。很多时候，有一部分通过低价引流进来的消费者会通过关联销售去购买店内更高利润的商品。

2. 发放优惠券

优惠券有多种形式，如满减、满返、满赠等。发放优惠券是线上促销活动最常用的方式，如满 500 元减 50 元，满 1000 元送 200 元等。这种方式直接击中了消费者的软肋，迎合了大部分消费者的心理，因而也备受欢迎。

值得注意的是，设置优惠券时参与门槛要低些，根据自己的目标人群，活动面向的人群越初级越好。因为用户越是高级，数量越少，而且高级用户对于活动的热衷度远不如初级用户。另外，门槛低还包括活动规则的制订，规则应该是越简单越好。越是复杂的规则，参与的人越少，尤其是在微信这种碎片时间使用比较多的沟通工具上。

3. 抢购

互联网、移动互联网开启了一个免费时代，如今在网上买什么都流行"抢购"——且是免费或超低价，如免费试用、免费体验、一元购、微众筹、0.1元拼购等。其实，大多数消费者也知道，这只不过是卖家的噱头，卖家真正想要的是"免费"暗含的巨大利润。尽管如此，但不得不承认，这对大多数消费者还是有足够吸引力的，毕竟仍有不少消费者钟情于享受免费产品或服务带来的心理满足感。

免费或超低价，对消费者来说可以免费或低价得到额外的产品或服务，而对提供产品或服务的卖家来讲意义则更大。

4.2.2 促销活动推广的重要性

利用微信，企业不仅实现了营销技术的革新和渠道的转变，而且获得了一系列新型的活动促销方式，可在线上展开多种形式的促销活动。

案例：吉野家的微信促销活动

吉野家推出新品吉味米堡，除了高薪聘请当红明星代言外，还借助了微信营销，搞了一场创意十足的优惠促销活动："凭脸吃我"。

在宣传上，利用微博、微信、线下活动进行推广，同时邀请"大V"、代言人、意见领袖力荐，鼓励粉丝朋友圈分享，展开口碑传播等，取得了非常好的效果。

此次吉野家"凭脸吃我"活动中的优惠券是以二维码的形式存在的，可重复扫描使用。鼓励消费者将自己的优惠券分享到朋友圈，与朋友一起分享这份优惠；并通过朋友圈这个网络上信赖度较强的口碑传播平台，形成与友同乐的感觉，引导更多消费者的参与，如图4-33所示。

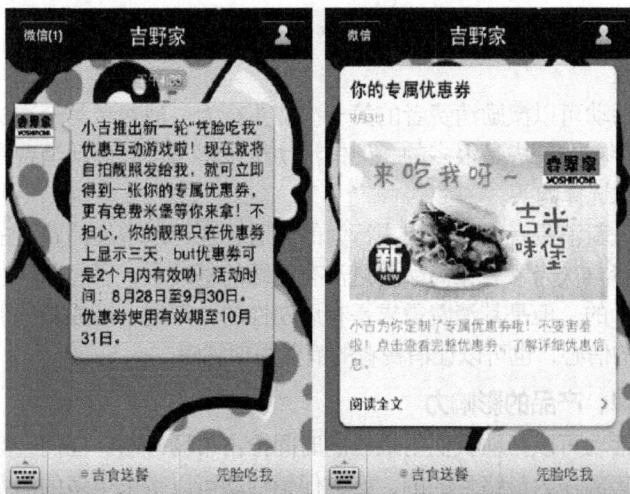

图 4-33

案例：自然堂的微信促销活动

自然堂是很多女性喜欢的化妆品牌之一，在全国各大商场都有专柜销售。随着微信的广泛使用，自然堂在公众号上开通了微信官方旗舰店，并经常搞打折、送赠品等促销活动，以吸引更多的消费者关注。

如针对新微信用户而举行的关注有礼优惠活动，规定只要关注官方微信公众号，如图 4-34 所示，就可以到附近的实体店专柜低价购买。这种方式一方面直接推广了公众号，增加了微店的访客量；另一方面也提高了与消费者的互动，增强消费者的黏性，便于消费者长久地关注品牌。

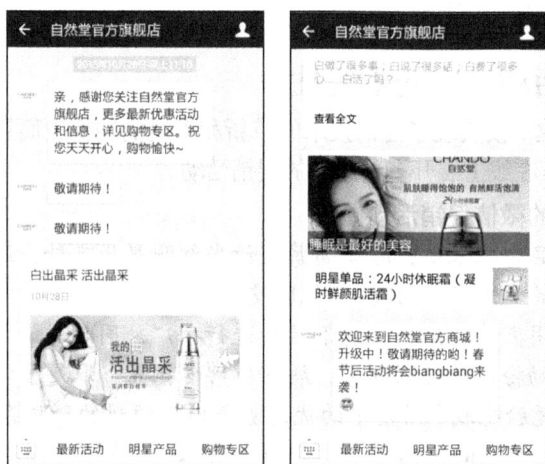

图 4-34

促销活动带给店铺的好处是全方位的，不仅仅可以提高销量，提升品牌、产品在消费者心目中的影响力，还可以降低运营成本，扩大利润。

1. 提升销量

成功的促销活动可以激励消费者的第一次购买行为。消费者第一次进入一家店铺购买商品时，心中存在的疑虑是很多的，促销活动执行得当可以调动消费者的购买热情，让消费者打消疑虑选择购买。

同时，在促进新消费者第一次购买行为的同时，还可以增加消费者的回头率，让以前购买过的消费者再次光顾。在商品质量没有问题的基础上，已经购买过的消费者对店铺的疑虑是比较少的，但是其消费需求是有周期性的，策划一场成功的促销活动可以让其坚定再次购买的信心，也可以让消费者的消费周期缩短。

2. 扩大品牌、产品的影响力

成功的促销活动可以帮助我们用最短的时间抢占市场份额。任何一场促销活动都是以销售量或者销售额作为最终目的的，好的促销活动可以带来更多的消费者，也可以提高消费者平均购买金额。有新商品上架时，也可以利用促销活动快速打开市场。

3. 降低店铺运营成本

与线下促销活动相比，微信线上促销活动传播速度快、范围广，最重要的是成本低，可大大降低企业在促销活动上花费的人力、物力和财力。

传统上，我们做一场促销通常都是在线下进行的，策划人员、租场地、现场督导等都需要投入大量的人力、财力和时间成本。而通过微信公众平台则可以省去很多环节，只要策划一个完美的营销方案即可，其余的工作基本都可以在后台完成。

面对竞争日趋残酷的市场，合理选择促销方式成为各大企业成功制胜的法宝。

▎实训　掌握微信促销活动的创建

微信促销活动是微商城管理中主要的组成部分，设置任何一种微信促销活动都需要在微商城中进行。为了便于理解，我们仍借助于奥派，具体操作步骤为：登录奥派，在"管理中心"中的"功能管理"下找到"微信商城"，在展开栏中继续单击，可分别进入"微众筹""微秒杀""一元购""降价拍""微砍价"，如图 4-35 所示。

1. 微众筹

（1）单击"添加众筹"按钮，进入"众筹设置"页面。按照要求填写基本信息，如关键词、项目名称、项目简介、筹资金额、筹资上限、筹资天数、项目详情等，如图 4-36 所示。

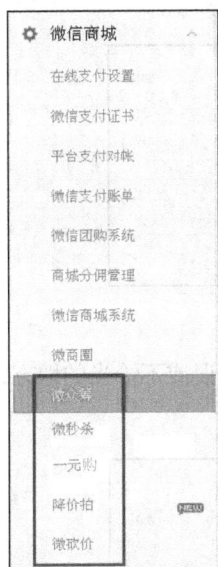

图 4-35

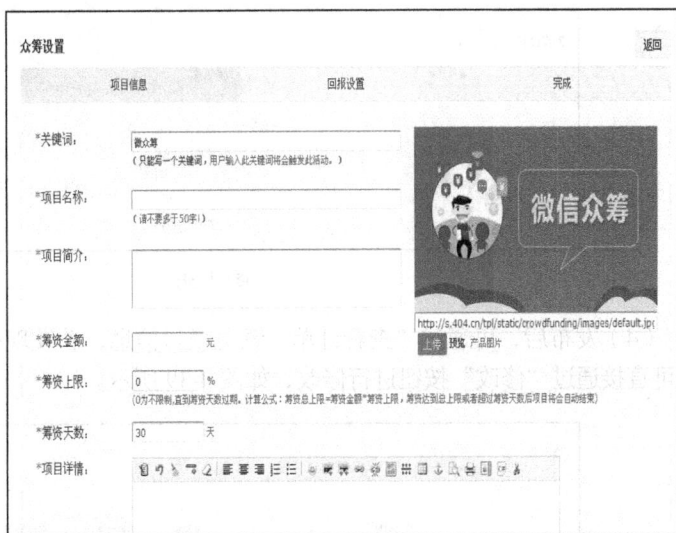

图 4-36

（2）单击"下一步"按钮，进入"回报设置"界面，单击"添加回报"按钮，按照要求填写支持金额、回报内容、说明图片、限定名额、回报时间及运费，如图 4-37 所示。

图 4-37

如果需要设置更多回报项目，可以继续单击"添加回报"按钮，填写要求同上。通常来讲，需要设置 3 个以上（含 3 个）的回报项目，且回报力度要逐步增大，这样成功的概率就会更大。

（3）回报设置完毕后，即可完成设置确认发布，如图 4-38 所示。

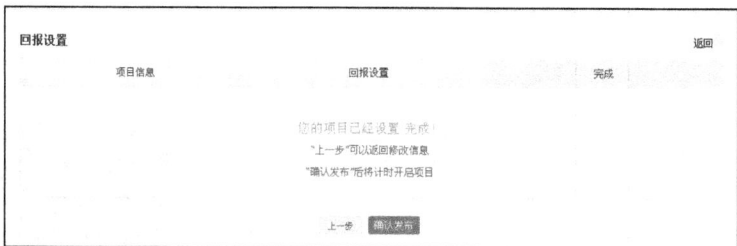

图 4-38

（4）发布后，可通过"查看订单"预览项目信息，若发现有错误或不恰当的地方，则可直接通过"修改"按钮进行修改，如图 4-39 所示。

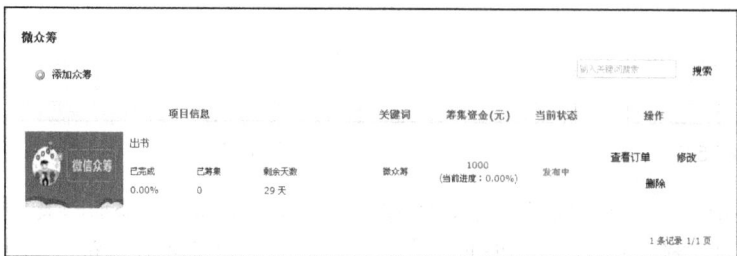

图 4-39

2. 微秒杀

（1）单击"添加微秒杀"按钮，如图 4-40 所示。

图 4-40

（2）进入设置页面，按照要求填写基本信息，如关键词、活动名称、活动图片、活动开始时间、活动结束时间、活动规则等（带*项为必填项），完成后保存设置，如图 4-41 所示。

图 4-41

（3）保存后的页面如图 4-42 所示，如需对活动进行进一步操作，可直接单击"管理活动商品""查看活动订单""编辑""删除"按钮。

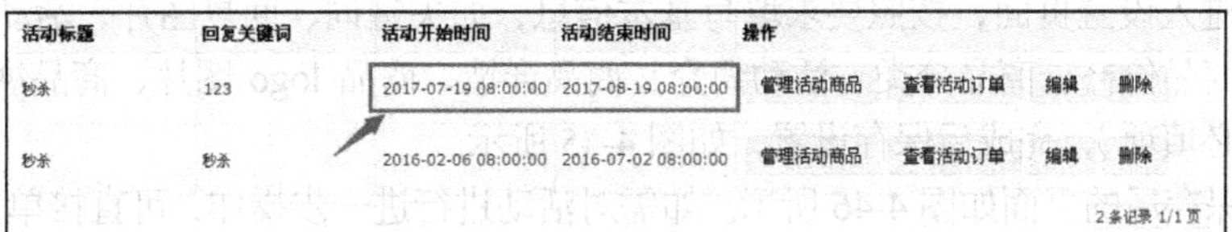

图 4-42

（4）单击"编辑"按钮，进入活动的编辑界面，如图 4-43 所示。

123

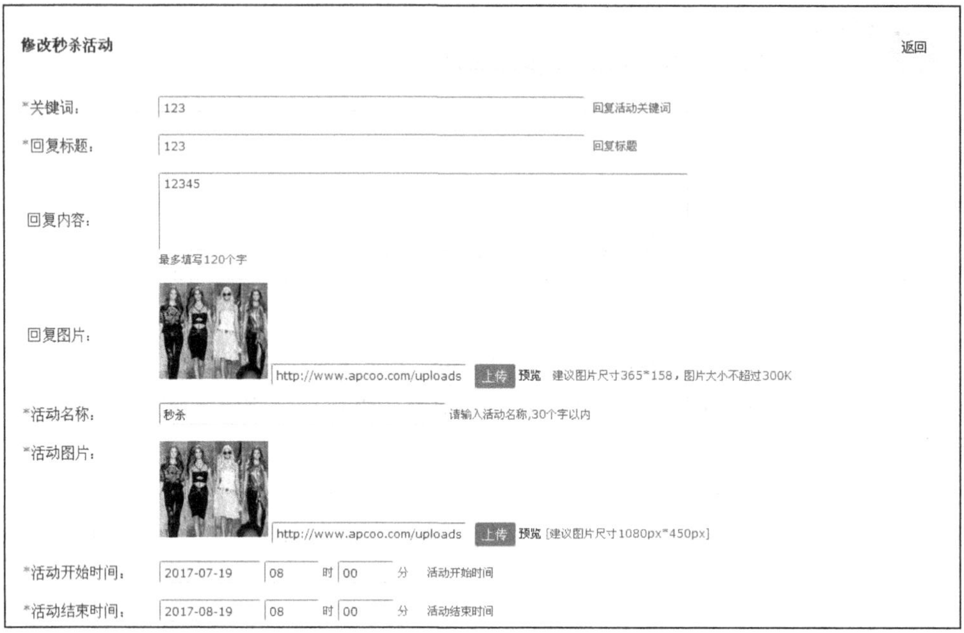

图 4-43

3. 一元购

（1）单击"一元购"按钮，进入该活动的管理界面，单击"新增活动商品"按钮，如图 4-44 所示。

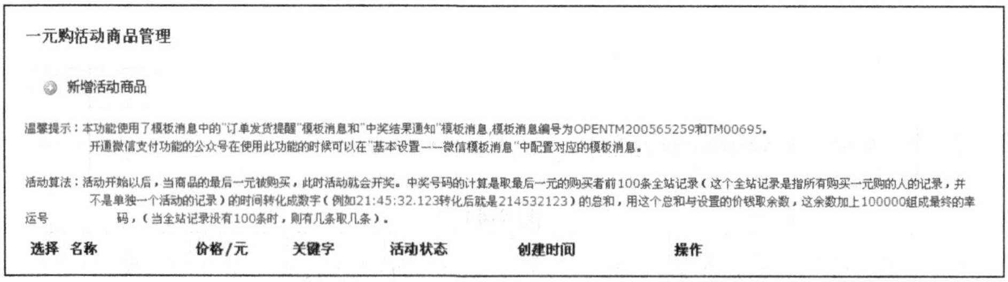

图 4-44

（2）进入设置页面，按照要求填写基本信息，如关键词、回复图片、活动名称、回复内容、商品价格、商品分类、活动简介、商品详情、商品 logo 图片、商品展示图片等（带*项为必填项），完成后保存设置，如图 4-45 所示。

（3）保存后的页面如图 4-46 所示。如需对活动进行进一步操作，可直接单击"修改""开始""数据""删除"等按钮。

（4）活动设置后默认为关闭状态，只有单击管理页面上的"开始"按钮才处于运作状态，如图 4-47 所示。值得注意的是，活动开始后将无法对商品价格进行更改。

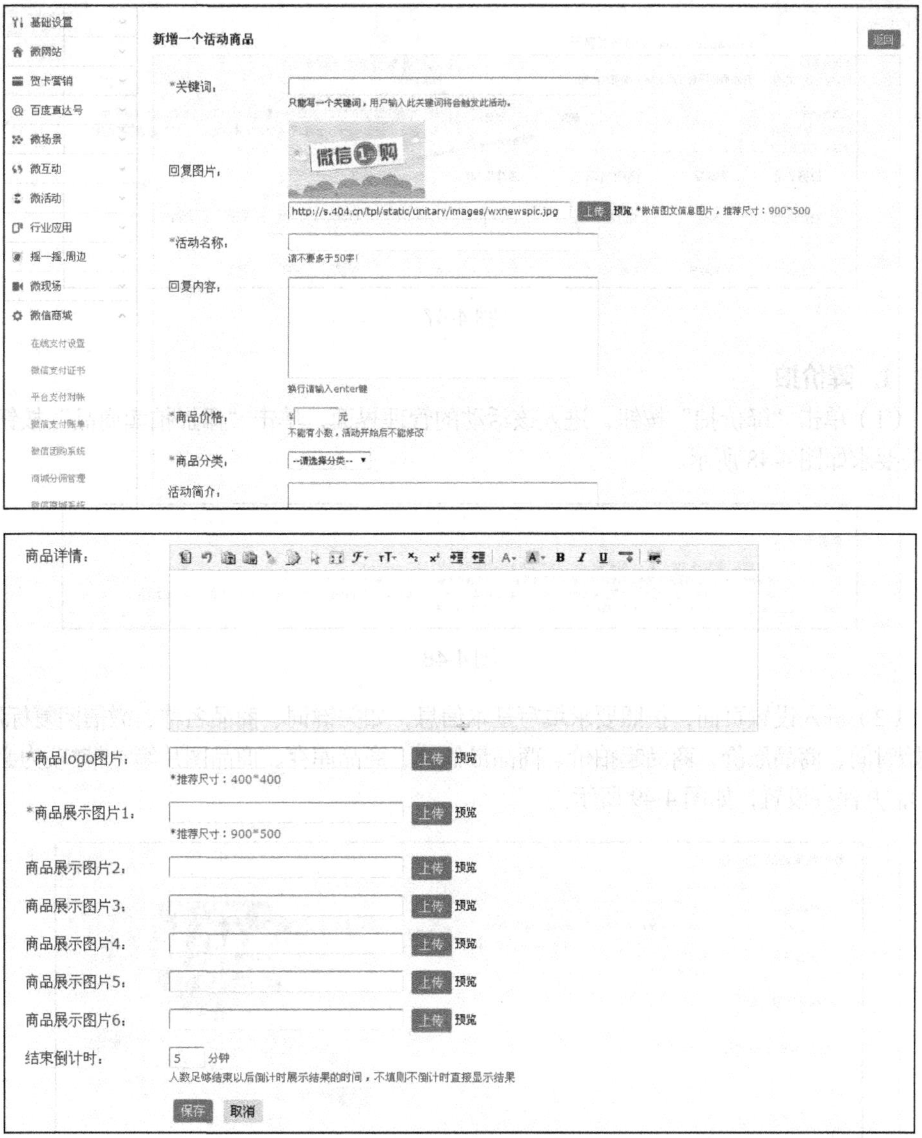

新增一个活动商品 返回

*关键词： 只能写一个关键词，用户输入此关键词将会触发此活动。

回复图片： 微信上购

http://s.404.cn/tpl/static/unitary/images/wxnewspic.jpg 上传 预览 *微信图文信息图片，推荐尺寸：900*500

*活动名称： 请不要多于50字！

回复内容：

换行请输入enter键

*商品价格： ¥ 元 不能有小数，活动开始后不能修改

*商品分类： --请选择分类-- ▼

活动简介：

商品详情： [工具栏] A· A· B I U

*商品logo图片： 上传 预览 *推荐尺寸：400*400

*商品展示图片1： 上传 预览 *推荐尺寸：900*500

商品展示图片2： 上传 预览

商品展示图片3： 上传 预览

商品展示图片4： 上传 预览

商品展示图片5： 上传 预览

商品展示图片6： 上传 预览

结束倒计时： 5 分钟 人数足够结束以后倒计时展示结果的时间，不填则不倒计时直接显示结果

保存 取消

左侧导航：基础设置、微网站、贺卡营销、百度直达号、微场景、微互动、微活动、行业应用、摇一摇.周边、微现场、微信商城、在线支付设置、微信支付证书、平台支付对账、微信支付账单、微信团购系统、商城分销管理、微信旅游城系统

图 4-45

选择	名称	价格/元	关键字	活动状态	创建时间	操作
☐	一元购	¥50.00	一元购	关闭-已有0人	2017-07-19 15:44:47	修改　开始　数据　删除
☐	一元夺宝	¥20.00	一元夺宝	开始-已有0人	2016-02-06 10:22:26	修改　关闭　数据

2 条记录 1/1 页

图 4-46

图 4-47

4. 降价拍

（1）单击"降价拍"按钮，进入该活动的管理界面，单击"添加拍卖商品"按钮，相关要求如图4-48所示。

图 4-48

（2）进入设置页面，按照要求填写基本信息，如关键词、商品名称、微信回复标题、开始时间、商品原价、商品起拍价、商品最低价、商品库存、商品图片等（带*项为必填项），并保存设置，如图4-49所示。

图 4-49

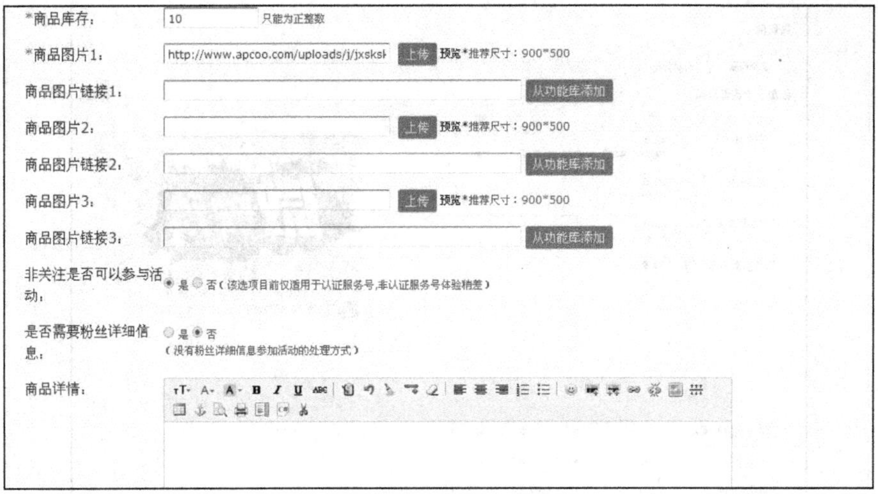

*商品库存：	10 只能为正整数					
*商品图片1：	http://www.apcoo.com/uploads/j/jxsksh	上传 预览 *推荐尺寸：900*500				
商品图片链接1：		从功能库添加				
商品图片2：		上传 预览 *推荐尺寸：900*500				
商品图片链接2：		从功能库添加				
商品图片3：		上传 预览 *推荐尺寸：900*500				
商品图片链接3：		从功能库添加				

非关注是否可以参与活动： ● 是 ○ 否（该选项目前仅适用于认证服务号,非认证服务号体验精差）

是否需要粉丝详细信息： ○ 是 ● 否
（没有粉丝详细信息参加活动的处理方式）

商品详情：

图 4-49（续）

（3）保存后的页面如图 4-50 所示。如需对活动进行进一步操作，可直接单击"订单""修改"或"删除"等按钮。

商品名称	关键词	价格	库存	拍下人数	操作			时间
333	333	原价：￥333 起拍价：￥127 最低价：￥123 每1分钟下降4元	10	0	订单	修改	删除	拍卖开始时间：2016-02-15 10:21:13 预计结束时间：2016-02-15 10:22:13 商品添加时间：2016-02-15 09:21:50
秒杀	222	原价：￥222 起拍价：￥127 最低价：￥122 每1分钟下降5元	10	0	订单	修改	删除	拍卖开始时间：2016-02-15 10:17:24 预计结束时间：2016-02-15 10:18:24 商品添加时间：2016-02-15 09:19:07

图 4-50

5. 微砍价

（1）单击"微砍价"按钮，进入该活动的管理界面，单击"添加砍价"按钮，如图 4-51 所示。

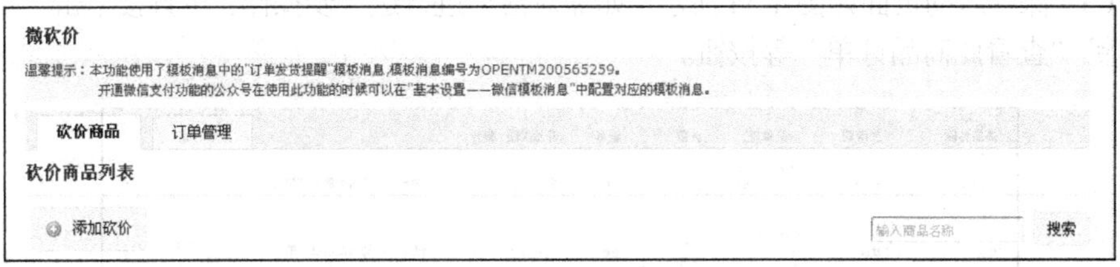

微砍价
温馨提示：本功能使用了模板消息中的"订单发货提醒"模板消息，模板消息编号为OPENTM200565259。
开通微信支付功能的公众号在使用此功能的时候可以在"基本设置——微信模板消息"中配置对应的模板消息。

砍价商品	订单管理

砍价商品列表

○ 添加砍价   输入商品名称   搜索

图 4-51

（2）进入设置页面，按照要求填写基本信息，如关键词、商品名称、微信回复标题、每人砍价时间、商品原价、砍价力度、商品库存、商品图片等（带*项为必填项），并保存设置，如图 4-52 和图 4-53 所示。

127

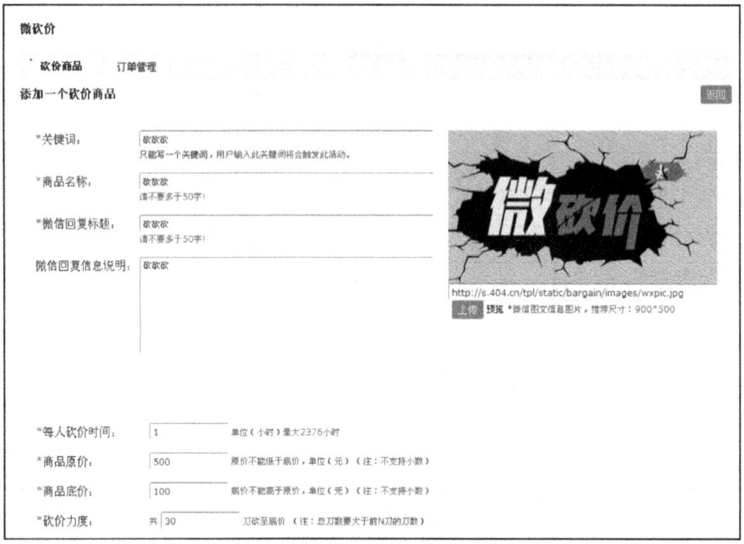

图 4-52

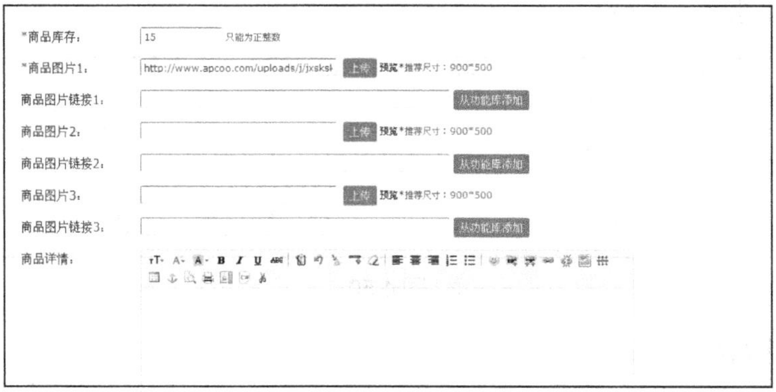

图 4-53

（3）保存后的页面如图 4-54 所示。如需对活动进行进一步操作，可直接单击“修改”“删除”“查看此商品订单”等按钮。

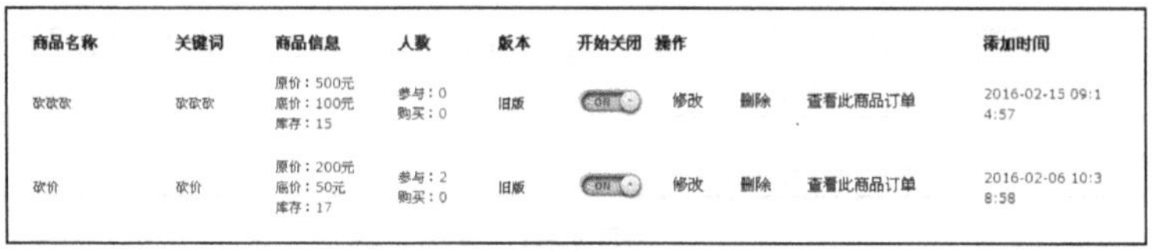

商品名称	关键词	商品信息	人数	版本	开始关闭	操作			添加时间
砍砍砍	砍砍砍	原价：500元 底价：100元 库存：15	参与：0 购买：0	旧版	ON	修改	删除	查看此商品订单	2016-02-15 09:14:57
砍价	砍价	原价：200元 底价：50元 库存：17	参与：2 购买：0	旧版	ON	修改	删除	查看此商品订单	2016-02-06 10:38:58

图 4-54

与“一元购”活动一样，该活动设置后也默认为关闭状态，只有单击管理页面上的“开始”按钮才能让活动运作起来。“ON”为开启状态，“OFF”为关闭状态。

任务 4.3　撰写与推广微信公众号内容

很多微信店铺陷入了"掉粉"的窘境。"掉粉"对于微信营销来讲可谓一场"灾难"，粉丝大量流失、公众号长期无人关注，微店中的商品卖不出去……针对以上现象，运营者需要重视公众号内容，依靠高质量的内容来提升公众号的品质。其实不仅是微信营销，任何形式的营销都是这样，只有做好内容，才能从根本上提升营销价值。

4.3.1　分析内容价值

内容创造价值，内容管理和运营是微信营销最重要的一个环节。内容的管理和运营包括对内容的策划、更新和推广，包括文案的策划、撰写，产品信息的植入等。推广则需要对编撰好的内容通过各种渠道进行推广，以扩大商品的曝光度和影响力，让更多的人知道商品的存在。

在做内容之前，要弄清楚一个问题：微信公众号是为企业服务的还是为用户服务的？很多人认为答案是前者，微信一定要围绕企业利益、产品特色去做。其实恰恰相反，内容的定位一定要以用户为中心，从用户的角度着想，然后再结合企业的特点。千万不可只推送企业自己的内容，因为只有用户从你的微信中获得了想要的东西，他们才会更加忠实于企业和产品，接下来的销售才能水到渠成。

用户永远是因好的内容而来的，用户转发推荐也是因为觉得内容有价值，所以应遵循"内容为王"的原则。对于微信的内容，应采用"1+X"的模型，"1"是最能体现账号核心价值的内容，"X"则代表了内容的多样性，以迎合和满足用户的需求，增强内容的吸引力。

微信营销对内容的要求比较高，因为只有持续地、高质量地输出好的内容，才能最大限度地展示自己，吸引用户关注。那么微信内容主要包括哪些？从内容的素材来看主要有 4 类，即文字、图片、视频、音频。这 4 类素材共同构成了微信最基本的内容，如图 4-55 所示。

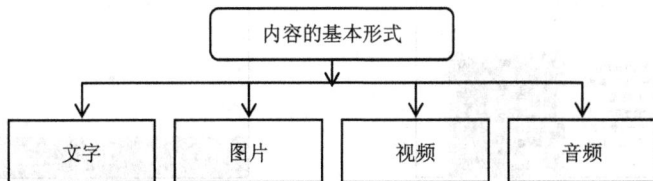

图 4-55

这里的微信内容主要是指公众平台上的信息。接下来我们要讲的内容运营都是在微信公众号上操作进行的。文字类、图片类、音频类、视频类内容分别如图 4-56、图 4-57、图 4-58 和图 4-59 所示。

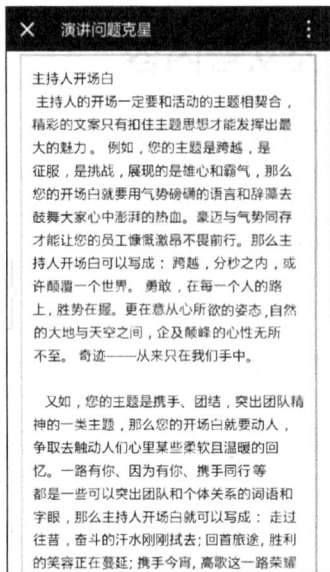

图 4-56

图 4-57

图 4-58

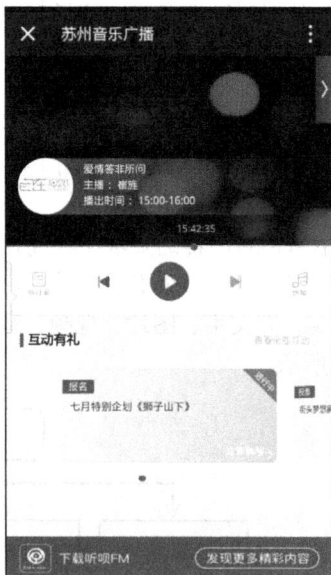

图 4-59

　　然而，在实际运用时，这些内容很少是以单一的形式出现的，不管是纯文字、纯图片，还是纯视频，效果都不是特别好。图 4-60 所示是在使用单一形式内容时的注意事项。

　　因此，最理想的方式是多种形式组合运用，如"文字+图片""音频+视频""图片+音频"等组合形式，或者三合一、四合一的组合形式。

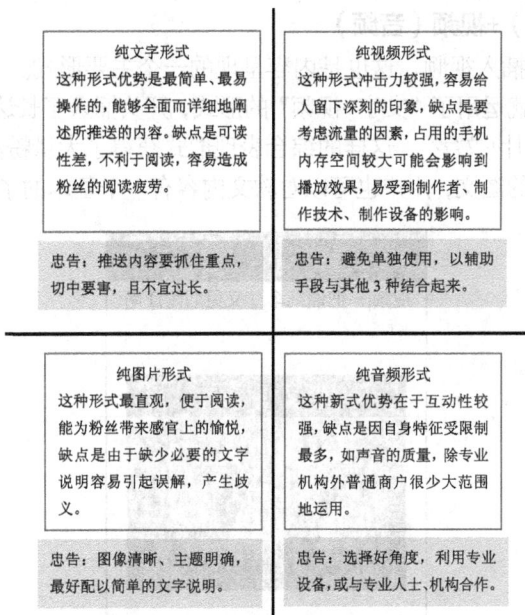

图 4-60

1. 文字+图片

文字信息应与图片信息配合使用，可达到图文并茂、事半功倍的效果。这种形式又分为"以图片为主、文字为辅"和"以文字为主、图片为辅"两种形式，如图 4-61 和图 4-62 所示。

图 4-61

图 4-62

2. 文字（图片）+视频（音频）

在文字或图片中插入视频，这也是内容呈现的一个主要形式。一个宣传旗袍的公众号，其上的一篇文章就运用了"文字+视频"的形式，开头插入了长达 5 分钟之久的视频，后文是大篇幅的"图片+文字"。这样的综合表现形式获得了大量粉丝的青睐，仅凭这个视频，即使不看后面的图文，用户也可以对软文内容有一个基本的了解，如图 4-63 所示。

图 4-63

"文字（图片）+视频（音频）"这样的组合是内容编写时经常采取的一种技巧，能够使内容以动态的方式呈现，给读者留下深刻的印象。

视频的来源主要有 3 种方式，即现场拍摄、转载和插入。如果是事先拍摄好的一段视频，只要保存起来，利用微信公众平台插入到软文中即可。在微信公众平台后台有插入视频的功能，借助该功能就可将拍摄好的视频插入到文中。

▍4.3.2　创作微信内容

微信内容有多种文案类型，不同的文案类型所传递的信息不同，表达方式也不同。因此，要想写出好的微信内容，就必须熟练掌握各种内容的写作方法、写作技巧。同时，要结合产品的特性、商户的需求及目标用户的需求，策划一份最佳的撰写方案，写出受粉丝欢迎的内容。

微信内容文案通常可分为 4 种形式，分别为广告宣传式、情感诱导式、活动促销式、观点表达式等。

1. 广告宣传式

内容的最终目的是宣传、推广其中含有的品牌、产品或服务信息，让阅读到这篇文案的读者接受和认可。因此，作为软文策划人员、创作人员，在写一篇软文时必须有这样的意识，即无论写什么样的软文，首先必须保证软文应具有广告的作用，且便于宣传。

因此，内容在某种程度上就是广告，只不过广告的潜入有的明显些，有的隐匿些。我们把带有明显广告特性、侧重于宣传的软文称作广告宣传式软文。下面讲解这类软文的内容及其创作策划要点。

广告宣传式软文是软文"家族"中最重要的，也是运用最多的一个类型。纵观公众号、朋友圈的软文文案，这种类型最多。很多经典的软文也出自此类，它有着超强的宣传性，对企业品牌、企业形象的树立，产品和服务销量的扩大，消费者购买欲望的诱导都有很大的促进作用。

案例：软文营销示例

大众点评、京东商城在其微信公众号上发布的文章，基本上都是这类软文，以直接推荐其产品、宣传促销活动为主，如图 4-64 和图 4-65 所示。

图 4-64

图 4-65

再如，有些卖家常在朋友圈发布一些图文信息，篇幅虽然很短，但也处处透露着广告的气息，其目的就是让读者了解自己的产品、服务等，如图 4-66 所示。

2. 情感诱导式

有的软文向读者展示的不是一篇文章，而是一个观点或一种情感。感情是能真正触动读者心灵的。现在很多企业在进行营销和推广时讲究以人为本、体验至上，某种程度上突出了情感的因素。其实，情感体验是最容易深入人心的。做营销工作，如果能抓住消费者的情感，那就成功了一半。写软文也是同样的道理，只要抓住"情感"这个核心，以情感人、以情动人，就会很容易俘虏一部分读者的心。

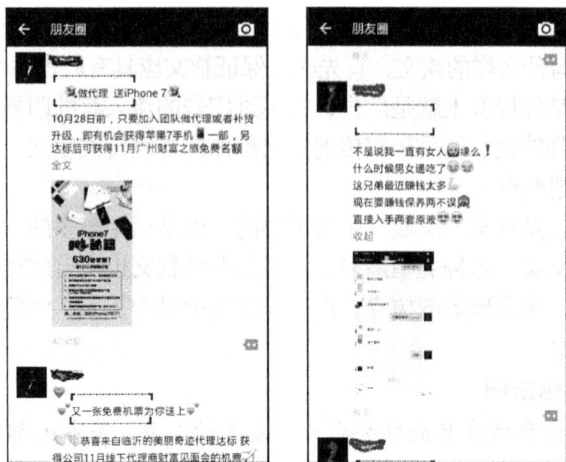

图 4-66

案例：钻石小鸟情感诱导式的软文文案

2015 年圣诞节前夕，知名钻石珠宝品牌钻石小鸟在微信中推送了这样一篇文案，标题为"生蛋快乐，爱是这个平安夜你伸向我的温暖掌心"。标题采用了诙谐幽默的"生蛋"代替"圣诞"，在意境上就别具一格。另一个特色之处就是以一首欢快浪漫的歌曲"All I Want For Christmas Is You"开头。

随着美妙的音乐，钻石小鸟带领我们走入了一个温馨的氛围中，清醒自然的画面、撩人心弦的文字都给人以别样的情感体验。背景以淡粉色、淡蓝色为主，配以"爱你，就是要和你在一起，温柔的低语""分享的喜悦，成长的陪伴，爱是懵懂的""爱慕情深，暖若骄阳""依恋和相生相随"等暖人心的话语，寥寥数语瞬间就能勾起人们心底久藏的那丝美好，如图 4-67 所示。

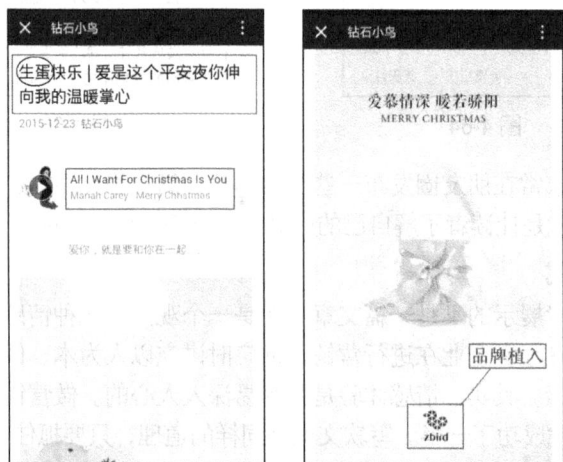

图 4-67

这样的浪漫情怀和小清新的风格，让这个文案具有一种鲜明的情感色彩，与后面的品牌植入相得益彰。读者在阅读时既可以在心情上感受到愉快，也可以对钻石小鸟这个品牌有更别致的认识和更深刻的印象。

案例：好利来公司的节日营销软文文案

好利来公司在软文方面也非常具有代表性，尤其是对节假日营销的运用匠心独到，几乎每个节日都推送相应的软文，已逐步具有了自己的风格。

无论是端午节、中秋节等传统节日，还是近几年深受年轻人喜欢的圣诞节、情人节等西方节日，他们都会推出相应的特色蛋糕，但它很少直接售卖，而是在微信公众平台上以软文的形式公之于众。通过清新自然的图片、优美的文字来创造一种意境，先激发消费者的情感，有了情感的铺垫，再引导消费者慢慢接受产品。图4-68所示是2016年端午节好利来公司推送的一篇软文，这篇软文就属于情感诱导式的。

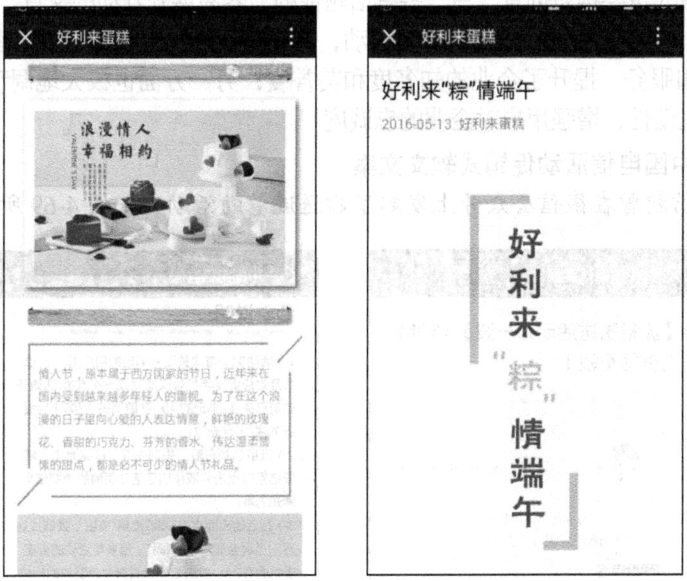

图 4-68

无论是钻石小鸟还是好利来的案例，都属于情感引导式，以人们日常生活中习以为常的，容易心动的亲情、友情、爱情或者其他情感为切入点，引起读者的心理共鸣，从而引导读者对品牌、产品潜移默化地接受和认可。

这种方法是现在软文撰写用得最多的方法，而且广告效果屡试不爽，特别是药品、保健品软文广告，表现得尤其明显。所谓"感心为上"，以亲情、爱情、爱心、孝心为主线，动之以情，再晓之以理，从而取得良好的效果。软文要言出由衷，流露真诚，要本着敢于承担社会责任或宣传人性真、善、美及社会美德的真心去撰写，再实事求是地推荐产品的卖点，才可能为广大消费者所接受与认可，达到宣传品牌和促进销售的目的。因此，这种方法的关键是找到产品卖点与情感主线的必然联系。

3. 活动促销式

小米为什么能在短短几年时间内就成为全球知名企业？从小米联合创始人黎万强的书中便可知一二。他在《参与感：小米口碑营销内容手册》中曾经提到：当小米开发产品时，数十万消费者热情地出谋划策；当小米新品上线时，几分钟内数百万消费者涌入网站参与抢购，数亿销售额瞬间完成；当小米要推广产品时，上千万消费者兴奋地奔走相告；当小米产品售出后，几千万消费者又积极地参与到产品的口碑传播和每周功能的更新完善之中……如此能调动受众、用户的参与感，不成功比成功更难。

当然，对大多数企业来说，要做到如此有感召力并不容易。小米能做到与其多年的历练与沉淀有很大的关系。不过，这也不代表小企业、小微商在受众参与感方面就不可为，小米为小企业、小微商的努力提供了一个方向，做营销关键在于调动消费者的参与感。软文营销也是同样的道理，所写的文字要有利于读者的互动和参与。而要做到这一点，软文撰写人员要构思创意，写一些有话题性的、容易展开互动的文章。

因此，可推出一些极具娱乐精神的活动，或赠送、抽奖、讲座等，这些活动一方面宣传了产品和服务，提升了企业的知名度和美誉度；另一方面也极大地调动了用户参与的积极性和主动性，增强用户对企业的忠诚度。

案例：中国电信活动促销式软文文案

中国电信就曾在微信公众号上发起了赠送流量的活动，如图 4-69 所示。

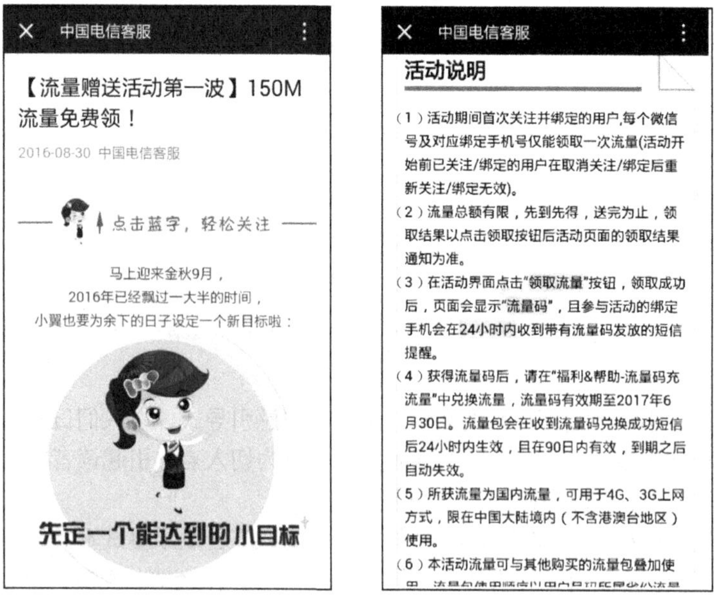

图 4-69

如果说中国电信的活动促销意味比较浓，我们也可以参考些趣味性较强的文案，他们的思路都是一样的，即通过发起某个活动，引导读者积极参与。

案例：美的空调故事式软文文案

2015 年圣诞节平安夜，美的空调在微信公众号上发送了这样一篇软文，开头就用讲故事的形式给读者呈现出了一幅画面感极强的故事。

圣诞老人的麋鹿今年又迷路了，不是因为可恶的雾霾。

而是一群前所未见的"吃电兽"袭击地球能源，城市黑暗一片。

圣诞树也失去光彩，圣诞老人也因此走-丢-了！

听说圣诞礼物没了，别说你摆摊子不干，救电英"熊"更是直接向"吃电兽"发起挑战。

这篇软文用救电英"熊"和"吃电兽"之间的决战故事引出了正文，同时用户也可参与活动"有你才有平安夜，与救电英'熊'在圣诞节一起来打小怪兽吧！"参与活动 15 秒打"吃电兽"生成专属贺卡，给好友送上最酷炫的圣诞祝福。

4. 观点表达式

从写作的角度看，软文就是一篇普通的文章，最基本的原则是可完整地表达一个信息、一种思想、一个观点，且能以最明确的语言来阐述文章的中心意思，解决读者的某些问题。也就是说，软文首先要能传达思想、表达观点、传递信息，让读者读后有所收获。

案例：观点表达式软文文案一

如通过软文推广一款可以改善睡眠的医疗器械——护颈枕，那么就需要在软文中表现该护颈枕的功效。如果仅仅说"使用过后睡得安稳，一觉睡到第二天"，诸如此类的话，就很难打动读者。而如果能够明确地指出这款护颈枕的特性、功效、使用效果，甚至对不同需求的消费者在使用后的效果做一个特别说明，如"使用过后颈椎得到了放松，睡眠质量得到显著改善。""经常坐在办公室颈椎时常感到紧张、难受，躺在这款护颈枕上腰椎骨得到了放松。"更加丰富且有理有据的描述会让消费者更加关注你的产品，也容易让读者读后有所收获。

从上述案例中，我们可以看到营销软文一个最根本的任务就是阐述观点。其实，从分类上看，这也是一种软文类型——表述观点式。简单点说，一个观点也可以成为一篇软文，只要能明确地表达一个观点，并按照这个观点，采取一定的方法正确论述，就可以写一篇完美的软文。

案例：观点表达式软文文案二

某理财公众号上的一篇软文《过来人的买房建议》，从标题上看该文就是一篇观点表达性十分强的文案，就是告诉读者如何买房，在买房时应注意些什么，如图 4-70 所示。

这类软文文案的写作在写之前要求策划者、写作者明确自己所表达的东西，想清楚"我想向读者传递什么""让读者明白什么"。切忌为了追求华丽的文字，盲目迎合读者的需求而随意去写，这样往往会本末倒置，适得其反。

无论哪种形式的文案，终极目标都是为营销服务的，因此在创作时不能脱离这个最终目标。因此，软文不但要向用户传递信息、表达情感，还需要对企业、产品起到宣传、推广的作用。

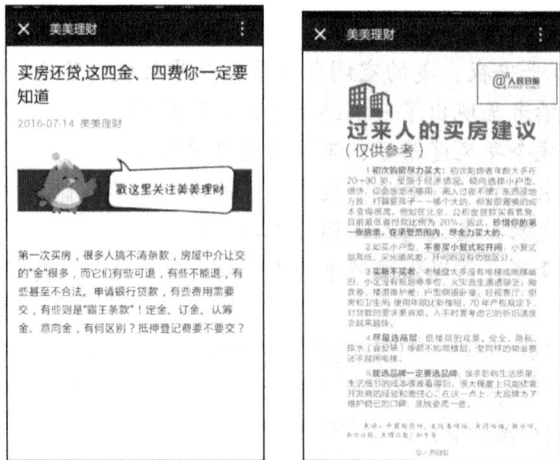

图 4-70

4.3.3　进行内容推广

在明确了推广内容的类型及其写法之后，接下来就是如何将内容推广出去，即按照什么样的步骤有计划、有秩序地去完成推广任务。微信公众号内容推广的步骤大致可分为 4 个，每个步骤下又有若干细分步骤，具体如图 4-71 所示。

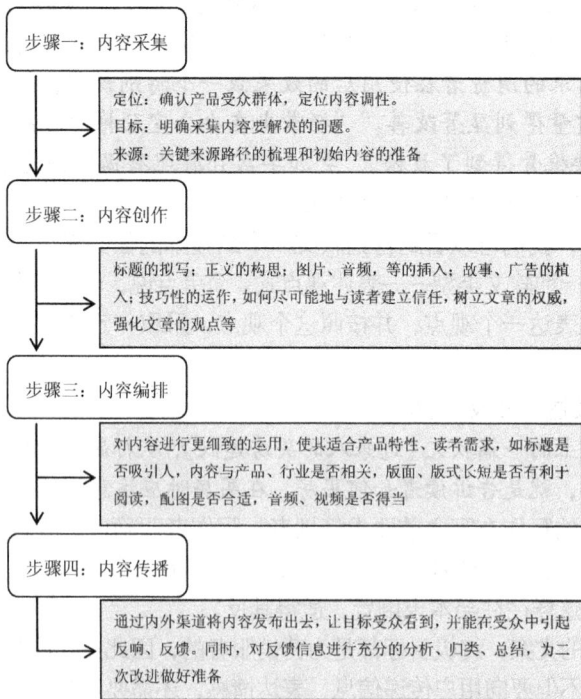

步骤一：内容采集

定位：确认产品受众群体，定位内容调性。
目标：明确采集内容要解决的问题。
来源：关键来源路径的梳理和初始内容的准备

步骤二：内容创作

标题的拟写；正文的构思；图片、音频，等的插入；故事、广告的植入；技巧性的运作，如何尽可能地与读者建立信任，树立文章的权威，强化文章的观点等

步骤三：内容编排

对内容进行更细致的运用，使其适合产品特性、读者需求，如标题是否吸引人，内容与产品、行业是否相关，版面、版式长短是否有利于阅读，配图是否合适，音频、视频是否得当

步骤四：内容传播

通过内外渠道将内容发布出去，让目标受众看到，并能在受众中引起反响、反馈。同时，对反馈信息进行充分的分析、归类、总结，为二次改进做好准备

图 4-71

从内容推广的步骤可以看出，做内容推广不仅要做好后期的渠道工作，还要做好前期的内容创作、内容编排、客户需求分析等。一个优秀的内容运营高手必须是全能的，既有丰富的知识、高超的创作能力，又善于推广和分析，还具有利用数据的反馈结果调整推广策略等的能力。

1. 建立知识库，累积素材

做内容运营，必须要每天不断吸收最新的知识，信息累积一定要够，这样写起文章才能够信手拈来、有理有据。现在新媒体、自媒体很发达，获取信息的方式也非常多，通过以下这些媒体可以获取大量的素材。

（1）首先就是关注相关的公众号，建议每天至少关注 30 个以上和你输出内容相关的微信公众号，看一下同行或者目标群体都在关注些什么内容。

（2）其次，各种网站、社区（豆瓣、天涯等）、微博等每天也会产生大量的高质量内容，可以通过多浏览获取信息。

在获取大量的素材后，还需对其进行简单的分析，这时可以建立一个素材分析表格，将内容根据来源、类别、亮点、内容方向、专业度等进行分类以便于查找。素材分析表模板如表 4-2 所示。

表 4-2　素材分析表

素材	来源	类别	亮点	内容方向	专业度
素材一					
素材二					
素材三					
素材四					

2. 了解用户需要什么样的内容

统计各项数据，并做适度的分析，即明确所输出的内容是否能为平台带来目标用户，如何判断这些内容是否对用户有吸引力。为了充分了解和挖掘用户需求，在做这方面的运营之前，需要明确 3 个问题，如图 4-72 所示。

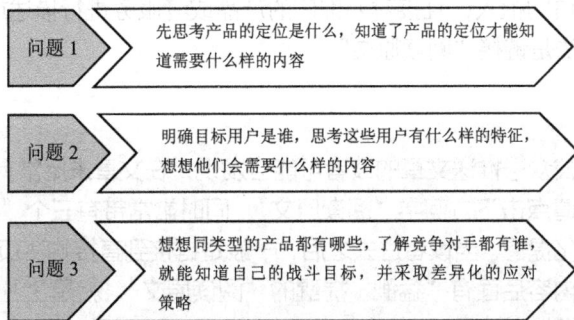

图 4-72

这 3 个问题有助于了解自己的产品，了解用户需求，让产品和需求更吻合，是内容运营初期必须完成的工作。前期定位越清晰、精准，后期越容易获得精准用户。

3. 根据数据反馈结果调整推广策略

分析数据，找出其中可能存在的问题，并进行相应的调整。一篇文章发布出去后需要对效果进行反馈，并根据反馈结果进行推广策略的调整，如推广时间、推广方式等。

运营者在掌握了活动的策划、撰写技巧之后，还需要精准把握推送时间。由于所有的活动都需要通过微信端才能展示给受众，那么就必须兼顾到受众的阅读时间，也就是要抓住对方的阅读习惯。一般来说，我们应该按固定时间段定时发送，但是这也不是最科学的方法，正确的做法应该结合实际条件而定，在对阅读群体特殊需求的分析基础上，根据用户的实际情况及群体特征而定。

如阅读群体主要是学生族，则应集中在早 8:00 以前，或下午 16:00 以后；如果是朝九晚五的上班族，则应分段进行，早晨上班前、中午午休时间以及下午 18:00—22:00 是最佳的时间，用户可充分利用碎片化时间阅读。再如为满足企业新品发布的需要或促销日期间，或者遇到有比较紧急的通知，有相关的重大社会热点事件等情况，如每年的"双十一""双十二"都会引发一轮网购潮，这个时候几乎所有人都在时刻高度关注。可以说，这几天所有的时间段都是微信发送的黄金时期，即使是信息轰炸，用户也乐意刷新手机。

关于推送时机的把握，每个运营者各有不同。通过一系列的数据统计，定时对推送的内容进行调整，也是内容运营者的日常工作。作为一名内容运营者，一定要明确自身的内容定位、用户需求、产品调性等因素，以此来确定自己的内容生产和流通机制，同时，不断监测运营数据的变化，在实践中迭代运营策略和手段。

4.3.4　植入企业、产品信息

微信内容推广的软文看似没有任何广告痕迹，其实宣传力很强。由于软文常常会在内容中不经意间植入产品信息，无形之中就影响了消费者的心理。好的软文甚至可以引导一种潮流，推动一个行业的发展。

这就是在内容中植入产品信息的威力，然而植入方法却是十分讲究技巧的，切忌直接说品牌、产品或广告的信息。一般来说，在内容中植入广告主要有两种策略。第一种是硬性植入，即直白的植入，直接对要推广的产品或者服务进行描述或者评论，在微信内容中最常见的做法是链接"阅读原文"。

注意

经常看微信公众号推送文章的读者可能会发现，在文章末尾常有这样的提醒：需要购买的朋友请点击下方蓝字"阅读原文"，同时常常带有三个"↓↓↓"这样的动态标志以强化提醒。当读者进去之后，一般是链接到直接购买页面。一般正常的公众号文章，内容后面有"猛戳"提醒的"阅读原文"，就是企业或商户常设的广告或购买页面链接。

　　还有一种比较硬的植入方式是在文章的结尾处链接商户微店、网站，或可直接购买（付款）的其他界面，读者按照提示单击链接即可进入，或在文章结尾附上二维码，只要关注二维码即可进入指定界面，如图 4-73 和图 4-74 所示。

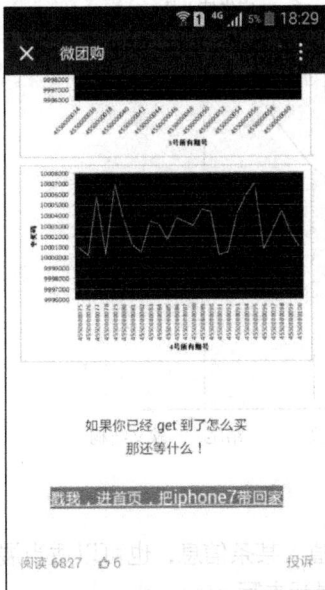

图 4-73

图 4-74

　　第二种植入方式是软植入，需要事先设置好"温柔陷阱"，使广告信息不露声色，巧妙融入文章之中。当然，完全地不露声色很难，因为目前消费者对软文已经有了相当高的免疫力，如看央视春晚，很多网友就是在瞪着眼睛找植入广告。因此，即使是软植入，也不需要特意隐藏广告信息，否则会因为"太软"而失去意义。总的原则是只要不影响阅读效果即可，大多数读者还是可以容忍这种软植入的，只是不要植入得太突兀。

　　植入推广的产品信息、关键词或链接是软文写作的目的，但如何植入却是一门艺术。那么该如何植入呢？有两点需要格外注意，一是把握好时机，二是选择合适的方式。

1. 时机

　　广告的植入时机曾公认是开头处。其实并非如此，通常来讲，一篇完整的软文有标题、推荐语、开头、正文和结尾五大部分，广告的植入最恰当的地方就是临近结尾，或直接点明或以链接的方式植入。

　　当然，这只是通常情况下的做法，并不意味着任何时候都必须这样做。受众对植入广告的接受度是随着植入部位的变化而变化的，由标题到结尾，由低到高呈一个斜线不断上升，标题处最低，结尾处最高，如图 4-75 所示。

2. 方式

　　植入方式直接决定着软文的宣传效果，过于明显或过于隐蔽都有可能导致效果弱化。

如何来把握这个植入的"度"需要灵活运用植入方式。在植入时，以下 6 种方式是运用比较多的。

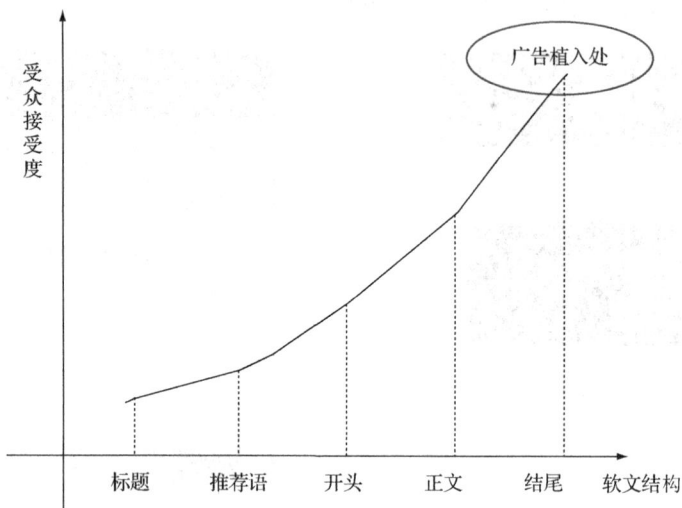

图 4-75

（1）将产品信息以举例的方式展现，可以直接植入某条信息，也可以适当展开。为避免给用户留下"打广告"的不良印象，最好适度展开去写。

（2）借用第三方身份，如某专家称、某网站的统计数据、某人的话等，一定要真实，且引入的文字也不要太长。

（3）以关键词植入。不会描写太多产品信息，而是只截取某些关键词，如"××传媒认为……"，内容多次带有产品、商标或者公司名称。这类植入方式尽管不会有大篇幅的介绍，因关键词的多次出现，同样可以给读者留下较深的印象。

（4）以故事揭秘的形式植入。产品信息多以故事的形式出现，不过故事都以这个需要植入的广告为线索展开。这种植入尽管非常容易让读者意识到是软文，但只要故事新颖，读者还是愿意一口气看完的。

（5）以版权信息的方式植入。这种方式最为简单实用，能够合理、公道地将企业产品和企业品牌用故事来表达。只需要找准潜在客户群体，并谈论他们感兴趣的话题，内文中不需要刻意琢磨如何植入广告，在文章结尾处加入版权信息即可，如"本文为泉之媒原创，如需转载请注明出处"。

（6）以图片的形式植入。即在文章中巧妙插入企业 LOGO、产品信息或者其他信息。好的图片不仅可以直接向用户展示植入信息，还可以丰富内容，增强文章的可读性。

▌实训　掌握标题、开头和结尾的写作技巧

一篇好的微信软文是全方位的，包括拟写标题、如何开头、如何行文、如何结尾以及如何植入产品信息等。而这都是有规律可循的，因此在撰写微信内容时需要掌握必要

的技巧和方法。具体方法、技巧如表 4-3 所示。

表 4-3 标题、开头和结尾的写作技巧汇总

项目	类型	写作要点（实例）	
标题	故事型	小米故事：MIUI 从 100 到 1 亿的背后	
	情感型	小米# 我们的 150 克青春	
	新闻型	小米 27 号将举行发布会	
	悬念型	小米新品发布在即，雷军化身晒图狂魔 小米 5S 售价大曝光！传说中的双摄黑科技到底是什么？	
	提问型	小米 5S 也有双摄像头了？	小米和红米有什么不同？
	对比型	小米：我有小米 C4 三星竟敢跟我比爆炸	
	评论型	小米是怎么一步步走下神坛的	
	促销型	小米之家 9 月 26 日校园行	
	挖历史型	雷军与小米的故事：富士康曾理都不理我们	
	互撕型	小米将收购锤子手机？锤子科技：假的！	

	类型	写作要点
开头	开门见山	开宗明义，直奔主题，用一句话或寥寥数语来直接点明主题，归纳文章的中心意思，或引出主要人物、故事情节等，让读者快速、概括地了解文章的大意
	情景导入	通过文字描述，或图片、音频先营造一个场景，引发读者的情感共鸣，从而使其与文章主题产生情绪上的一致性，调动读者的阅读兴趣
	提出问题	开篇直接提出问题，引导和启发读者根据所提出的问题进行思考和想象，进一步控制读者的思维，让读者顺着文章的思路一步步走
	巧妙引用	引用经典的案例、有趣的故事或者大众熟知的名言警句、寓言等，以此来引出话题。既可以提升软文的深度，提高整体价值和内涵，又可以强化文章的可读性

	类型	写作要点
结尾	呼应型	又称对照、照应，即前后同指一个意思，在文章开头提到的内容，在文章结尾再呼应一次
	总结型	用极简洁的语言概括全文，对作品的内容最后加以总结，使读者得到一个清晰明确的印象或点明题意
	警示型	即用警告性、警示性的语言来提醒、告诫读者，以引起他们的高度重视，或行为改变。这样不但能够让文章显得意境深远，还能给读者以一种深刻的警示，引起读者的注意

项目	类型	写作要点
结尾	悬念型	与标题一样,结尾可以采用悬念型。不同的是前者开头直接设置悬念,而后——解疑,后者是通过行文前期铺垫和分析后,不直接给出结果,而是在结尾之处留白,让读者自由驰骋,纵横想象
	号召型	在前文讲清楚道理的基础上,向人们提出某些请求或发出某种号召,如"让我们共同抵制不健康的生活方式吧!"
	抒情型	用抒情议论的方式收尾,要用真情激起读者情感的波澜,从而引起读者的共鸣,有着强烈的艺术感染力。这种结尾方式应用较广,可以用于写人、记事、描述物品的记叙性文体中,也可用于说明文、议论文的写作
	叫卖型	在结尾处直接向读者传达企业名称、产品购买方法、接受服务方法以及其他附加性信息等

只有掌握了技巧和方法,才能快速地写出更加吸引人的内容,才能最大限度地体现内容的宣传和推广价值。表 4-3 总结了微信软文文案标题、开头、结尾的写作技巧,试着运用表 4-3 中介绍的技巧写一篇 500～600 字的微信公众号软文文案。

写作要求如下。

主题:防晒服推广。

标题类型:情感诱导式。

开头:情景导入(通过文字描述,或图片、音频营造一个场景)。

广告植入方式:文中隐形植入。

结尾:抒情型(对照开头,强化主题,让全文的情感得以升华,以再次激起读者内心的情感波澜,引起读者的情感共鸣)。

任务 4.4 策划与推广营销活动

无论哪种推销方式,或 H5 页面,或促销活动,或内容推广,要想收到好的效果,在实施之前都必须经过精心的策划和分析,评估可实施性,并通过多种途径将活动推广出去,吸引更多的人关注。

4.4.1 策划营销活动

活动策划是微信营销活动的前提和理论指导,是企业、商户策划人员运用智慧、策略为未来活动执行而做的组织、分析、计划、预测、评估等一系列的行为,是为了达成特定的营销目标而进行的策略思考和方案规划的过程。

有很多企业、商户花费大量人力、物力、财力做活动策划,甚至高薪聘请外部策划专家来辅助、协作。方案做得很完美,但实际实施效果却远远低于预期。策划方案与实际的执行为什么总是很难保持一致？主要原因就是策划人员在策划时忽略了一些原则性的东西。这些原则不仅仅关系着营销方案本身，还与用户体验息息相关，原则具体如下。

1. 重视内容质量

纵使互动有多种形式，但有一样不会变，即内容。活动的价值最终取决于内容质量，也就是说无论采用什么样的形式，内容始终应该放在第一位。如何在有限的篇幅里呈现最有价值的内容？答案就是学会讲故事，用故事引用用户的情感共鸣，将对内容的传播形成极大的推动。

案例：LEVI'S（李维斯）营销活动情感满满

美国知名品牌 LEVI'S（李维斯）在新年期间做了一场优惠活动，以 H5 专题页的形式呈现。整个活动用第一人称的口吻讲了一个故事，以回忆的形式、对比的手法，将小时候简朴热闹与长大后富足却乏味的新年做对比，渲染出亲切的怀旧氛围。最后引出"这个新年，把压力和束缚打包扔掉，用新鲜的眼光感受生活……"的品牌推广，代入感极强的故事无疑是驱动分享的源动力，如图 4-76 所示。

图 4-76

2. 注意细节与整体的协调性

细节与整体往往是统一的，用心的细节设计可以提升整体的品质，给用户带来美好的感受，并提升用户好感度。因此，在设计促销活动时必须注重细节，如复古的视觉风格，字体就不能过于现代；幽默调侃的写作风格，文案措辞就不能过于严肃；打"情感"牌就不能过于花哨等。

案例：以细节取胜的《九步之遥》

姜文电影《九步之遥》的 H5 专题页活动在设计上牢牢抓住了很多细节，精雕细琢，以细节取胜。文案的措辞、背景音效、便捷的翻页提示设计等，无不与整体的戏谑风格保持一致，给用户一个完整统一的互动体验。

便捷的翻页提示这个细节设计，比起一个简单的箭头，或一句冷冰冰的"点这里"效果要好得多，如图 4-77 所示。

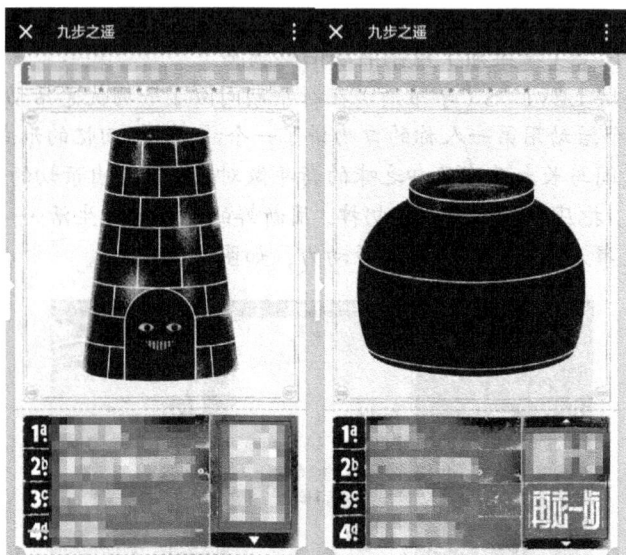

图 4-77

3. 注重用户体验

在做营销活动策划时必须注重用户体验。很多人在策划时往往过于注重方案本身是否合理，是否能最大限度地体现企业、产品的信息，而忽略了给用户造成的体验。

如有的在营销方案中植入很多营销广告，且每个广告都会增加用户的浏览成本，结果使用户觉得就像是在大街上发小广告，体验不好而放弃参与。

案例：体验性较差的抽奖活动

某网店的抽奖活动，在抽奖活动中设置了如下几步。

（1）先让用户关注微信公众号（植入微信信息）方可获得活动链接；

（2）获得活动链接后，需要输入用户手机号码进行注册、验证（搜集用户信息）；

（3）注册成功，获得登录验证码后，又跳出网站，需先登录才能进入指定的网站（植入网站信息）；

（4）获取抽奖资格，开始抽奖。

在这个过程中，我们发现用户要经过 4 步才能开始抽奖，这就是一个体验非常差的活动。频繁地植入营销信息会冲淡用户参与抽奖的欲望，如此设计虽然可以增加微信粉丝，又能给网站带来流量，但给用户的体验不好。用户体验不好就基本宣告失败，没有多少人会为了单纯抽奖而去关注一个公众号。

谁都不愿意参加流程复杂的活动，其实这涉及的就是用户体验的问题。这个问题我们在设计游戏互动时就讲过，其实这在营销活动策划阶段也需要特别注意。

4. 操作尽量简单，具有可执行性

一个方案的提出，首先应该进行可执行性分析。可执行性指策划方案可以实施并能取得科学有效的效果。只有可执行性的策划方案才是有意义的，才会被客户或顾主采纳，否则只不过是纸上谈兵、水中捞月。

可执行性的策划方案通常表现在两个方面，如图 4-78 所示。

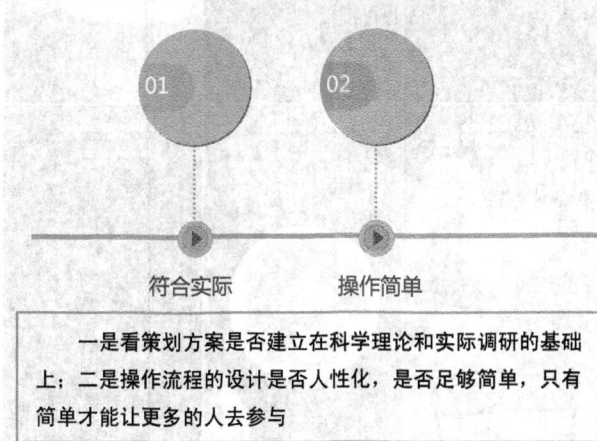

图 4-78

微博上有奖转发为什么深得用户的心？核心就是简单，无非就是随手一转的事，谁都愿意一试。

反观微信朋友圈上的一些活动却很复杂，先转发再截图才能兑奖等，这会大大打击用户参与的积极性。当然，在一定范围内，奖品的吸引力可以弱化复杂规则带来的用户抵触心理，但原则上规则要尽可能的简单，或者能够让用户在每完成一次要求都有阶段性的奖励来刺激。就像游戏一样，打怪兽、通关升级有些很复杂，但是每完成一个任务后都能够得到反馈奖励，这样人们也愿意参加。

5. 综合运用技术

随着技术的发展，如今的 H5 拥有众多出彩的特性，让我们能轻松实现绘图、摇一摇、重力感应、擦除、3D 视图等互动效果。但相较于塞入各种不同种类的动效导致页面混乱臃肿，我们更提倡合理运用技术，用心专注于为用户提供流畅的互动体验。

案例：采用先进技术的梦幻水晶球

某公司在圣诞节之际献上了一份厚礼——梦幻水晶球。通过移动手机，镜头从水晶球外不断摇晃推近，渐渐走进水晶球的微观世界里。通过手机环顾四周，可以 360°

欣赏水晶球里的全景，摇一摇雪花便漫天飘洒，同时，也可写下祝福并分享给朋友，如图 4-79 所示。

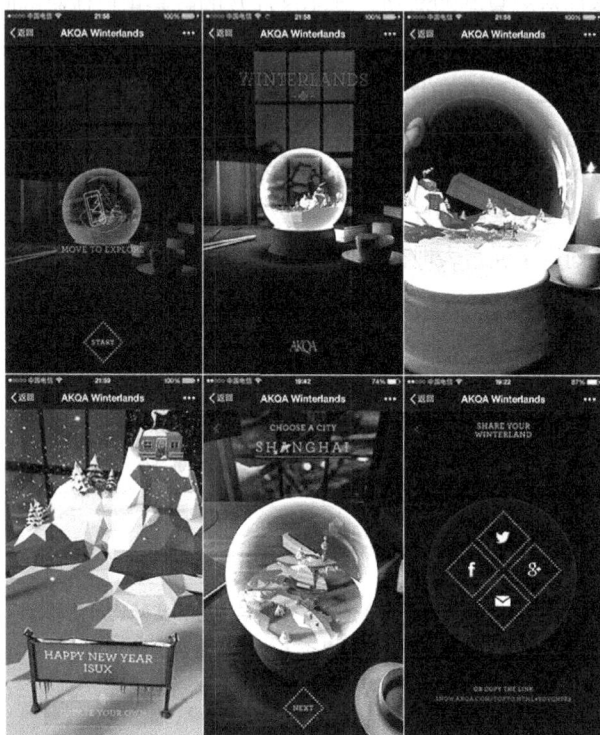

图 4-79

这个 H5 页面使用了重力感应、3D 视图等技术，文字与 BGM 的使用也十分讲究，给用户带来了完美的互动体验，值得细细品味。

6. 创新

创新是策划的灵魂。没有创新的策划，或许就是一个计划，或许就是一个报告，没有创新，就缺乏思想、缺乏灵魂。缺乏创新的策划，其价值是很难体现的。

策划创新应该掌握一个标准，这个标准就是：凡是有利于企业、商户利益的，凡是有利于提升商品销量、扩大商品影响力的，凡是有利于用户需求和用户利益的，就是成功的策划。策划创新要站在商户和消费者的角度进行，不能违背买卖双方任何一方的利益，所以，在创新策划上，提倡为商户发展服务、为用户服务这一根本原则。

▌4.4.2 推广营销活动

再好的策划方案，如果不配以畅通无阻的宣传推广渠道、高效多元化的宣传推广方式，也很难发挥应有的作用。宣传、推广是营销活动的核心环节，直接影响着营销活动的执行效果。

那么，微信营销活动策划方案通常具有哪些宣传、推广的途径呢？这个可以从两个方面来入手：一方面是微信，一方面是微博、QQ、论坛等外部途径。

1. 微信

微信作为微信营销活动的直接对接平台，承担着绝大部分宣传和推广的重任。一个方案出台后，首先应该综合利用微信上的各种功能展开宣传，获得微信用户的关注。

案例：京东商城巧用二维码

京东商城是最受消费者欢迎的电子商务网站之一。2004 年初，京东开始涉足电子商务，十多年来凭借着在 3C 领域的深厚积淀，在该领域取得了长足发展。作为中国 3C 网购专业平台，无论是在访问量、点击率、销售量上，还是在业内知名度和影响力上，都具有一定优势。

微信推出以后，京东又搭上了微信这趟列车，开通了京东商城公众号。用户只要拿起手机扫一扫二维码，就能立刻进入京东商城网上主页，了解到商城最新动态和优惠活动。

微信的功能非常多，朋友圈、微信群、二维码、摇一摇、附近的人等，每一种功能都具有强大的推广能力，企业和商户要综合运用这些功能，让每种功能都成为营销利器。

（1）微信朋友圈

朋友圈作为聚拢微信用户最主要的平台，具有巨大的潜力，它凭借着庞大的用户群体和便捷的移动端优势，迅速成为商户热衷的促销平台。商家纷纷通过微信"朋友圈"来进行商品促销，扩大品牌影响力。

朋友圈的推广方式基本上有两种，一种是点赞，另一种是分享，如图 4-80 所示。

点赞	分享
在朋友圈中，好友之间彼此点赞。点赞是一种无声的交流，就像现实中朋友间的交流一样，人人喜欢被别人赞美。对对方朋友圈中发布的信息、图片进行点赞，能迅速获得对方的好感，让对方很快记住自己，从而能达到真正意义上的朋友之间的互动：交流——交心——交易	爱玩朋友圈的人都有一个共性，那就是分享。吃饭要拍个照，旅游也要拍个照，分享到朋友圈。分享追求的是一种心理满足感，这就是分享带来的喜悦。为商品做宣传也一样，要养成爱分享的好习惯。这些分享的信息，朋友圈中的成员在浏览的时候都能看到，一次、两次，无形中就触动了对方的购买神经

图 4-80

（2）二维码

二维码促销大大方便了消费者的购买行为，为店铺促销活动提供了新的宣传推广渠道。最典型的例子就是 1 号店，1 号店在每种产品下放置相应二维码，不但能使信息快速传播，而且能满足个性化需求，大大提高顾客的满意度。

1 号店之所以做得这么好，是因为其巧妙地运用了二维码，通过二维码真正实现了有针对性、全方位的营销，24 小时不间断提供送货服务，一步到位。

二维码营销已经越来越深入企业的促销活动中，不仅仅是 1 号店，据统计，淘宝上使用二维码营销、建立 24 小时服务的商户超过 1000 家。而现在的消费者尤其是年轻人也十分享受这种消费过程。想就餐，只需要扫描一下某酒店的二维码就能知道龙虾的价格；住酒店，只需要扫描一下酒店二维码就可以知道有没有合适的房间及房间的价位。

可见，采用二维码营销，建立一个移动的服务体系将是未来一个重要的发展趋势。人们将逐渐喜欢，并且依赖上这种独特、新颖的消费方式。

（3）微信群

微信群已经成为店铺展开营销的主要手段之一。欲吸引更多人成为你的潜在客户，就离不开微信群。因此，需要创建自己的微信群，然后对微信群进行一些简单的设置，如群名称的设置。

通过微信群名称，群内成员可以了解这到底是一个怎样的群，明确群存在的意义和宗旨，从群中可以获取哪些信息，得到哪些利益。在群名称的设置上，可以根据自身的实际情况和需求进行，原则是简短、明确、符合大多数人的需求取向，具体方法如图 4-81 所示。

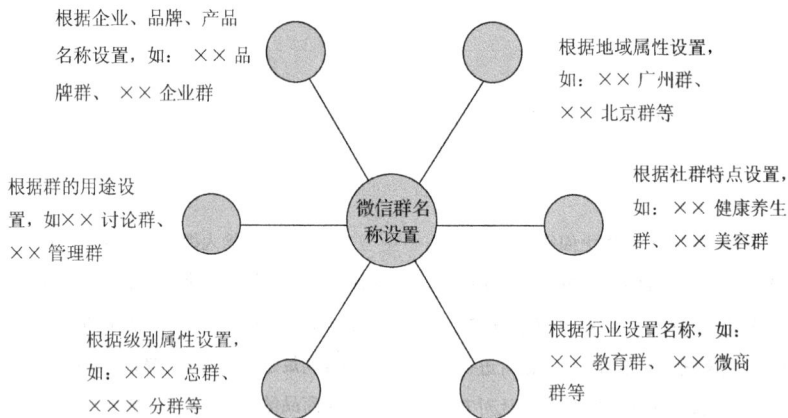

图 4-81

在具体设置时，还可以将以上几种类型结合使用。这类群使用时一般表现为：品牌名称（个人名字、组织）+用途+属性；品牌名称（个人名字、组织）+地域+属性；地域+社群特点等，如亮艾微商代理总群、微商创业北京代理皇冠群、临沂龙园休闲度假农庄俱乐部。

以上 3 个功能是微信推广的主要功能，是进行微信推广营销时必须使用的，使用得好可起到事半功倍的效果。摇一摇、附近的人等功能也常作为推广渠道使用，但很多时候不会单独来用，通常是配合上述功能进行，否则推广效果非常有限。

2. 外部途径

(1) QQ、微博

自从微信火起来后，微信营销的势头逐渐盖过了 QQ、微博营销。其实，这是一种误解。在业界很多人眼中，微信营销与 QQ、微博营销尽管有所区别，但如果两者并用，则效果会更佳。两者就像亲兄弟，性格不同却血脉相连，如微博侧重于内容发布、产品展示等单向沟通，而微信则侧重于人与人之间的双向沟通。企业在进行微博营销时，应以做内容为主，越全面越好，而微信营销则以后续服务为主，可以作为微博营销的辅助手段。所以，企业可利用微博进行产品展示和宣传，用微信进行售后服务与客户维护，将两者完美结合。

(2) 网站

京东在利用微信公众号进行推广的过程中，也具有不少自身特色，即与企业网站相关联。京东向来非常注重网站建设，网站上设有相关的宝贝链接，微信上添加网站上的宝贝链接，用户单击链接即可直接跳转到宝贝页面，并可通过所关联的移动端完成支付，方便而快捷。

由于微信公众平台支持多人同时登录，所以京东实行了由客服和策划人员同时维护的制度，使网站能最大限度地满足用户需求。客服及时解决用户遇到的问题，策划人员则通过用户的回馈、用户的兴趣和需求，进一步策划出更加接地气、更加亲民的活动。

京东非常好地将微信公众号与企业网站相连接，之所以敢于在微信建设上大胆投入，主要是看中了微信是一个非常适合深度沟通、能提高用户黏度、促使客户多次购买的工具。

(3) 线下推广

微信公众号获得足够的粉丝后，除了在线上搞活动之外，还有一个重要的途径就是与线下配合。如某知名品牌的一次线下活动，其具体流程是这样的。

案例：某知名品牌的线下推广

某知名品牌在新开业之际，为了吸引更多消费者参与，在微信上发起了很多优惠活动，同时还举办了多场线下活动。组织方先后在店内、商场、广场等人群密集的地方，组织专门的人员接待消费者。每个活动场地都立着印有大大二维码的 DM 板，并宣称扫二维码可参与公司的有奖活动。

出于好奇，很多路人过来参与。扫描关注后，公众号会为参与者推送接下来的任务，引导其更深入地参与公司的活动，如"请在后花园寻找线索牌"，用户找到之后回复线索，公众号为其推送一部分品牌历史和下一步任务提示。参与者如此做到最后一步，即可收到"获得免费××"的提示，可于前台领取奖品。

这个活动环节设置得非常有趣。参与者既了解了品牌历史，又得到了免费赠品。品牌既争取到了微信粉丝，又树立了品牌形象。

线下活动能够很自然地获取用户成为"微信会员"，重点还是活动要有足够多的创意，现场引导人员执行力要到位。特别要说明的是，活动要围绕微信进行，让微信成为整个活动的核心环节。

（4）各大平台的评论、转发、分享

互联网的低成本、开放性、时效性以及互动性为"冰桶挑战"提供了绝佳的传播渠道，各大平台的评论、转发、分享都成为传播的一种形式，再配合名人优势，完成了"病毒"传播。这对于企业产品的营销同样具有重要的借鉴作用。只要某个事件成为用户的关注点，那么就可以借这个点进行相应的营销宣传。

4.4.3 评估营销活动执行效果

一个营销活动执行的效果如何，是否有利于店铺曝光度和商品销量的提升，是否能达到预期目标，最终都得靠"结果"说话。"结果"的好与坏直接反映着营销活动方案是否合理，但这个结果是多方面、多层次的，在评估时千万不可以偏概全、以点带面，否则就会抹杀方案的功劳，影响后期的执行。

这就需要在营销活动结束后进行综合评估，评估标准包括预期销量是否达成、营销价值是否达成及其他一些隐性指标。

1. 预期销量是否达成

无论什么样的营销活动，第一目标都是为了促进销售、获得成交额。因此，销量和成交额成了评价营销活动效果的首要指标。因此，对于企业、商户而言，看是否达到了预期销量，是判断营销活动是否有效的最核心指标。达到了就意味着营销活动有效，达到的程度越高，标志着营销活动越有效。

2. 营销价值是否达成

获利多少是评估营销活动是否有效的首要指标，但并不代表全部。它反映的只是价格因素，很多企业、商户除了关注获利多少外，还关注更深层的东西——价值。评估营销活动的另一个标准是该活动的价值是否得到了体现，如品牌价值是否得到了提升，店铺的影响力和曝光率是否得到了加强与扩大等。

营销价值的具体指标包括 IP 数、页面浏览量、注册用户数、活动参与人数、信息转载数、订阅数等。

3. 其他隐性指标

评价营销活动的执行效果还有一些比较隐性的指标，如长期效应，通过营销活动的举办，市场上一部分人对商品有了更深的了解，这部分人就是潜在客户，在未来的某段时期内或许会转变为目标客户。这通常也反映为店铺的流量，即浏览网站人数的数据，流量通过有效转化后就是潜在的销量。通过分析各个时间段的流量人数、浏览者属性及倾向，对照营销策略判断企业是否达到了营销预期。

以上 3 个指标是评价营销活动效果的主要指标，通过营销目标、营销价值以及流量来检验企业或者电商的网络营销效果的目的就在于确定现有的营销策略是否符合目前所处的市场状态，同时可以预测企业或电商在现阶段的盈利情况。随着监测结果的不同，企业或电商可以随时调整营销策略来适应市场变化，并最大化地达到预期目标，获得利润的最大化。

4.4.4 监测和反馈营销活动结果

营销活动的执行效果受多方面因素的影响，除受方案合理程度、执行人员的执行力强弱等因素影响外，还有很多外部影响因素。这些外部因素的影响作用往往是综合性的、相互交织在一起的，难以分析和理出头绪。因此，很多营销活动一旦执行不下去，往往就不了了之。

这种态度是不正确的，任何营销活动都是可衡量的，比如增加多少粉丝，带来多少流量，销售多少产品。尤其对于微商来说，用户怎样进入网站、在哪个时间段进入网站、在网站页面停留了多久、产生了多少成交额等一系列数据，都可以通过平台监测，获得准确的数据，为制订更完善的营销策略提供切实的依据。

因此，在对营销活动执行方案进行改进时，可在方案执行中随时监测，并及时反馈不断完善。那么，对营销活动执行效果进行监测和反馈，应该从哪些方面入手呢？具体来讲，包括以下 3 个方面。

1. 品牌词指数

品牌词顾名思义就是具有品牌特征的某个关键词，如"阿里巴巴""京东商城"。我们在前面提到过，品牌是企业的无形资产，如果一个企业的品牌被市场消费者认可，那么该品牌会为企业创造很多价值，如可口可乐公司具有接近 800 亿美元的品牌估值。品牌知名度越高，熟知该品牌词的市场消费者就越多，其在搜索中的排名就越靠前。而品牌词指数就是指品牌词被搜索的次数，企业可以利用百度指数对某品牌词进行特定时间段内的搜索数据统计。

品牌词的熟知度与品牌词指数的上升与否同样反映了企业对自身品牌营销宣传的力度，宣传推广的力度越大，被市场消费者熟知的可能性就越大，这在一定程度上会影响消费者的认知。消费者对店铺及产品有一定的印象，当有需求的时候就会想到该品牌，进而促使消费者对该品牌词进行搜索，进而提高品牌词指数的搜索量。

因此，如何在营销活动中最大限度地扩大自己的品牌影响力，扩大品牌的市场知名度是首要任务，也是反馈和评估营销效果的主要指标。

2. 渠道占有率

渠道占有率（尤其是优质渠道占有率）是营销效果检测和评估的关键点。其地位之所以如此重要，是因为营销渠道可以为企业或电商带来大量的流量，进而提高产品销量。不同的营销渠道，其营销效果不同，产生的浏览量也有所差异。企业可以根据对营销渠道流量的分析，以及实际的市场效果选择适合现阶段的营销渠道。但是，更多时候企业或电商会采取多渠道共同营销的方式，因为不同的渠道拥有的消费者可能不同。

3. 媒体比重占有率及其覆盖能力

媒体比重占有率又称为声音份额（Share of Voice），是指某品牌在同类品牌中所投放的广告比例。其声音份额越大，说明该品牌传播范围越广，品牌形象的树立效果就越明显。换句话说，声音份额代表了企业与竞争对手在社会化媒体上被提及的比例。声音份额揭示了传播份额与市场份额的联系。通常情况下，品牌的声音份额与市场份额成正比，声音份额越大，就说明该品牌的市场份额越大，消费者对其熟知度就越高，产品的成交率就越高。

值得注意的是，还有一种非常重要的媒体形式——移动媒体不可忽视。随着移动互联网的发展，移动媒体在整个媒体体系中所占的比重越来越大，市场覆盖面越来越广。所占比重越大，覆盖面越广，说明这种媒体形式到达率越高，消费者接收这种媒体形式的信息的机会就越多。因此，企业在营销宣传时应尽量选择多种移动社交媒体，扩大自己的传播面，确保更多的消费者接收到信息。

▌实训　根据实践制作一份营销策划方案

按以下要求制作一份营销策划方案。

1. 项目引导：针对自己所售卖的产品进行线上推广（以某品牌奶粉的线上营销策划方案为例）。

2. 活动内容：进军某区域的空白市场（该品牌奶粉首次登陆国内市场）。

3. 推广模式：以微信推广为主，辅之以其他推广方式，务求做到精确和细致，后期重在维护而不在于重复。

4. 推广要求：（1）开拓线上市场；（2）树立品牌形象（该品牌奶粉的品牌形象关键字为"原产""优质""进口"）。

5. 推广步骤：整理出一套详尽的产品资料，该资料应覆盖所有能够想到的可以公开的产品信息（该品牌奶粉推广的核心信息为产品配方、品质特点、分类详解、育婴百问、其他介绍性资料）。

（1）建立微信公众平台的官方公众账号

① 明确品牌官方认证微信公众号的定位，建立与品牌调性一致的公众号形象。适当植入品牌信息，树立企业、产品的品牌形象。

（官方认证微信公众号定位：用充满童趣的、可爱的婴儿口吻发布信息进行维护，重点突出科学育婴的内容，适时植入品牌的信息。）

② 作为辅助，在与公众平台绑定的个人微信上发布信息，培养潜在消费者。发布的内容包括以下4个方面：

产品信息，包括产品的特色、功能、价格、优惠等具体的信息，在发布这些信息时可附上微商城、微信小店的相关链接；

原创或转发与产品有关的内容，并对产品信息进行补充，同时针对用户的提问进行回答；

展开与产品有关的话题讨论，每日对各种话题（与品牌有关）展开讨论，以专业人士的身份，进行渗入式回答，积累相关粉丝；

每隔一段时间在微信上开展一个互动活动，以提升品牌知名度，如晒出宝宝照片、线下婴儿爬行比赛等，奖励可以是品牌的奶粉。

（2）利用微博和 QQ 进行推广

① 建立与微信官方公众平台和个人微信调性高度一致的微博、QQ 推广途径。

② 在创建的微博、QQ 中植入必要的互动活动，除了整体上要与微信推广调性保持一致外，还需要进一步进行更有针对性的细分。根据微博可实时分享简短信息的特点，创建相关的话题，内容贵精不贵多，保证消费者可展开话题讨论即可。根据 QQ 双向互动性强的特点，可设置互动项目进行有奖问答，并对已有的各种相关问答结果进行反馈等。

（3）创建百科

根据资料创建品牌的百科，并对能够检索至品牌百科的相关百科进行品牌植入，操作步骤如下。

① 创建百科。在百度、维基、搜搜、互动等百科站点创建专属词条。

② 在各个百科站点的相关词条植入百科。如奶粉品牌可选择：奶粉、配方奶粉、奶粉伴侣、育婴、哺乳期等相关词条进行百科植入。值得注意的是，切忌千篇一律，可适当选择资料库中的内容植入。

③ 后期维护。创立百科数据库，每隔一周对所有创建和植入的百科进行维护，避免恶意篡改。

（4）利用知名论坛

在利用微信、微博、百科等方式的基础上，可尝试在论坛发帖来提升口碑。可在产品使用心情故事类直播（我的育婴生活）、产品代理指南、产品相关新闻和测试报告、产品问答等论坛版发帖。

发帖方式可采用自发帖，也可采用跟发帖。自发帖要覆盖天涯、猫扑、主流育婴网站和海淘论坛。跟发帖要检索最新的相关帖子，以获得更好的关注。同时也要注意跟发帖的频率问题，不提倡在短时间内大量发布，建设按照一周维护一帖的方式进行，即一周只发一个重点帖子，并进行相应的维护。

在线交易管理

当在微信公众平台上成功搭建微商城、微信小店之后，商户便可以主动推送商品信息，并发起打折、送代金券、红包等促销活动。买家也可以通过微信关注该商城（店铺），只要关注成功即可浏览商城中的商品，并根据自己的需求一键式完成购买、下单、支付。这就是在线交易的整个过程。

学习目的

| 了解在线支付对在线交易的重要性；
| 掌握设置在线交易的两大原则（便利性和安全性）及其具体步骤和方法。

学习重点

| 掌握在线交易的类型及其每个类型设置的步骤和方法；
| 掌握担保交易的设置步骤。

任务 5.1　在线支付概述

在线支付是在线交易的关键环节，标志着在线交易的最终完成。因此，对于商户来讲，做好在线支付工作非常重要，不仅可以实现销售款项的快速归集，缩短收款周期，同时也大大优化了客户的购物体验，使客户真正做到快速、安全、高效地完成网上购物。

5.1.1　在线支付的重要性

在线支付是指买卖双方在网站、公众平台、App 及其他电子商务平台交易时，银行为买卖双方提供的一种线上资金结算服务。它使商户与消费者的交易更快捷、更安全、更方便。在线支付不仅可以帮助商户实现销售款项的快速归集，缩短收款周期，同时也为消费者提供了网上支付环境，使消费者真正做到足不出户、网上购物。

在线支付被誉为是连接线上线下 O2O 闭环的终极环节。当商户发布商品、消费者下单后，就进入了支付环节，系统也会自动跳转到付款页面，消费者按照提示付款后等待发货即可。

为了说明在线支付在 O2O 闭环体系的地位和作用，可以先看一个案例。

案例：优衣库微信 O2O 营销体系

优衣库是一个以实体经营为主的品牌，在全国各地设有很多实体店；但随着互联网、移动互联网的冲击，优衣库也逐步开拓线上市场，并利用在线支付实现了线上与线下的全程闭环，形成了完善的 O2O 营销体系。

优衣库的线上店铺有天猫旗舰店、手机 App、微信公众号等，全方位地实现与线下实体门店的同步销售。

优衣库线上店铺支持商品展示、商品促销、在线查询、在线购买、在线支付等功能，其中在线支付是核心。如果消费者在浏览商品信息时决定购买，便可以进入微信公众号、App、天猫旗舰店等直接下单，并完成支付。优衣库 O2O 营销运作模式如图 5-1 所示。

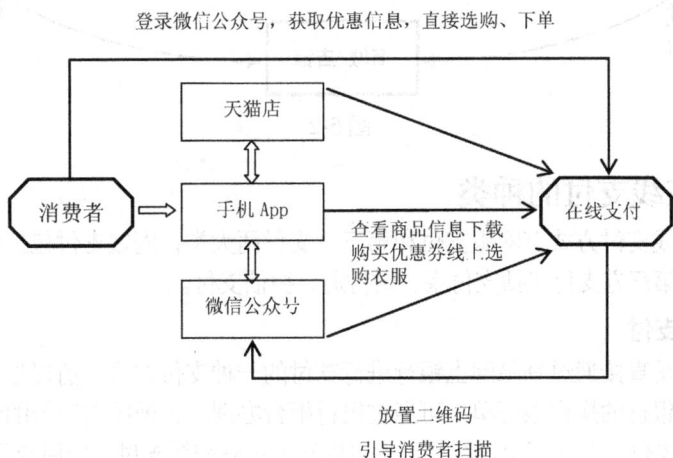

图 5-1

从图 5-1 中可以看出，在线支付是整个在线交易的中枢，在线交易所有的流程都要终结于在线支付。换句话说，一旦进入在线支付流程，就预示着在线交易将要完成。

具体到微信营销，在线支付也是微信营销中非常重要的一节。得益于微信本身强大的支付系统的支持，在支付的便捷性、安全性上，微信支付与其他电子商务平台相比具有得天独厚的优势，遂更受商户的青睐。微信支付与微信营销的关系如图 5-2 所示。

除了微信支付外，微信公众平台还提供了多种付款方式，包括支付宝支付、储蓄卡支付、信用卡支付等，消费者可以根据自己习惯的方式选择。从表面上看，付款是消费者的事情，其实不然，商户也要清晰地了解这些付款方式的流程，有责任、有义务协助消费者快捷、准确地支付，促成交易的最终完成。下面我们就来了解一下常见的付款方式有哪些，以及付款流程是怎样的。

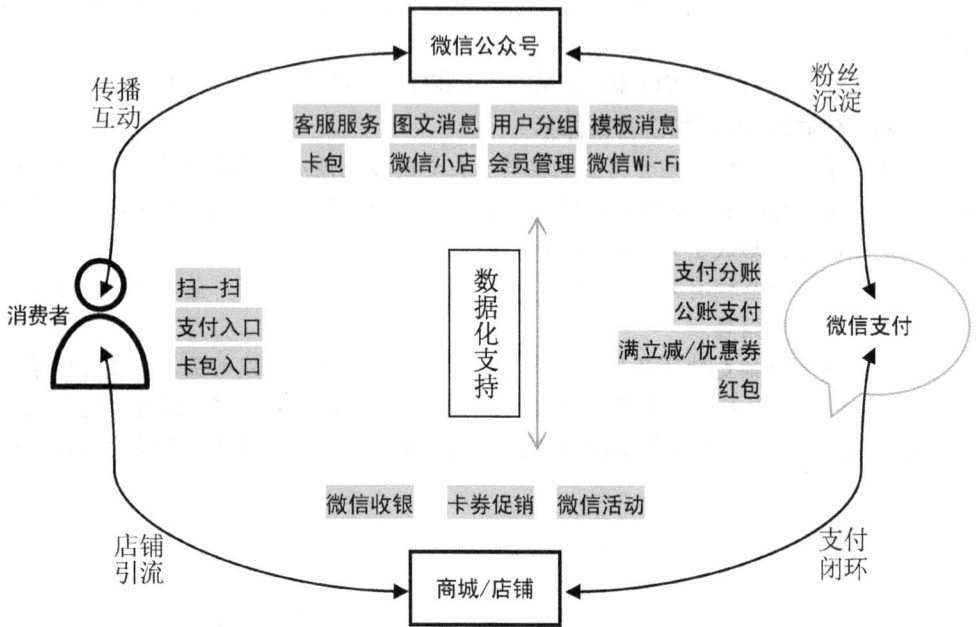

图 5-2

▌5.1.2　在线支付的种类

常见的在线支付方式有网银支付和第三方支付两大类，网银支付包括储蓄卡支付和信用卡支付，第三方支付包括支付宝、财付通、微信支付。

1．网银支付

网银支付是直接通过登录网上银行进行支付的一种支付方式，前提是要开通网上银行。开通网上银行的操作很简单，可通过银行柜台办理。目前国内银行的借记卡和信用卡都支持在线支付。开通网上银行后，就可以实现银联在线支付、信用卡网上支付等。

（1）储蓄卡支付

储蓄卡支付是目前为止技术成熟、运用较多的在线支付方式之一，是国内电子商务企业提供在线交易服务的首选，也是消费者进行线上消费运用较多的一种方式。其特点是稳定易用、安全可靠，无论是对商户还是消费者，在操作流程上都实现了简单最大化。储蓄卡支付的更多优势如图 5-3 所示。

对于消费者而言，网银支付起来也非常简便，当消费者选择网银支付时，可用已有的银行卡填写银行名称及银行卡的相关信息，包括银行卡卡号、姓名、身份证号和手机号码等，然后单击"确定"按钮即可。几秒后，消费者的手机就会收到验证码信息，输入验证码，单击"下一步"按钮，即可完成付款。

商户接入储蓄卡支付的优势	**高效低成本接入银行**
	合作商户无需与多家银行一一接入，缩减了系统开发和维护的成本，无需任何网络硬件和人力成本投入，在线即可轻松实现收付
	无需开发即可集成
	与银行紧密集成，建立一个从用户到银行的安全通道，提高用户对网站的信任度。畅通的支付途径，稳定的支付后台，保证交易的稳定性
	支付网关轻松接入
	银联支付平台提供标准的接入说明文档，提供多种网络程序语言接入样例，接入更加方便快捷

图 5-3

（2）信用卡支付

随着信用卡的大范围普及，信用卡支付也成为一种常见的支付方式。在付款时，首先要选择信用卡银行名称，然后填写信用卡的相关信息，包括信用卡卡号、信用卡的有效期、安全码及银行预留手机号等。填写完这些信息后，就可以通过手机获取验证码，输入获得的验证码，单击"确认支付"按钮即可完成支付。

2. 第三方支付

第三方支付本身集成了多种支付方式，如支付宝、财付通、百度钱包、环迅支付、易宝支付、快钱等。目前在微店消费中运用较多的有支付宝支付、财付通支付和微信支付3种方式。

（1）支付宝支付

支付宝是国内应用较多的网上支付平台之一，由阿里巴巴公司创办，致力于为网络交易用户提供优质安全的支付服务。支付宝于2003年10月18日在淘宝网推出，此后的十多年间逐步成为淘宝会员网上交易不可缺少的支付方式，深受淘宝会员的喜爱。经过不断的改进，支付宝的服务日趋完善。为了更好地运营支付宝，为用户提供更优质的服务，阿里巴巴成立了支付宝公司，并于2004年12月30日推出支付宝账户系统。

支付宝有以下几种支付方式：快捷支付（含卡通）、网上银行、支付宝账户余额、货到付款、网点支付、消费卡支付、银联手机支付等。

（2）财付通支付

财付通是腾讯公司创办的中国领先的在线支付平台，致力于为互联网用户和企业提供安全、便捷、专业的在线支付服务。

财付通支持全国各大银行的网银支付，消费者可以先充值到财付通，享受更加便捷的财付通余额支付体验。财付通的提现、收款、付款等配套账户功能，让资金使用更灵活。财付通还为广大用户提供了手机充值、游戏充值、信用卡还款、机票专区等特色便民服务。

　　针对企业、电商、微商等卖方，财付通构建了全新的综合支付平台，业务覆盖 B2B、B2C 和 C2C 各领域，提供卓越的网上支付服务，还提供安全可靠的支付清算服务和极富特色的 QQ 营销资源支持，与广大商户共享 3 亿腾讯用户资源。

　　（3）微信支付

　　微信支付也是一个新生的支付工具，是集成在微信客户端上的支付功能，以绑定银行卡为基础，向用户提供安全、快捷、高效的支付服务。企业、商户在开通微信支付功能后，消费者只要在手机端绑定银行卡，便可以通过手机完成快速支付。

　　对于卖家而言，微信支付使用起来也非常方便、快捷，可通过多种方式展示给消费者。如通过自定义菜单、关键字回复等方式向订阅用户推送商品消息，消费者可在微信公众号中完成选购支付。商户也可以把商品网页生成二维码，张贴在线下的场景中，如车站的广告海报，用户扫描后可打开商品详情，在微信中直接完成购买。

　　需要提醒的是，商户开通微信支付时，需要先在微信公众平台上提出申请。申请开通微信支付的具体流程如图 5-4 所示。

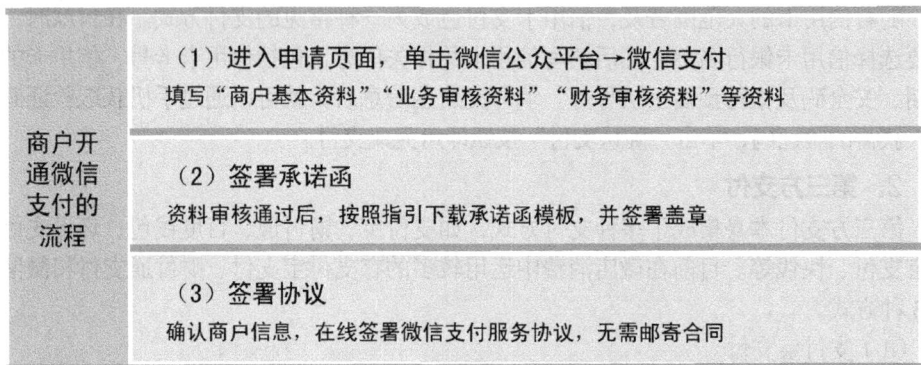

商户开通微信支付的流程	（1）进入申请页面，单击微信公众平台→微信支付 填写"商户基本资料""业务审核资料""财务审核资料"等资料
	（2）签署承诺函 资料审核通过后，按照指引下载承诺函模板，并签署盖章
	（3）签署协议 确认商户信息，在线签署微信支付服务协议，无需邮寄合同

图 5-4

注意

　　① 需"商户基本资料""业务审核资料""财务审核资料"3 项资料都审核通过后方可下载承诺函。

　　② 每个阶段审核时间为 7 个工作日。

　　③ 若审核不通过，可在微信公众平台"通知中心"中查询审核不通过的原因，修改后重新上传。

　　④ 为了不耽误进入下一步流程，建议商户将签订合同的工作与开发工作同步进行（审核通过时，腾讯会将微信支付相关重要开发参数发送至"业务审核资料"时填写的邮箱中）。

　　另外，只有在商户同时设置了担保交易和微信收款的基础上，消费者才能通过微信收款链接进行微信支付。也就是说，消费者在付款时，只能在担保交易里才能找到微信支付，如果消费者选择直接付款，是无法进行微信支付的。

微信支付除了可运用于微信公众平台外，还可以用于各种 App。App 注册并认证后，可在微信开放平台上提交 App 的基本信息，通过微信开放平台的审核后，App 内即可调用微信支付模块内容，发起支付。下面我们就以口袋购物微店平台上的微信支付为例，详细讲解微信支付在 App 中的运用。

口袋购物是一款购物应用软件，成立于 2011 年 9 月，2014 年推出了手机 App——微店。微店作为移动端的主要平台之一，具有自身的优势，最大的特色是申请程序简单，易于操作。只通过手机号码即可开通微店，通过一键分享就可连接微信及其他平台宣传店铺和商品。

微店有六大管理模块，分别为店铺管理、商品管理、订单管理、统计管理、客户管理和收入管理，如图 5-5 所示。

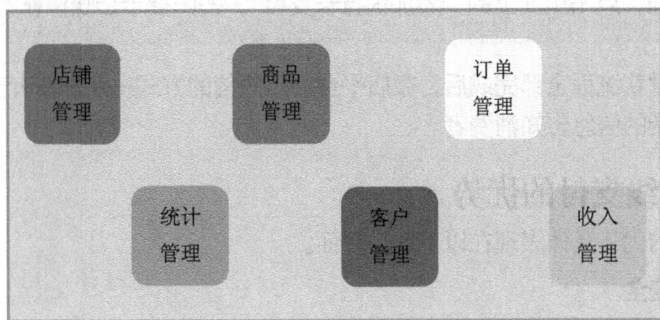

图 5-5

微信支付设置流程具体如下。

（1）买卖双方达成交易意向后，商户点击手机里的微店 App，进入微店页面，点击"微信收款"。

（2）进入微信收款页面后，商户会看见一段提示："微店将配合银行共同打击无真实交易背景的虚假交易……"在这段提示上面，输入买家购买商品的价格，点击"下一步"按钮。

（3）点击后转入"向买家发起收款"页面，上面显示"微信收款创建成功"。

注意

微信支付并不需要先将商品升级为正式商品（上架商品），未上架的商品也可以发至朋友圈进行微信收款。如果想将未上架商品升级为正式商品，可以点击"升级成正式商品"，也可以通过"添加"来让商品成为正式的上架商品。

（4）进入微信页面后，如果商户已经添加了消费者的微信号，就可以从微信联系人中找出该消费者。先选中该消费者，再点击"分享"，微信付款链接就成功分享给该消费者了。

（5）消费者收到商户发送的微信收款链接后，直接点击该链接，便可进入到微店结算页面。下拉页面后，点击红色"结算"按钮。

（6）进入结算页面，点击"微信支付"，再点击"提交订单"按钮即可。

（7）提交订单之后，页面会显示两种支付方式，一种是"使用微信零钱支付"，另一种是"使用银行卡支付"。

注意

如果消费者的微信零钱足以支付该交易的金额，"使用微信零钱支付"就会显示在绿色框内，直接点击"使用微信零钱支付"按钮即可成功完成付款。如果消费者的微信零钱余额不足，则会显示"零钱不足"。

如果微信零钱余额不足，消费者可选择"使用银行卡支付"。点击之后，便会进入一个页面，点击页面上的"添加银行卡支付"，按照提示步骤操作。

（8）微信付款流程全部完成后，微店平台会以短信的方式提示消费者交易已经成功，并会及时将发货的信息告知消费者。

5.1.3　在线支付的优势

在线支付的优势具体表现在以下 5 个方面。

1. 高效安全

通过支付宝、微信支付等线上支付，线下扫码支付只需扫一扫即可完成，比传统的"收款、验钞、点钞、找零"的繁杂收款流程更便捷，同时也可以有效防止假钞等现金风险的发生，资金安全更有保障。

2. 手续费率低

商户在交易过程中会产生一定的费率，而线下扫码比银联刷卡的收银成本要低很多。如根据银联要求，餐饮、娱乐、奢侈品等行业的收款手续费为 1.25%，即交易 1 万元手续费为 125 元。而支付宝、微信支付、百度钱包手续费均为 0.6%，即交易 1 万元手续费仅为 60 元，相比之下，手续费相差 65 元。

微信商户手续费的结算原则是：扣除相应的费率再结余下的资金，单笔订单四舍五入，保留小数点后 2 位。

按微信支付商户费率为 0.6% 计算，具体实例如表 5-1 所示。

表 5-1　微信支付交易费率实例

交易金额（元）	费率	应扣金额（元）	实扣金额（元）
2554	0.6%	15.324	15.32
3980	0.6%	23.628	23.63

3. 到账速度快

线下扫码通常为即时到账，而传统银联到款时间有时需要几个工作日，仅这一点就占尽优势，是传统收款方式无法比拟的。

4. 可享多种优惠

用支付宝、微信支付，商户还可享受支付宝、微信支付官方不定期举办的各种优惠活动。如"双十二"支付宝斥资 1 亿元联合两万线下门店举办 5 折的优惠活动，优惠部分的差价直接由支付宝官方进行补贴，消费者享受了折扣的同时，商户也赢得了活动带来的巨大的客户流量。

5. 收集客户信息

利用扫码支付不仅仅是完成一次收款行为，还是搜集消费者信息的过程。因为当消费者完成一笔订单后，消费者的注册手机号码或者邮箱就直接显示在收款记录中，这有利于商户进行后期的追踪管理及营销活动（微信扫码完成交易后会自动关注卖家公众号）。

▌ 实训　掌握在线支付的设置

在线支付是一种通过第三方提供的与银行之间的支付接口进行支付的方式。因此，商户设置在线支付时，必须依赖一定的支付接口。奥派就为商户提供了微信支付接口，只要按照要求填写配置信息就可以进行在线支付设置，具体操作可分为 5 步。

1. 申请开通公众号和商户号

开通在线支付的前提是先开通微信服务号，申请成为微信支付商户。因此，没有开通微信公众号的商户要先开通，已开通的则免去此步。微信商户申请平台网址是http://pay.weixin.qq.com，申请步骤如图 5-6 所示。

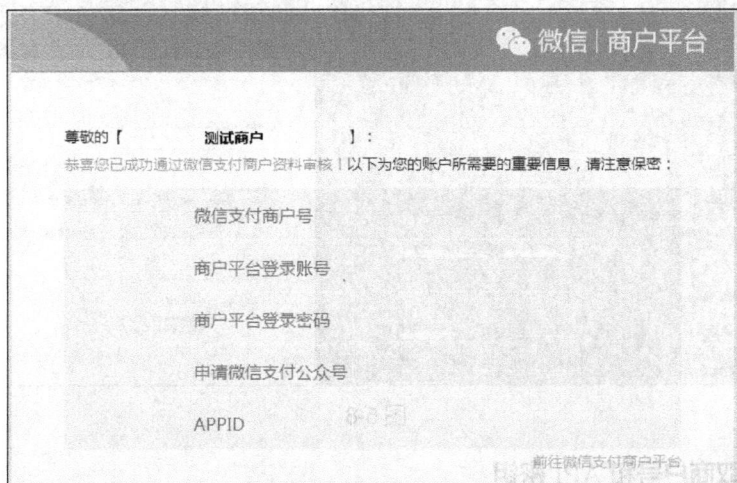

图 5-6

为规范商户操作，微信支付将原申请流程中的"下发商户号后，即可开发交易"环节后置，改为"商户需通过打款验证，只有在线签约后，才可进入使用商户平台功能"。未签约前登录商户平台，各功能的操作菜单不可见，必须根据流程指引完成签约后，再继续操作商户平台的所有功能。

2. 设置支付信息

开通微信公众号后，与第三方服务平台奥派相连，进入奥派平台，在"微信商城"功能中单击"在线支付设置"链接，如图 5-7 所示。

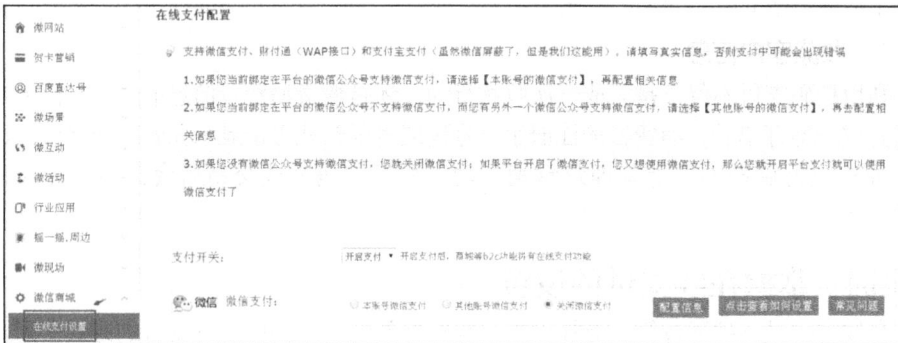

图 5-7

3. 配置微信支付

在"在线支付配置"页面，开启"支付开关"，然后单击微信支付的"配置信息"按钮进行微信支付配置，如图 5-8 所示。

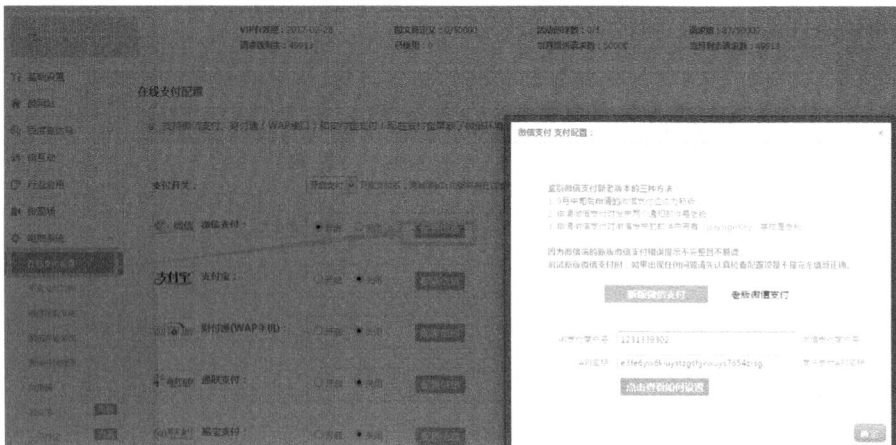

图 5-8

4. 获取商户号和 API 密钥

微信支付商户号可在申请微信支付后收到的邮件里找到。API 密钥的获取方法为：进入微信支付商户平台左侧菜单中的"账户设置→API 安全"，先安装证书，然后再设置 API 密钥，如图 5-9 所示。设置后将商户号和 API 密钥复制到上一步中保存即可。

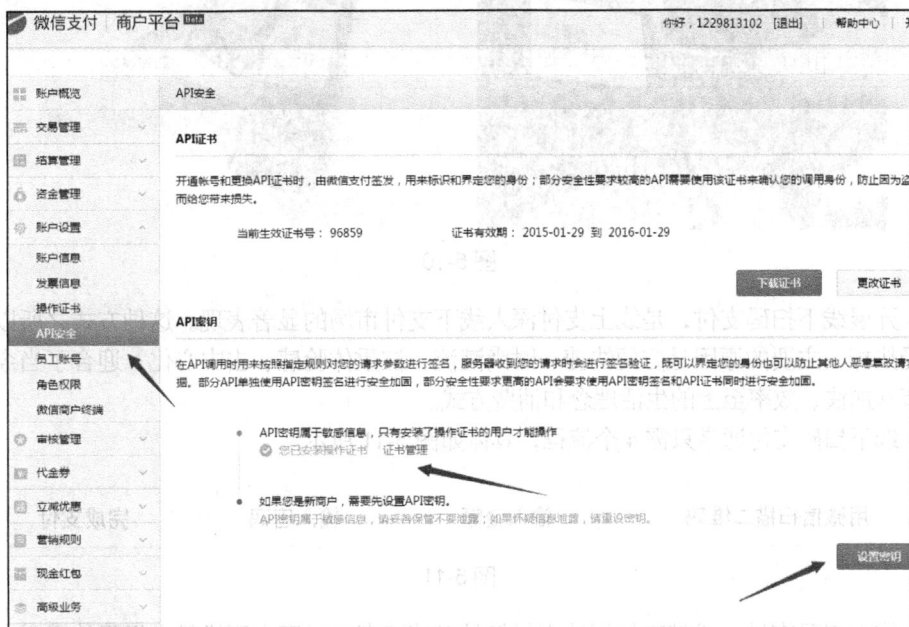

图 5-9

5. 配置支付授权目录

登录微信公众平台后，单击"微信支付开发配置"，单击"修改"按钮进入配置支付授权目录界面。

配置好后，单击"保存"按钮，这样微信支付就配置完成了。

任务 5.2　在线支付的类型

为方便用户使用在线支付，商户可多设置几种支付方式。目前，在线支付有多种形式，最常用的有线下二维码支付、公众号支付、App 支付及小程序支付等。本任务将详细介绍这些支付方式的使用步骤和设置方法。

5.2.1　线下扫码支付

提到线下扫码支付，很多人头脑中涌现最多的就是支付宝、微信的二维码。商场、超市、便利店及其他场合，只要涉及支付的场所都会贴有支付二维码。微信线下扫码支付是指商户按微信支付协议生成支付二维码供消费者线下支付的一种形式，消费者使用微信"扫一扫"扫描二维码直接完成支付。

在日常运用中，线下扫码支付以支付宝、微信最具有代表性，如图 5-10 所示。

图 5-10

开展线下扫码支付，是线上支付深入线下支付市场的显著表现。这种方式之所以如此受热捧，主要的原因是方便快捷、时尚潮流、注重体验感、去中心化，迎合了当今生活节奏加快、效率至上的生活理念和消费方式。

线下扫码支付通常只需 4 个流程，具体如图 5-11 所示。

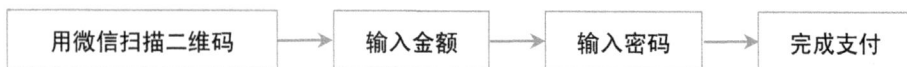

图 5-11

线下扫码支付方式带来的好处不仅仅是对消费者，对商户同样具有极强的吸引力。纵观现在大大小小的企业、电商、微商，都会开通线下扫码支付。线下扫码支付尤其适用于 PC 端网站支付、实体店付款等场景。

▌ 5.2.2　公众号支付

公众号支付是指消费者在微信中打开商户的 H5 页面，商户在 H5 页面通过调用微信支付提供的 JSAPI 接口调用微信支付模块来完成支付。

公众号支付适用于在公众号、朋友圈、聊天窗口等微信界面内完成支付的场景，消费者通过公众号、朋友圈或微信界面就可以直接支付。

支付步骤如图 5-12 所示。

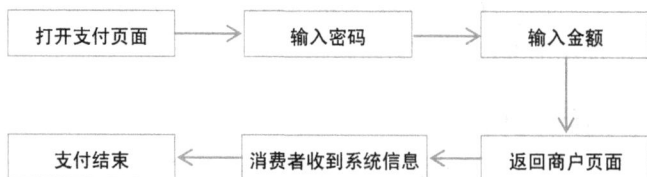

图 5-12

公众号支付适用于已有 H5 商城网站的商户。消费者通过消息或扫描二维码在微信内打开网页时，可以调用微信支付完成下单购买的流程。典型场景有以下 3 种。

场景 1：消费者在微信公众账号内进入商户公众号，打开某个支付页面，完成支付。

场景 2：消费者的好友在朋友圈、聊天窗口等场景分享商户页面链接，消费者点击链接打开商户页面，完成支付。

场景 3：商户将页面转换成二维码，消费者扫描二维码后，在打开的页面完成支付。

5.2.3　App 支付

App 支付是指商户通过在移动端 App 应用中集成开放 SDK 调用微信支付模块。对于消费者而言，App 支付实现了快捷、高效的支付方式，通常只需要进入商户的 App 界面即可进行支付。

App 支付步骤如图 5-13 所示。

图 5-13

对于商户而言，有利于构建完善的线上支付系统，将支付功能更多地嵌入移动端。常适用于在移动端 App 中集成微信支付功能的场景，如大众点评 App、携程 App、美团 App、1 号店 App、转转 App 等的支付场景。

5.2.4　小程序支付

小程序支付是商户在微信小程序平台内实现的支付功能。2016 年 11 月 25 日，微信开通小程序后不到半年便开通了小程序支付功能，商户可以利用小程序为消费者提供一键式支付服务。

小程序认证以后，可以在小程序后台的微信支付菜单栏申请微信支付。小程序支付兼有公众号支付和 App 支付的特点，这是因为小程序从本质上讲是微信体系下的一款 App 轻应用，因此支付流程具有 App 的特性。但由于小程序的创建又是在公众号里，所以又可以在公众号中找到直接入口。因此小程序支付既属于公众号支付范畴，也属于 App 支付范畴。

实训 1　掌握扫码支付的接入方法

商户在微信公众平台（申请扫码支付、公众号支付）或微信开放平台（申请 App 支付）按照相应提示，申请开通相应的微信支付模式。微信支付工作人员审核资料无误后开通相应的微信支付权限。微信支付申请审核通过后，商户会在申请资料时填写的邮箱中收取到由微信支付小助手发送的邮件，此邮件包含开发时需要使用的支付账户信息，如表 5-2 和图 5-14 所示。

表 5-2　账户参数说明

邮件中参数	API 参数名	详细说明
App ID	AppID	AppID 是微信公众平台或开放平台 App 的唯一标识,在微信公众平台申请公众账号或者在微信开放平台申请 App 账号后,微信会自动分配对应的 AppID,用于标识该应用。AppID 可在微信公众平台的开发者中心中查看,商户的微信支付审核通过邮件中也会包含该字段值
微信支付商户号	mch_ID	商户申请微信支付后,由微信支付分配的商户收款账号
API 密钥	key	key 是交易过程生成签名的密钥,仅保留在商户系统和微信支付后台,不会在网络中传播。商户妥善保管该 key,切勿在网络中传输,不能在其他客户端中存储,须保证 key 不会被泄露。商户可根据邮件提示登录微信商户平台进行设置。也可按以下路径设置:登录微信商户平台,进入"账户设置→API 安全→密钥设置"进行设置。
AppSecret	Secret	AppSecret 是 AppID 对应的接口密码,用于获取接口调用凭证 access_token 时使用

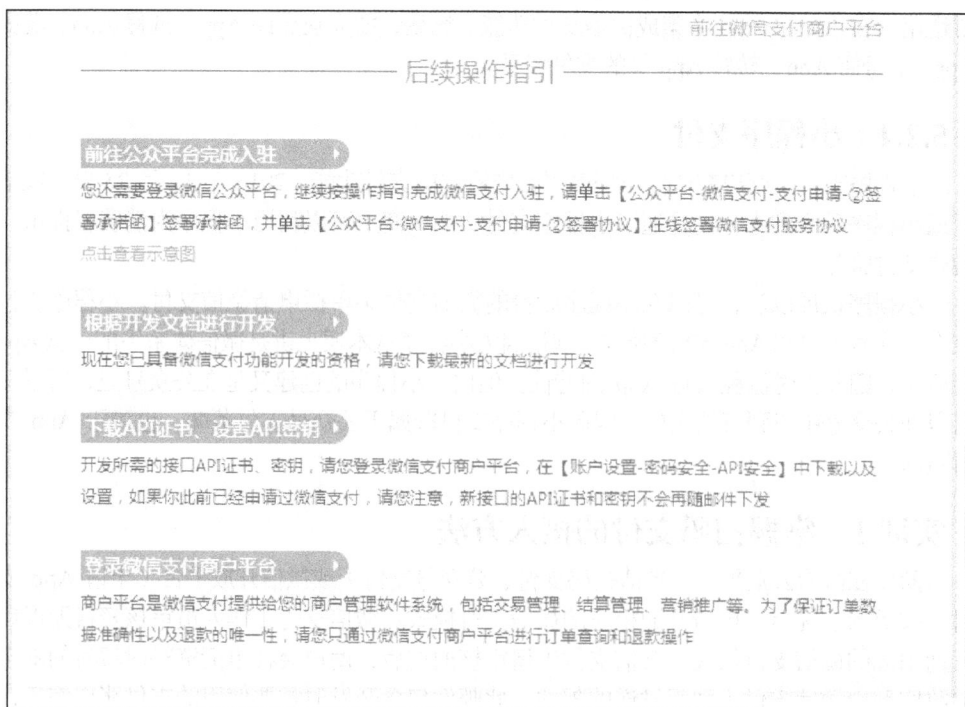

图 5-14

具体操作步骤如下。

（1）注册公众号（类型须为服务号、政府或媒体订阅号、企业微信）。根据营业执照类型选择以下主体注册：个体工商户、企业/公司、政府、媒体、其他类型。

（2）认证公众号。公众号认证后才可申请微信支付，认证费为 300 元/次。

（3）提交资料申请微信支付。登录公众平台，单击左侧菜单"微信支付"，填写资料等待审核，审核时间为 1～5 个工作日。

（4）资料审核通过开户成功后，登录微信商户平台进行验证。先登录联系人邮箱查收商户号和密码，登录商户平台，输入随机打款金额进行验证。

微信支付
服务协议

扫码支付
开发文档

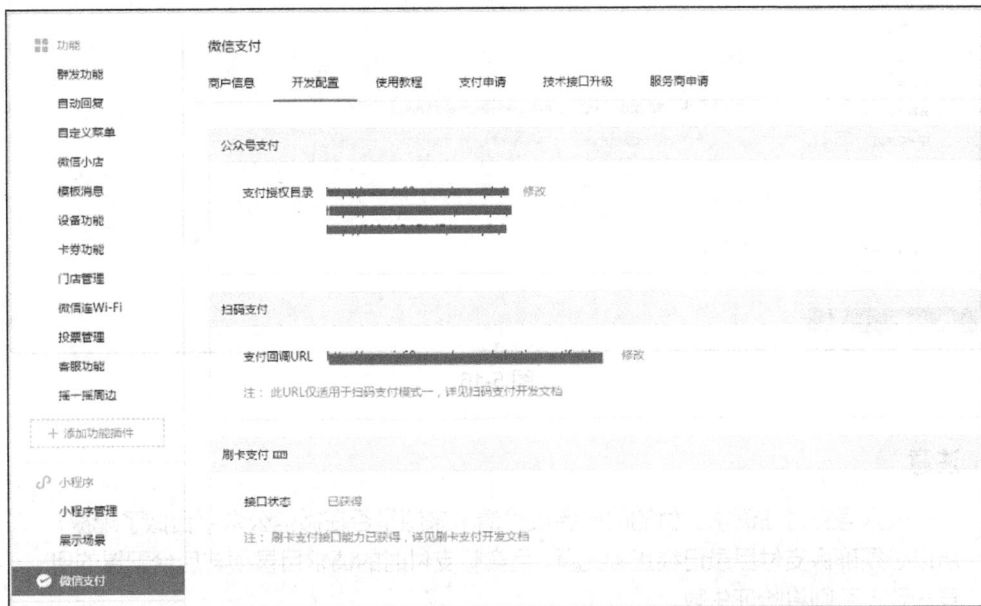

（5）在线签署协议。协议为线上电子协议，签署后方可进行交易及资金结算，签署完立即生效。扫描二维码查看微信支付服务协议内容。

（6）启动设计和开发。支付接口获得后，进入公众平台，进入"微信支付→开发配置→扫码支付→修改"，根据微信支付官方开发文档进行开发，如图 5-15 所示。

图 5-15

实训 2　掌握公众号支付的接入方法

（1）注册公众号（类型须为服务号、政府或媒体订阅号、企业微信）。根据营业执照类型选择以下主体注册：个体工商户、企业/公司、政府、媒体、其他类型。

（2）认证公众号。公众号认证后才可申请微信支付，认证费为 300 元/次。

（3）提交资料申请微信支付。登录微信公众平台，单击左侧菜单"微信支付"，填写资料等待审核，审核时间为 1～5 个工作日。

（4）资料审核通过开户成功后，登录商户平台进行验证。先登录联系人邮箱查收商户号和密码，并登录商户平台，输入随机打款金额进行验证。

（5）在线签署协议。协议为线上电子协议，签署后方可进行交易及资金结算，签署完立即生效。签署前详细阅读微信支付服务协议内容。

（6）获取支付接口，设置公众号支付目录。获得支付接口后就可以进行开发，先在微信公众平台设置公众号支付目录，设置路径如图 5-16 所示。

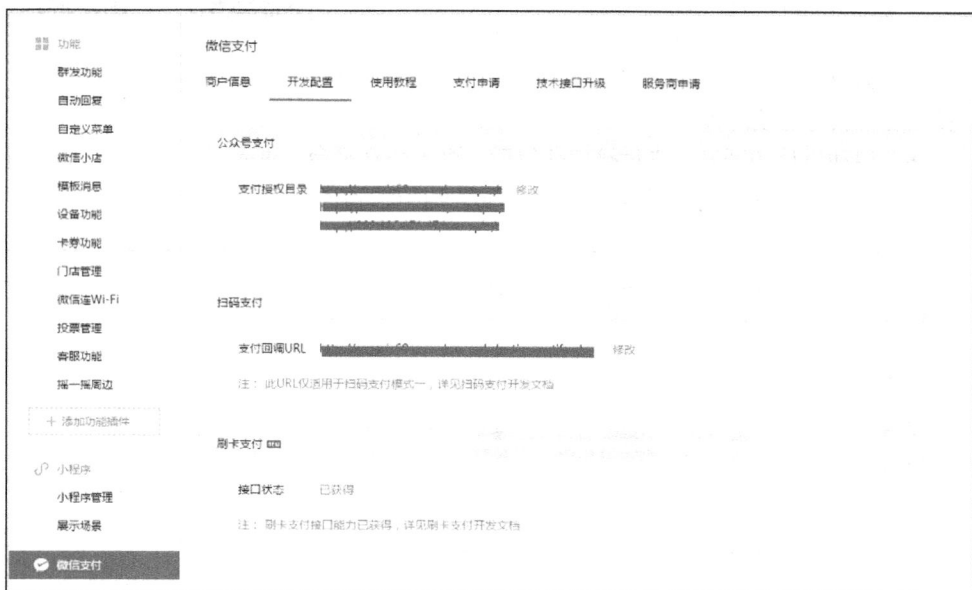

图 5-16

> **注意**
>
> 公众号支付在请求支付的时候会校验请求来源是否在微信公众平台做了配置，所以必须确保支付目录已经正确配置，且实际支付时的请求目录须与后台配置的目录一致，否则将验证失败。

（7）设置授权域名。开发公众号支付时，在统一下单接口中要求必传用户 openID，而获取 openID 则需要在微信公众平台设置获取 openID 的域名，只有被设置过的域名才是一个有效的获取 openID 的域名，否则获取失败。具体界面如图 5-17 所示。

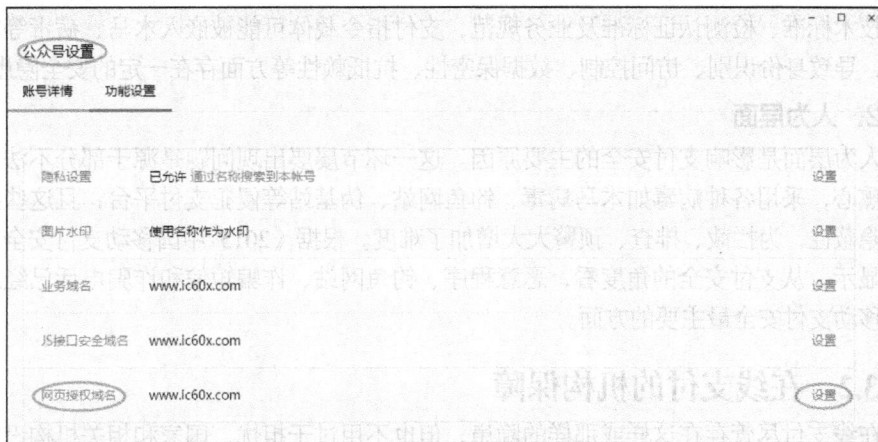

图 5-17

（8）最后单击"确认"按钮完成设置。

App、小程序支付的接入方法、步骤与前两者有很多相似之处，如参数的设置，这里不再赘述详细步骤。

App 支付接入
方法指引

任务 5.3　在线支付的安全性设置

在线支付在提供便利的同时，也存有很大的隐患，如操作失误、技术"黑洞"，甚至人为破坏等，都有可能给消费者带来巨大损失。目前，在线支付的确存在很多潜在危险，商户需要采取更多的安全举措，在力所能及的范围内做好安全设置，尽可能地减少消费者的损失。

5.3.1　在线支付安全性概述

在线支付的安全隐患是客观存在的，且在未来很长一段时期内无法完全消除。之所以会存在如此深的隐患，既有技术层面的原因，也有人为层面的原因。

1. 技术层面

鉴于线上支付是一个复杂的技术性体系，业务模式、信息载体、交易渠道和身份认证等都靠一系列的技术来完成。由于我国支付技术手段尚不成熟，安全通用的支付保障技术尚处于初级阶段，客观上限制了在线支付的安全性。

支付技术层面的隐患有三大类。

一是支付类病毒增长迅速，病毒可以读取、截获手机上的短信验证码并通过网络进行转移，再结合用户的身份证、银行卡号等信息实现盗刷。

二是部分创新业务在支付环节身份认证强度较弱，过度依赖短信验证，且在部分操作环节中可一次认证重复使用，交易信息容易被拦截或篡改。

三是条码、声波、指纹等识别技术被尝试应用于网络支付（含移动支付），但尚无统一的技术标准、检测认证标准及业务规范，支付指令载体可能被嵌入木马、病毒等非法内容，导致身份识别、访问控制、数据保密性、抗抵赖性等方面存在一定的安全隐患。

2. 人为层面

人为层面是影响支付安全的主要原因。这一环节屡屡出现问题是源于部分不法分子利益熏心，采用各种病毒如木马病毒、钓鱼网站、伪基站等侵犯支付平台，且这些病毒具有隐蔽性，为拦截、排查、预警大大增加了难度。根据《2015 中国移动支付安全绿皮书》显示，从支付安全的角度看，恶意程序、钓鱼网站、诈骗短信和诈骗电话已经成为威胁移动支付安全最主要的方面。

▌5.3.2 在线支付的机构保障

在线支付尽管存在这样或那样的隐患，但也不用过于担忧，国家和相关机构设立了多重保障体系，商户只要树立防范意识，规范操作，并给消费者以正确的引导，即可在很大程度上避免损失。

在线支付的第一大安全保障就是银行或相关机构，当用户开通在线支付后，需要填写多种资料，尤其是银行卡信息。这实际上已经离开本站服务器，到达了银行的支付网关。国内各大银行的支付网关采用的是国际流行的 SSL 或 SET 方式加密，可以保障用户的任何信息不被窃取。

即使是非银行系支付系统也有这方面的保障，各大支付品牌对此做出了不懈的努力，以 Visa 为例。

案例：Visa 在安全支付方面的措施

Visa 为确保支付的安全、促进相关利益方之间进行更紧密的合作与交流，实施多层次的安全保护战略。Visa 认为，整个支付行业的安全性并非是由所采取的安全措施来衡量的，而是由支付系统中安全性最薄弱的环节所决定的。也就是说，提高支付系统中各个薄弱环节的抗风险能力才是有效确保整个支付行业安全性的最佳手段。

Visa 是通过"三管齐下"的方式来实现其支付安全战略的。

预防：通过采取安全措施防止犯罪集团及其他犯罪分子窃取支付数据。预防措施是长期计划，旨在从支付产业的长远利益考虑，加强支付基础设施的建设。这是一项需要持续开展的计划，目的是保护持卡人的账户数据，使其免遭欺诈罪犯的窃取，并通过采用动态数据加密确保支付数据对犯罪分子而言失去价值。这是今后进行风险管理工作的重点领域。

保护：防止犯罪集团及其他犯罪分子利用窃得的数据实施犯罪行为。保护措施包括：在不同 POS 环境下实施验证计划，防止被窃账户数据的使用。该计划属于中期计划，目的是进一步进行身份验证并确保对持卡人的安全保护，确保支付系统只接受真实可信的交易。

响应：通过对事件的监测和管理，减少其对支付行业的影响，为应对当前的挑战、防止进一步损失提供战术上的支持。具体包括欺诈监测、共同购物点（CPP）

的侦测、对所有利益相关方的培训和教育以及促进业内互信，促成合作伙伴关系及合作的行动。

由于在线支付是在银行或相关机构的支付网关中完成的，所以这方面的保障是安全的。

■ 5.3.3 在线支付的微信平台保障

微信平台（微信支付服务商版 https://pay.weixin.qq.com/wiki/doc/api/sl.html）对在线支付的保障，主要通过相应接口来对交易进行实时监控。商户在调用微信支付提供的相关接口时，会得到微信支付返回的相关信息，以及获得整个接口的响应。即当商户在微信公众平台接入支付功能时，为保障接入的安全性，系统为所有的流程设置了相应的规则。微信公众平台线上支付功能支付接口规则体系如图 5-18 所示。

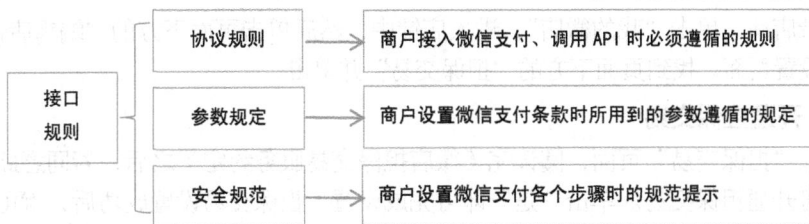

图 5-18

值得注意的是，所有支付形式的规则是相同的，如公众号支付、App 支付规则是一样的，如果运用在小程序支付上，规则同样适用。

这些接口规则可以根据商户上报的数据进一步优化网络部署，完善服务监控，更好地协助支付的安全保障工作，力保用户的支付安全。

公众号支付
开发者文档

■ 5.3.4 在线支付的商户保障

商户保障主要就是指开通担保交易。担保交易是为保证买卖双方顺利、安全交易的一种协议。这种协议可有效地解决电子商务交易中的信用问题，即买家无需担心付款后收不到货物，而同时卖家也无需担心发出货物后收不到钱。

担保交易有一套完备的交易流程，处处规范着买卖双方的行为，具体的流程如图 5-19 所示。

在这个过程中，一旦出现欺诈等行为，买家可以要求退款，经过确认后，系统会将交易金额从担保交易账户返回到买家个人账户。

值得注意的是，担保交易系买卖双方自愿签订，任何一方没有同意都视为无效。为了最大限度地保障自身的权利，商户要将微店里的担保交易协议设置为开放状态。下面讲解商户如何设置担保交易。

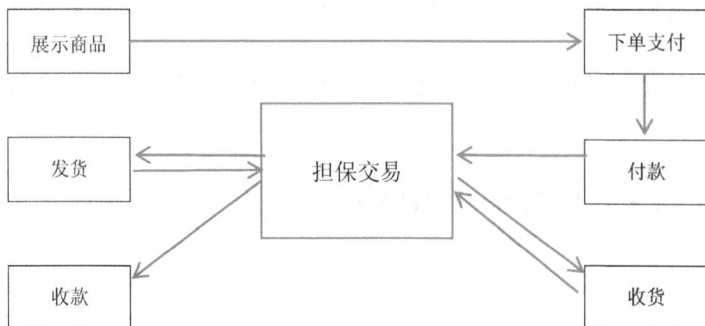

图 5-19

1. 进入店铺设置页面

登录店铺，单击"我的微店"，进入店铺中，然后单击页面下方的"编辑店铺"，进入店铺设置页面，找到页面下方的"担保交易"并单击。

2. 开通担保交易

进入"担保交易"页面，阅读完《微店担保交易服务约定》之后，若同意此约定条件，便可开通担保交易。单击"是"即可完成设置。担保交易设置成功后，就可以在自己的店铺中看到此项功能。

开通担保交易后，微店的付款方式就会在原有"直接到账"的基础上，新增一项"担保交易"支付，这样对消费者来说，付款时就有了选择的余地。

作为商户应该详细了解这一功能的操作流程。这样不仅可以在消费者进行相关咨询时给予准确的回答，同时也便于对店铺的收入进行管理。支付安全是一项需要多方共同承担的责任，不存在任何"灵丹妙药"可以将所有安全隐患一网打尽。

▌实训　了解在线支付安全保障体系

在线支付的安全性保障是全方位、多层次的，试着分析银行、微信公众平台、商家对在线支付的保障体现在哪些方面，各自优势是什么，并填入表 5-3。

表 5-3　在线支付安全保障体系

	银行	微信公众平台	商家
在线支付保障作用			
优势			

根据自己的经验思考商家在保障消费者安全支付方面还有哪些新做法，并做详细阐述。

物流与配送管理

客户下单后，商户接下来就是发货，包括查看订单详情、处理相关问题、商品进行打包、联系物流公司、安排相关人员发货等。如遇到突发问题，还需及时解决，以保证客户顺利拿到商品。

学习目的

| 了解物流与配送管理的内容，掌握订单的查询，商品的包装、货物的派发、物流公司的选择和安排等。

学习重点

| 订单的查询、取消，及其退货流程；
| 商品的包装、发货流程；
| 物流公司和物流方式的正确选择。

任务 6.1 订单的查询与管理

一般来说，订单管理包括对订单本身的管理和订单收入管理两个方面，一个是对订单本身的管理，如订单的查询、修改、取消等。另一个对订单收入的管理，如账户信息的查询、资金流水的查询、累计收入查询，以及收入明细查询。

6.1.1 订单的查询

订单的查询主要是查看订单交易的状态，订单交易状态通常有 5 种，如表 6-1 所示。

表 6-1 订单交易状态

待买家支付	买家还未完成支付
订单已关闭	订单已作废（买家还未完成支付）

续表

买家已支付	买家已完成支付
交易结束	交易已完成
全额退款	已将订单的全额退还给买家

商户对订单状态进行查询，需要先进入微信支付商户平台，选择所想要查询的交易时间、支付场景、交易状态、交易金额范围。具体查询步骤如下。

（1）单击"查询"按钮即可开始查询，此方法适用于批量查询。商户平台交易订单查询如图 6-1 所示。

图 6-1

（2）单击"查询"按钮后出现查询结果列表，如图 6-2 所示。

图 6-2

（3）单击“查看”选项可以查看此笔交易的详细信息，如图 6-3 所示。

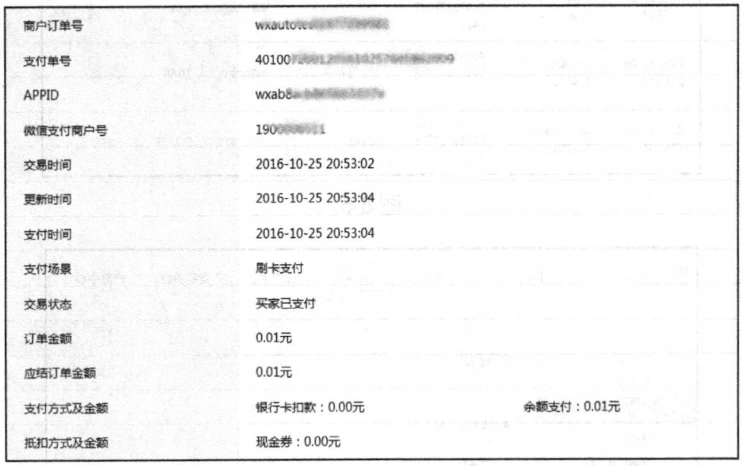
商户订单号
wxautote
支付单号
40100
APPID
wxab8
微信支付商户号
190
交易时间
2016-10-25 20:53:02
更新时间
2016-10-25 20:53:04
支付时间
2016-10-25 20:53:04
支付场景
刷卡支付
交易状态
买家已支付
订单金额
0.01元
应结订单金额
0.01元
支付方式及金额
银行卡扣款：0.00元
余额支付：0.01元
抵扣方式及金额
现金券：0.00元

图 6-3

（4）如果只需对某笔订单进行查询，可按订单号查询，输入订单的微信支付订单号或者商户订单号可以查询到，如图 6-4 所示。

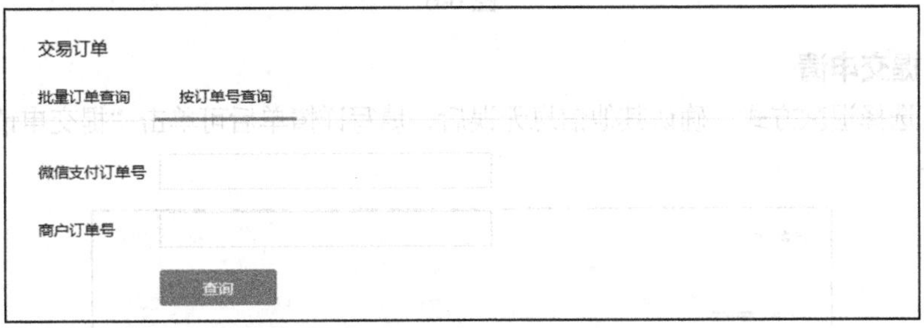
交易订单
批量订单查询
按订单号查询
微信支付订单号
商户订单号
查询

图 6-4

6.1.2 订单的取消及退款

在交易中，有不少客户在下单后会因这样或那样的原因撤销订单或要求重新下单，这时，卖家应该在平台上及时做好相应的操作，取消客户订单，如果要求退款的，则需要按照要求退款。

1. 选择退款方式

当客户取消订单或发起退款时，商户可以通过查询交易订单发起退款申请或者按订单号申请退款。

（1）查询交易订单，发起退款，如图 6-5 所示。

（2）按订单号申请退款，输入微信支付订单号或商户订单号中的任意一个即可申请退款，如图 6-6 所示。

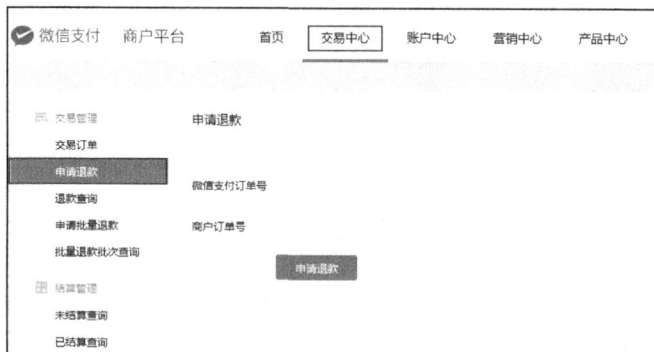

交易时间	商户订单号	微信支付单号	支付场景	交易状态	订单金额(元)	操作
2016-10-27 17:22:03	wxautotest14 77560 3	40086120012 01610277621 642	扫码支付	买家已支付	0.01	查看 退款
2016-10-26 21:05:43	wxautotest14 77487	40048820012 01610267805 952	扫码支付	待买家支付	10.50	查看
2016-10-26 17:58:40	wxautotest14 774759	40022520012 01610267676 395	扫码支付	待买家支付	0.01	查看

图 6-5

图 6-6

2. 提交申请

（1）选择退款方式，确认其他信息无误后，填写详情单后可单击"提交申请"，如图 6-7 所示。

图 6-7

（2）若未结算资金小于退款金额，则会提示退款失败，可选择使用可用余额退款或等待交易资金充足后再次申请退款，如图 6-8 所示。

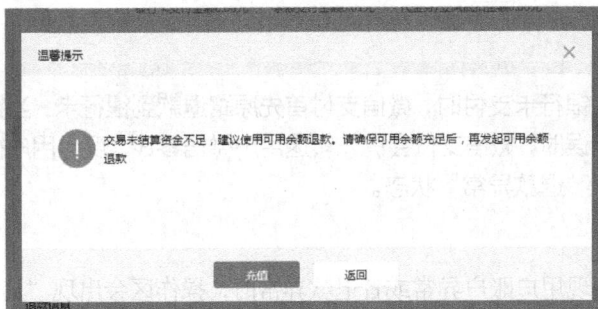

图 6-8

两种退款方式介绍如下。

① 未结算资金退款：当未结算资金大于或等于退款资金时，可直接使用未结算资金退款。

② 可用余额退款：在退款申请中查询到该笔订单，退款扣款资金直接选择"可用余额"即可。

注意

① 提交申请之后，需保证可用余额充足，系统会自动从可用余额中扣除退款金额。

② 因可用余额退款导致可用余额扣减的记录，可以在"资金流水"中查询；可用余额退款不会出现在对账单中，需要单独对账。

3. 其他退款方式

（1）当退款因为用户银行卡错误或状态不正常而导致无法退款时，其退款状态会变更为"退款异常"。进入"交易中心→交易管理→退款查询"界面，查找退款状态为"退款异常"的退款单，如图 6-9 所示。

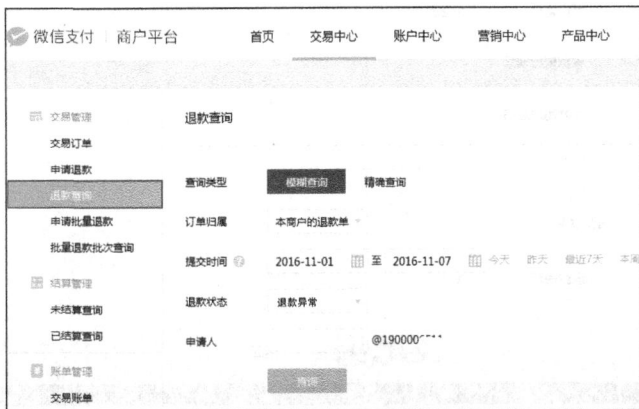

图 6-9

注意

当用户使用银行卡支付时，微信支付首先原路退款到银行卡，当银行卡状态不正常或银行卡错误时，微信支付会优先转退用户微信零钱，仅当用户微信零钱也注销时，才会转入"退款异常"状态。

（2）当退款出现用户账户异常或者退款异常时，操作区会出现"其他方式退款"，单击筛选结果列表操作区的"其他方式退款"，进入其他方式退款流程，如图6-10所示。

交易单号：4006072001201608312674⋯⋯3		商户单号：19000065112016083115000(		退款完成时间：暂无数据	
200607200120160908 04343€⋯	0.01	用户账户异常 ⓘ	Administrator(190000 €⋯ ⌐@1900006⌐	2016-09-08 15:22:26	查看 其他方式退款

图 6-10

（3）单击"其他方式退款"后，通常有两种选择，一是退到用户的其他银行卡，二是退款到商户的结算银行账户。

如果商户选第一种的话，只需要选择对应的银行（招行、交行、农行、建行、工行、中行、平安、浦发等），输入卡号和用户姓名，这里免去了商户输入省、市和支行信息的步骤，如图6-11所示。

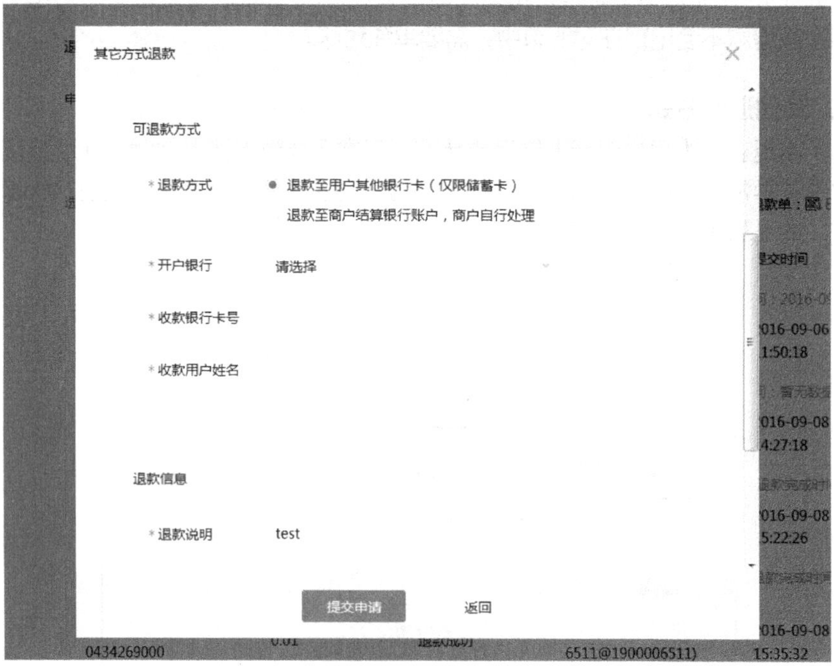

图 6-11

如果商户选第二种的话，系统会自动拉出商户的结算银行账户信息，商户确认后，退款资金将会退回商户的结算银行账户，商户可以自行线下退款，如图 6-12 所示。

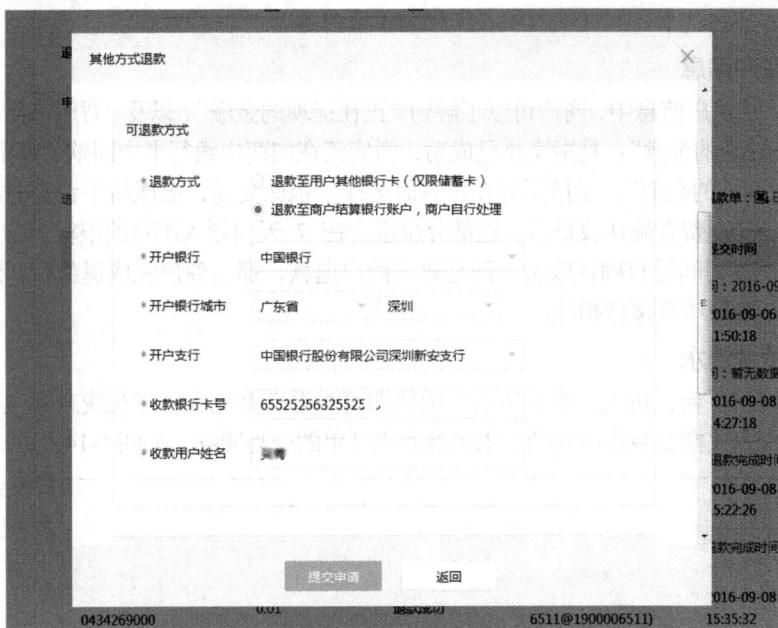

图 6-12

（4）退款后查询：银行卡退款查询会展示用户开户银行、卡类型、收款银行卡号，如图 6-13 所示。

图 6-13

181

▋6.1.3 订单的收入查询

为了清楚明晰地管理好每笔收入，微店平台为商户开设了相关功能。收入详情包括账户信息、资金流水、累计收入和收支明细4项内容。

1．账户信息

首先，从账户信息中，商户可以了解到"正在提现的金额"，以及"暂时冻结的金额"。

"正在提现的金额"：是指交易已成功，微店正在向商户银行卡中回款的那部分金额。

"暂时冻结的金额"：是指买方在付款时选择了担保交易，被微店平台暂时冻结的那部分金额。待消费者确认收货后，这部分金额会在 7 天内划入绑定的银行卡中。若消费者在担保交易期间没有确认收货，而是要求商户退款，那么商户完成退款后，退款金额就会从冻结金额中直接被扣除。

2．资金流水

登录商户平台，进入"交易中心"模块即可查看资金流水，可在线查阅也可下载文件。资金流水仅指资金进出明细，未包含商户订单的交易明细，如图 6-14 所示。

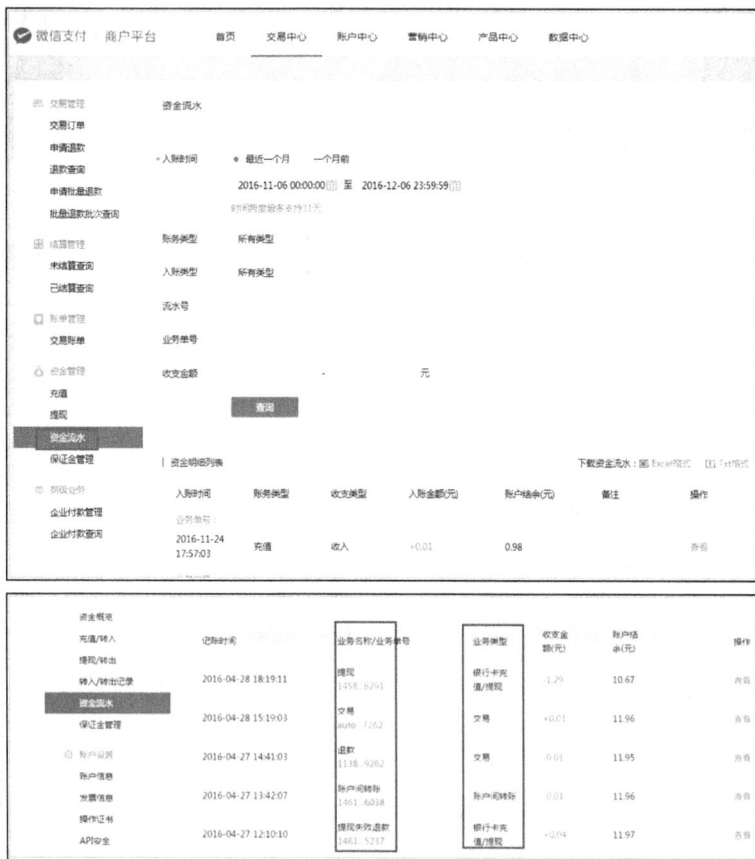

图 6-14

注意

① 入账时间查询跨度：由原来的 1 天增加为 31 天。

② 账务类型：可根据资金的消耗情况自主选择需查询的账务类型，比如充值、企业付款、提现、交易等。

③ 入账类型：分为收入、支出两种。

3. 累计收入

累计收入也叫旧资金流水，当所有的账户金额都被提现后，账户金额就会自动转化为"累计收入"，这时账户金额会显示为"0"。

登录商户平台，进入"交易中心"模块即可查看资金流水。旧资金池的流水类型较单一，仅包含现金充值、消耗，未包含交易资金及手续费扣除情况，如需查询结算资金，需进入"交易中心"模块中的"已结算查询"和"未结算查询"。

4. 收支明细

透过累计收入显示的收入金额，商户可以轻松地查看收入情况。商户如果想要具体了解详细的收入，可以在"收支明细"中查看，如图 6-15 所示。

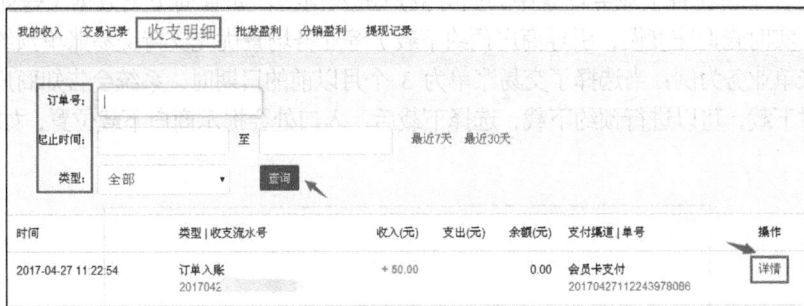

图 6-15

通过查看收入明细，商户可以清楚地了解到某一段时期和每一笔收入的详情，比如消费者已付款信息和退款信息，以及店铺的提现信息等。

说到这里，不得不提到收入提现。一般来说，消费者付款有两种方式，一种是"直接付款"，另一种就是"担保交易"。消费者选择"直接付款"后，交易成功的款项会打到商户绑定在微店上的银行卡里，一般 1~2 个工作日内就可以到账。

如果消费者在付款时选择了"担保交易"，那么这种款项则需要消费者确认收货后才能提现。如果商户发货 7 天内没有确认，也没有退款投诉，系统会自动默认对方确认收货，货款则会直接打入微店上绑定的银行卡内。

实训 1　了解交易账单的预约下载功能

为了解决商户无法查询下载历史较久远的数据、下载数据量较大的数据文件等问题。

微信营销

微信支付的商户平台为商户提供了预约下载功能，支持商户对于无法实时查询和下载的数据进行预约下载。具体使用方法如下。

1. 找到预约下载中心入口

预约下载中心入口在"获取帮助"上面，为常驻入口，如图 6-16 所示。

图 6-16

2. 发起预约任务

目前，平台在各个业务场景中会引导商户进入预约，如查询历史数据（譬如一年前的数据，实时查询速度慢，引导商户预约下载）等业务场景优先支持交易账单预约下载。以下载账单业务为例：当选择了交易账单为 3 个月以前的日期时，系统会告知商户不可以进行实时下载，可以进行预约下载，选择下载后，入口处会提示商户下载位置，如图 6-17 所示。

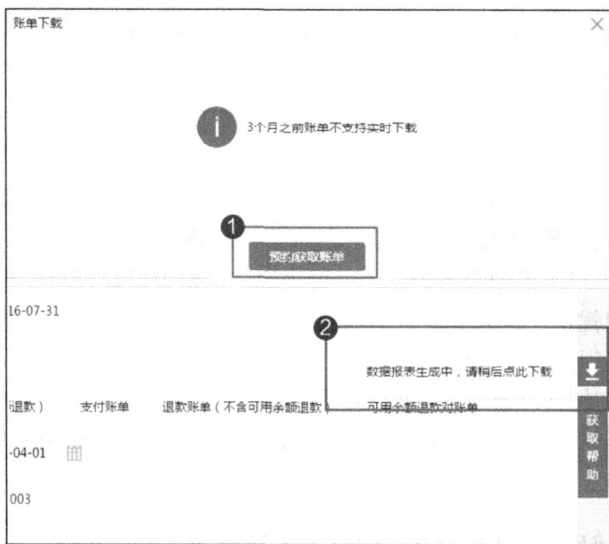

图 6-17

3. 查看预约任务完成后的通知

下载完成后，在入口处会有小红点提示，单击进入，可以查看完成的任务，如图 6-18 所示。

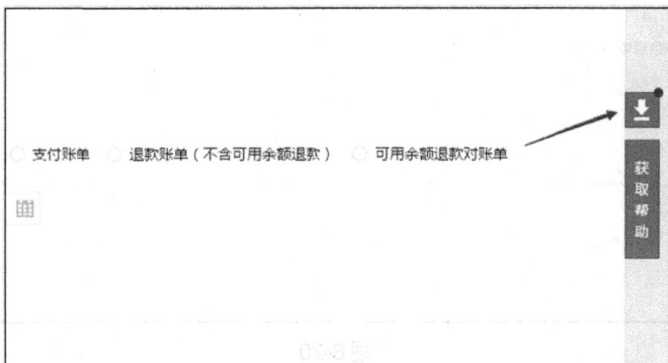

图 6-18

4. 预约任务的下载、管理说明

（1）目前预约下载任务仅支持 50 条，超过将不允许预约，商户可以选择删除不需要的任务。

（2）一个任务完成后有 7 天的存储有效期，到期自动清除该任务。

（3）任务完成后，可以在"预约下载中心"进行下载，如图 6-19 所示。

图 6-19

实训 2　掌握订单收入的查询

在奥派也可以对订单收入进行查询，具体步骤如下。

（1）进入该平台的"管理中心"，找到店铺"功能管理"下的"微信系统→微店管理"界面，单击进入，以"小鱼旗舰店"为例，如图 6-20 所示。

微信营销

图 6-20

（2）进入旗舰店后，在"微店铺概况"界面发现四大功能栏，分别为"店铺""商品""订单""分销"，单击"订单"选项进入订单页面，如图 6-21 所示。

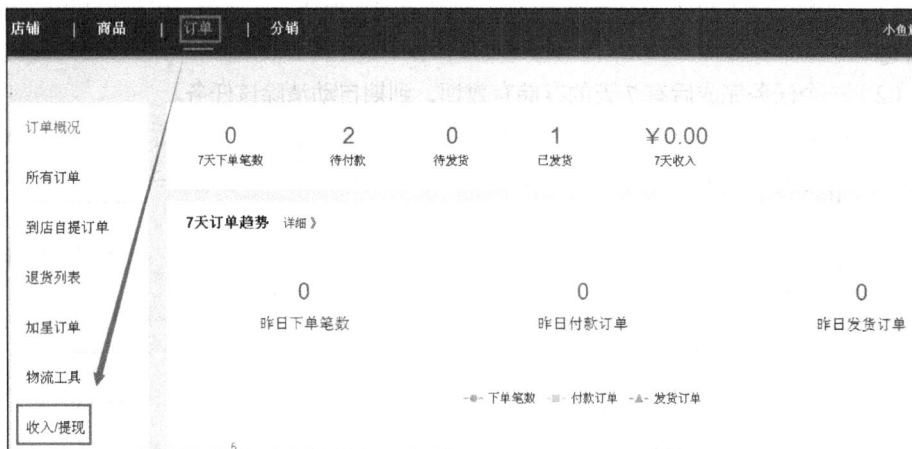

图 6-21

（3）单击"收入提现"进入"我的收入"页面，即可对"交易记录""收支明细""批发盈利""分销盈利""提现记录"等进行查看，如图 6-22 所示。

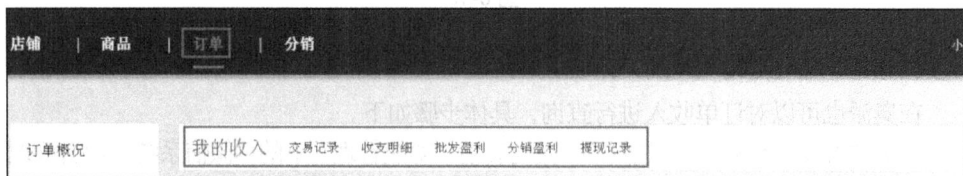

图 6-22

任务 6.2 物流的选择与管理

物流在移动电子商务活动中充当着重要的角色，它是商户赖以生存与发展的生命线，是商品及时运送到消费者手中的唯一保证。因此，对于商户而言，必须构建起一套科学、完善、高效的物流管控体系和流程。

6.2.1 重视商品的包装

当客户下单后，商户应该在第一时间对待发的商品进行包装，并在约定的时间将货发出去。商品包装是指，用一定的技术、方法、容器、材料等对商品进行包装的行为。往往具有美化商品、提升商品附加值的作用，包装做得好可大大增强消费者对商品的认可度，强化消费者对品牌的黏性。

对需要远距离运送的商品而言，包装还有很重要的保护作用，尤其是一些易破碎、怕碰撞的商品，需要一定的包装来保证商品的完好无损。

可见，无论是出于美观还是安全保护，对商品进行包装都是非常有必要的。包装是需要掌握一定技巧的，商户在对商品进行打包时应根据情况灵活掌握。

1. 根据包装的用途而定

按包装的作用分类，可分为销售包装和运输包装，这两类包装是根据商品的性质而定的。上面我们提到包装通常具有美化和保护两重作用。当包装重在对商品进行美化时可按照销售包装的形式进行；当包装着重对商品进行保护时，则可按照运输包装的形式进行。

（1）销售包装

销售包装又称内包装或小包装，是直接接触商品并随商品进入零售网点并与消费者或用户直接见面的包装。

常见的销售包装形式有以下 8 种，如表 6-2 所示。

表 6-2 销售包装的形式

类型	内容
便携式包装	该包装上有提手装置设计或附有携带包装，方便消费者携带，如 5 千克装的大米袋等
挂式包装	该包装采用挂钩、网袋、吊袋设计，便于商品的悬挂、陈列和展销等
易开包装	带有手拉盖等设计的易拉罐、易开瓶和易开盒等，如啤酒罐、罐头等
喷雾包装	该包装上带有自助喷出和关闭的装置，对液体商品较适合，方便消费者使用，如香水、灭蚊水等
堆叠式包装	采用包装的上边盖部和底部能吻合的造型设计以便商品堆叠陈列，节省包装
配套包装	该包装将有关联的不同规格品种的商品搭配成套，如成套茶具包装盒等
复用包装	除用作商品包装外，还可以提供消费者观赏、再使用等其他用途的包装
礼品包装	设计精美，专为送礼的包装，如名贵表、名贵酒等

（2）运输包装

运输包装是指为了方便运输，保护商品而设计的包装，它具有保护商品安全，方便储存、运输、装卸等的作用。运输包装一般可根据包装方式、包装材料和包装层次分类，如表6-3所示。

表6-3　运输包装的形式

类型	内容
按包装方式分类	可分为单件运输包装和集合运输包装。单件运输包装主要有箱（纸箱、木箱）、桶（木桶、铁桶）、袋（纸袋、麻袋）、包等，集合运输包装主要有托盘、集装袋、集装箱等
按包装材料分类	可分为纸制包装、金属包装、塑料包装、木制包装、玻璃包装、陶瓷包装、复合材料包装等
按包装层次分类	可分为外包装、中包装和小包装。如香烟、节能灯等的包装

2. 包装的注意事项

（1）密封包装袋

为了减少商品在运输中因碰撞、甩撞引起损毁的情况，商品的打包需要使用硬质、抗撕裂、抗戳穿的外包装，如纸箱、文件封、包装胶袋等，使用了这样的材质作为外包装之后，需要用胶带为商品进行密封，在密封过程中要将胶带缠于箱子的所有开口位置，这样能避免商品在运输途中落出箱内，也能预防某些素质较低的快递员私自拆封。

（2）包装内放填充物

商品在运输过程中的损耗性极大，尤其对于一些易碎商品，客服在对商品进行包装时就要预防商品在运输途中被损坏。商户需要学习内包装的包裹方法，在包装盒内需要放置一些具有缓冲效能的填充物，如珍珠棉、泡沫、纸卡等，让商品在包装盒内能够基本保持固定。

（3）完美提示

快递工作是一个环节紧接着一个环节的，商户若是想对运输这件商品的所有快递员的工作进行追踪是不可能的，那么如何将我们的要求传递给他们呢？在外包装上贴上一些轻松幽默的温馨提示贴纸，如"加急""易碎品""辛苦您了"这些话语，不仅可以让快递员感受到网店的诚意，还能将我们的需要第一时间传递给负责商品运输的快递员。

6.2.2　优化发货流程

很多商户在发货的问题上吃过大亏，原因是发货不够及时，从而轻则遭到消费者的投诉，重则被消费者拉入黑名单，永久不再光顾该店铺。

发货问题看似是个小问题，其实从侧面反映着一个店铺的管理效率。没有好的管理，如果在订单量较少的情况下，尚可以按序发货，一旦在促销期，或订单量大增的情况下，发货慢的问题就显现出来了，不仅发货慢，而且也因反复更换单据耗费了大量的时间和操作成本，给配货发货人员带来了极大的操作难度，严重影响后续其他环节的工作。

1. 流程化管理

针对这一问题，我们提出通过流程化管理，设置自动打印机、订单筛选功能等来进行优化和改善。根据客户类型、订单的类型发货，毕竟有的客户购买的是单品，订单是单品订单，有的客户是团购，则属于团购订单。根据订单的类型选用不同发货方式和快递方式。这样可大大避免重复操作，只需按照设置好的模板发货。

再比如，也有的平台针对不同订单，制订了不同的订单模板。在发货前，发货员可以对订单进行个性化筛选，如设置"加星订单""到店自提订单""退货订单"等条件，然后按照条件筛选，之后对订单进行批量打印，批量发货。

奥派平台上小鱼店铺订单管理界面如图6-23所示。

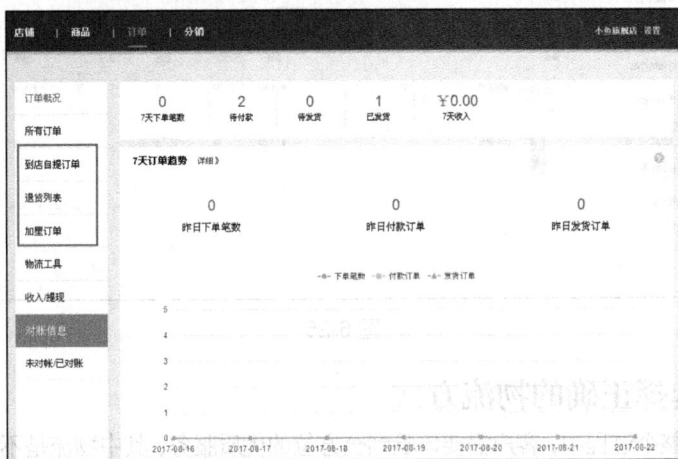

图 6-23

制订不同的订单模板，也可使发货人员减少发货操作失误，从而保证了整个发货流程的通畅，使整个发货环节的效率得到了大大的提升，返单核对和平台发货也同时受益。

2. 自动化管理

现在很多平台为了便于商户即时掌握订单情况，可以安装订单打印设备，无线订单打印机、照片订单打印机等。奥派无线订单打印机安装界面如图6-24所示。

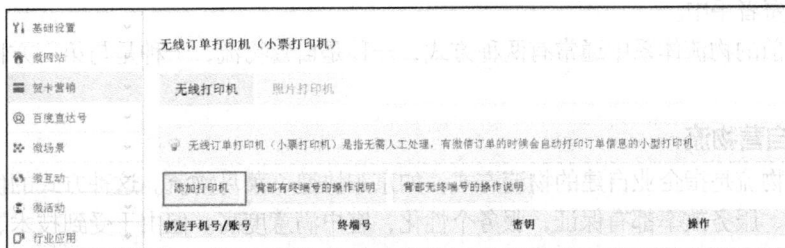

图 6-24

3.分销管理

导致发货慢还有一个主要的原因，即客户量过大，订单过多。当店铺运营到一定阶段，积累大量的客户时，所有历史积累信息都无法很好地利用，更无法以完整的数据信息为营销提供支持。这样一来，一旦店铺活动或者商品上新时，订单量势必暴增，如果发货不及时一部分订单就会流失，这时，不如发挥分销商的作用，以供货商的身份将一部分订单分发出去。

奥派平台上小鱼店铺有效利用分销商资源，其订单分发界面如图 6-25 所示。

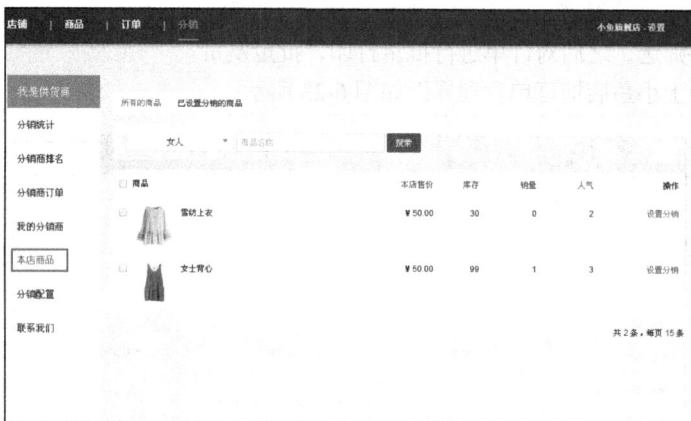

图 6-25

6.2.3 选择正确的物流方式

在购物的整个过程中，客户需要体验到全方位的优质服务，其中物流是不容忽视的环节之一。物流是伴随着电子商务而逐步发展起来的一个新兴行业。以往，在传统的商品买卖过程中，仅限于"卖家—买家"这样一种单一的交易。而在虚拟的电子商务交易中，消费者在电子商务平台上购买商品后却无法直接拿到，而是需要通过一个中间环节——物流公司。物流公司先在卖家处取得商品，而后通过层层运送，最终将商品送到消费者手中。

在"卖家—物流公司—买家"整个过程中，物流公司充当着"中间人"的角色，专门负责商品的传递和运送。可见，物流公司在买卖双方交易过程中的地位和作用是不可忽视的，商户作为商品的输送方，需要构建畅通的物流渠道，让商品以最快的速度，安全抵达消费者手中。

在目前的物流体系中通常有两种方式，一种是自营物流，一种是与第三方物流公司合作。

1.自营物流

自营物流是指企业自建的物流方式，如京东快递、菜鸟物流。这种方式的优势在于服务质量、服务效率都有保证，服务个性化，客户满意度高。但由于受到技术、资金、行业壁垒等多方面的限制，构建自营物流是一项巨大的工程，并不适合每个企业。再加上我国物流体系自身发展的不完善，社会化程度、组织化程度、信息化程度都比较低，没有形成覆盖面广泛的集成化、社会化、标准化的物流网络服务体系。因此，中小商户搞自营物流几乎没有可能。

2. 第三方物流公司

对于大多数商户来讲，最佳的选择是与第三方物流公司合作。随着电子商务的蓬勃发展，物流行业也正在以前所未有的速度发展着，除了中国邮政、"四通一达"等知名的快递公司外，近几年大大小小的快递公司也如雨后春笋般地崛起，大小规模的快递公司都激烈地竞争着。

那么，卖家如何选择合适的第三方物流公司呢？这就需要在合作前对其进行详细的考察，考察主要包括以下 4 个方面。

（1）速度

对于物流最先考察的是它的速度、时效性，一方面这是快递业务最本质的要求，另一方面也是客户最在意的一点。对于购买者来讲，谁都希望以最快的速度拿到购买的商品。因此，对于商户来讲，尽量选择运输速度较快的物流公司，这对于提升客户的物流体验有很大帮助。

物流公司的时效性主要表现在两个方面，一是取件时间，二是物流公司的配送速度。

（2）安全系数

在物流过程中，最让买、卖双方感到为难的便是快递的安全性。目前来讲，安全系数不高是整个快递行业普遍存在的问题，商品丢失、损坏的现象非常多，一旦出现这些问题，客户利益得不到保障，损失最大的首先就是商户。

（3）信誉和口碑

我国的物流市场发展很快，但发展水平却非常低，随着各种物流公司的出现，整个市场鱼目混珠，快递人员素质参差不齐。各快递公司给大众留下的印象截然不同，大众对每家公司的评价很大程度上反映着该公司的信誉和口碑。因此，商户在选择时可用社会上的一些调查数据、结果将作为参考依据。

国家邮政局公布了 2016 年快递满意度排行榜，从这部分榜单来看，排名前十的快递企业总体满意度排名和得分依次为：顺丰速运（84.6 分）、邮政 EMS（80.0 分）、中通快递（76.9 分）、圆通快递（74.8 分）、申通快递（74.7 分）、韵达快递（74.3 分）、百世快递（72.3 分）、宅急送快运（71.4 分）、天天快递（70.8 分）和国通快递（65.8 分）。

排名越靠前，用户满意度越高，说明该公司的各个工作环节更为完善，即使出现差错往往也会设立一些投诉监督系统，将用户损失降到最低。在选择快递公司时最好选择具有良好信誉和口碑，监管制度相对完善，在全国各地网点较多的公司，选择这类快递公司可大大避免后顾之忧。

（4）费用以及客户的特殊需求

物流公司是一项有成本投入的环节，卖家在选择物流公司时还要结合实际情况，本着节约成本、利益最大化的原则选择。在费用上，除了顺丰最高之外，诸如圆通、中通等费用相差不大，像有些较小的物流公司价格可能会更便宜。另外，也要兼顾客户的需求，比如，有些快递无法顺利送到客户所在地，就各家快递全国范围内的布局来看，邮政 EMS 和申通占优势，国际快递则要首选邮政 EMS 国际、UPS/FEDEX（北美国家和地区首选）、DHL（欧洲国家和地区首选）。

▎实训　掌握物流订单的设置

（1）仍以小鱼店铺为例，进入奥派"管理中心"，找到"小鱼店铺"，再进入"功能管理"下的"微信系统→微店管理"界面，打开进入"小鱼旗舰店"，如图 6-26 所示。

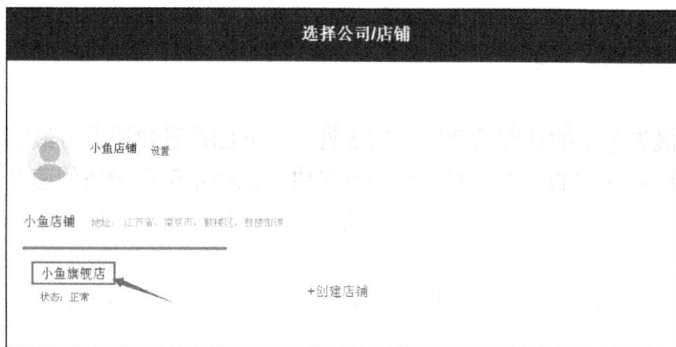

图 6-26

（2）进入旗舰店后在"微店铺概况"界面发现有 4 大功能栏，分别为"店铺""商品""订单""分销"，单击"订单"进入订单页面，如图 6-27 所示。

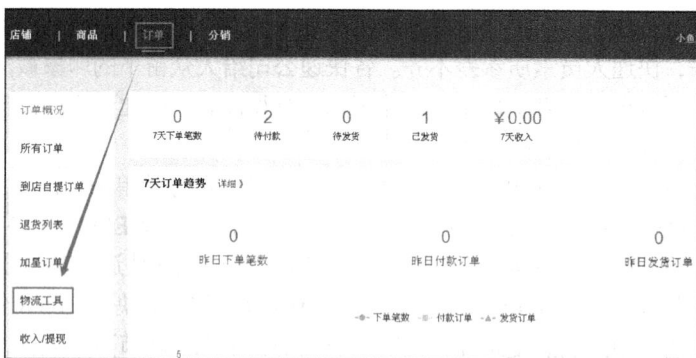

图 6-27

（3）单击"物流工具"链接进入设置页面，在邮费模板处单击"新建运费模板"，然后填写模板名称、配送区域等信息，单击"保存"按钮即可，如图 6-28 所示。

如果需要对特定的区域配置不同的物流公司，可以单击"指定可配置区域和运费"进行个性化设置。如"西藏自治区"，在"选择可配送区域"找到该区域，单击"添加"按钮，选择后单击"确定"按钮即可完成，如图 6-29 所示。

图 6-28

图 6-29

（4）设置完成后，也可对已设置好的物流信息进行修改或删除。详细步骤为返回"运费模板"界面，在已设置的模板右上角找到"修改""删除"选项，单击进入修改页面，或直接删除。如需对"江浙沪包邮"的运费进行修改，操作示意如图 6-30 所示。

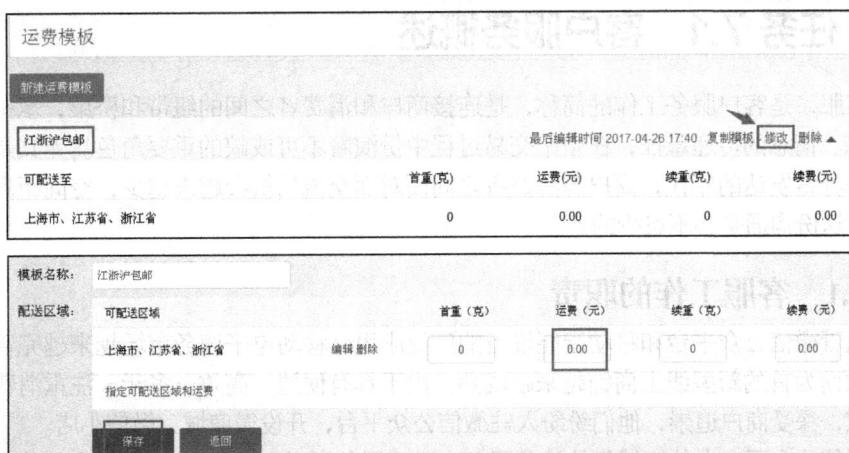

图 6-30

客户服务与管理

消费者购买商品，期望获取的不仅是超值的商品，还包括令人满意的客户体验，而客户体验需要由客服完成。无论是在传统实体店，还是在电子商务平台基础上搭建的虚拟店铺都是同样的。做好客户服务工作是整个营销链条中非常重要的一环。

学习目的

| 了解客户服务工作的概念、分类和流程，客服人员的职责、工作要求；
| 掌握客户关系管理的概念、意义和内容。

学习重点

| 客服工作的流程，在微信公众平台上设置客服功能的步骤；
| 客户的信息及其分组管理；微会员的设置。

任务 7.1　客户服务概述

客服，是客户服务工作的简称，是连接商户和消费者之间的纽带和桥梁，承担着双方信息、情感的传递重任，在整个交易过程中扮演着不可或缺的重要角色。尤其是在电子商务异常发达的年代，商户与消费者之间面对面交流的机会越来越少，空间距离越来越远，这份沟通是必不可少的。

▌7.1.1　客服工作的职责

随着微信公众平台和移动智能设备的广泛应用，移动电子商务市场越来越完善，以微信微商为首的新型线上商铺越来越成熟。由于具有便捷、高效、多元、注重消费体验等特点，深受商户追崇，他们纷纷入驻微信公众平台，开设微商城、微信小店。

微信公众平台上的店铺靠的就是服务，以"服务赢天下"。因此，商户在经营店铺时必须关注客户服务团队建设，提高服务的质量和效率。

与实体店的导购服务人员一样，微信公众平台上的线上客服依然担当着迎接客人、销售商品、解决消费者疑惑等责任，目的都是满足消费者需求，提供一系列的服务。但具体到实际工作中，两者又有很大的不同。尤其是工作环境、工作方式、服务内容上都有一定的差异。传统实体店的导购人员与消费者大都是面对面的交流，双方互动的及时性很强；而线上客服与消费者双方存在着一定的时空距离，沟通主要靠虚拟的平台，信息传输、互动以文字、图片、音频为主。因而线上客服与实体店客服的工作职责和侧重点也会有所不同。

线上客服对消费者的影响是非常大的，主要表现在心理和购买体验上，消费者无论是否有购买意愿，好的客服服务在很大程度上都可以加强他们的购买欲望。客服虽然不能直接决定消费者买或者不买，但在很大程度上能产生一定的影响，增强客户体验，留住老客户、吸引新客户。

其实，客服工作与消费者的购买行为是一个互为促进的关系，当两者能够融洽地相处时就容易形成一个良性循环，促使消费者尽快采取购买行动。

图 7-1 所示为消费者因对客服服务感到满意而形成的一个良性循环示意图。

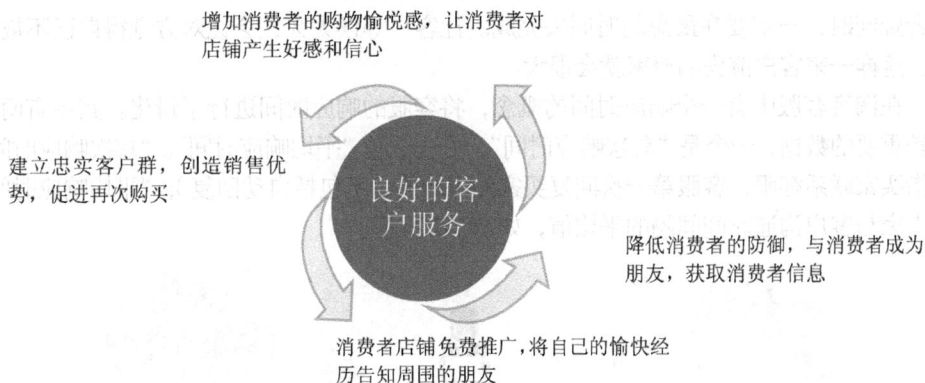

图 7-1

反之，客服工作一旦做得不好，消费者对服务不满意，则进而会影响到购买行为。这种负面影响也是极大的。据统计，当消费者对客服的服务感到不满时，超过 90%的人不会采取购买行动，并且其中有 70%的人会向周围的人抱怨这种不愉快的体验。这时，网络传播速度之快、波及面之广也再次得到淋漓尽致地体现，负面口碑足以杀死一个企业。

因此，很多时候决定一个店铺命运的，往往就是客服工作。客服工作质量的高低决定着消费者的满意度。因此，当把店铺搬进微信公众平台后，商户首先要重视起客服工作，客服工作不仅可以促成购买，还可以增加服务的附加值，提升消费者的购物体验。总之，客服的竞争永远比价格竞争更能打动消费者，为店铺带来更多订单。

▌7.1.2　客服人员的基本要求

随着网购人数的增多，网店客服的工作量往往会很大，订单多、售后量大。这对客服是一个巨大的挑战，这时如果没有一个流程化、系统化的标准，就很容易出现不必要的错误，降低客服的质量。尤其是那些销量比较好的店铺，客服的服务丝毫马虎不得，稍有差池就有可能造成客户的流失，甚至引发一系列负面的连锁反应。

所以，在微信公众平台上开设店铺对客服人员的要求是非常高的，细致的分工、标准化的操作流程是最基本的保证。如最常见的因回复不及时而引发客户不满的问题，很多时候就是因为分工不明确、流程繁杂造成的；客户坚持要求退货，除了产品存在质量上的客观问题外，客服人员的服务态度，或者一些其他主观因素恐怕也是重要诱因。

网店的特殊性对客服提出了更多新要求，要想为消费者提供更好的服务体验，客服人员应首先符合最基本的要求，这些要求表现在以下 3 个方面。

1. 及时性

客服的服务非常讲究时效性，客服人员的打字速度、反应能力十分关键。在回答消费者疑问时，一定要在最短的时间去完成。让客户等候太久，会让对方觉得自己不被重视，这样一来客户流失的概率就会很大。

在淘宝客服中有一个响应时间的概念，将客服的响应时间进行了量化。其中有两个比较重要的数据，一个是"首次响应时间"，另一个是"平均响应时间"。"首次响应时间"是指买家联系客服，客服第一次回复买家的平均值（不包括自动回复）；"平均响应时间"是卖家与客户沟通时间间隔的平均值，如图 7-2 所示。

首次
响应时间20秒

客服响应时间

平均
响应时间90秒

图 7-2

虽然微信公众平台上没有明确的数值来衡量客服的效率，但从理论上讲该衡量方法也非常适合微信公众平台。通常来讲，首次响应时间应在 20 秒以内，平均响应时间是 90 秒之内，一个客服如果能做到这样的高效率，势必会大大提升客户的满意度。

2. 热情友好

当我们进入一家商店，售货员露出不悦的脸色，一副爱理不理的神态，甚至完全忽视我们的到来时，我们自然不会再来第二次。这个道理自然也能应用到微信公众平台上的虚拟店铺，当客户满心期待地询问客服关于商品的信息，客服一个"嗯……哦……是"，是丝毫没有诚意的。所以对客户热情、友好，表达尊重之意，是作为客服人员首先应该做到的，也是服务人员最基本的素质。

以热情的态度欢迎客户的到来，以热情的话语回答客户的疑惑。在虚拟平台上，沟通交流存在着天生的缺陷，双方在沟通的过程中因为不能面对面交流，不能运用恰当的肢体语言拉近与客户之间的关系，如果再无法利用文字传递自己的热情友好，那所谓的客服工作就丝毫没有意义了。

3. 诚实守信

电子商务的发展促进了网络购物的普及，人们越来越热衷于手指轻轻一点的快捷消费方式。网络购物虽然方便快捷，但最大的缺陷就是买卖双方信息的模糊性，卖方看不见消费者，消费者摸不着产品，难免对彼此产生怀疑。而客服作为沟通的桥梁需要诚实守信，来消除消费者的疑虑。

每个消费者在与客服咨询之前，都希望客服是诚实守信的，能给自己切实有效的"干货"信息。当打开购物网站时，无数漂亮的模特、耀眼的产品让他们迫不及待地想要拍单购买，然而，有些客服人员为让消费者尽快购买，不惜说大话、假话、空话，重点推荐抢购活动等，很多消费者正是在客服人员的"鼓励"下才急于购买。然而，当产品送到手后才发现与购物网站上的图片相差甚远，于是差评、投诉也随之而来，店铺的信誉反而降低。

真假难辨的电子商务世界，客服人员的诚信，很大程度上反映着店铺和品牌的诚信。因此客服人员的一举一动、一言一行都要严格按企业标准、行业标准和产品标准去做，将最真实的产品呈现给客户，承诺的一定要兑现。

服务是无形的，却可以给消费者带来某种利益或满足感。因此，客服的服务作为产品重要的附加价值，同其他有形产品一样，必须有标准和要求，以保证对消费者需求的满足程度。

▌7.1.3 客服工作的分类和流程

根据业务需求，客服工作可分为售前客服、售中客服和售后客服 3 大类。根据店铺规模、业务量多少决定客服人员的数量。规模大些的网店一般设 3~6 名客服人员的专业团队；规模小一点的不需要细致的划分，1~2 名即可保证正常运作。

下面分别对售前、售中、售后 3 类客服工作的划分标准和具体的工作流程进行说明。售前、售中、售后 3 类客服工作的划分标准如图 7-3 所示。

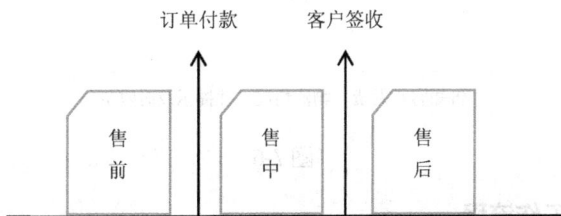

订单付款　　　客户签收

售前　售中　售后

图 7-3

1. 售前服务工作流程

售前客服主要从事引导性的服务，如客户（包括潜在客户）对于产品技术方面的咨询，从客户进店咨询到拍下订单付款的整个工作环节都属于售前客服的工作范畴。售前客服的工作流程如图 7-4 所示。

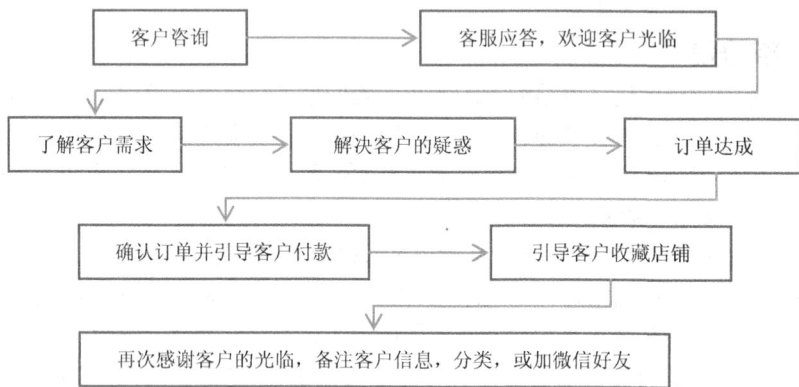

图 7-4

2. 售中服务工作流程

售中客服的工作主要集中在客户付款到订单签收的整个时间段，主要负责物流订单工作的处理，工作流程主要概括为以下 4 个方面，如图 7-5 所示。

售中客服除了对订单进行正常的跟踪之外，在订单处理的过程中还会遇到一些特殊情况，如客户临时需要更改物流或取消订单等情况发生时，售中客服可以根据订单的发货情况进行订单处理。如果订单已经发送且无法追回，则需要致歉客户，商议拒签或重新发货；如果订单能够被追回，则按照客户的意愿重新进行处理。

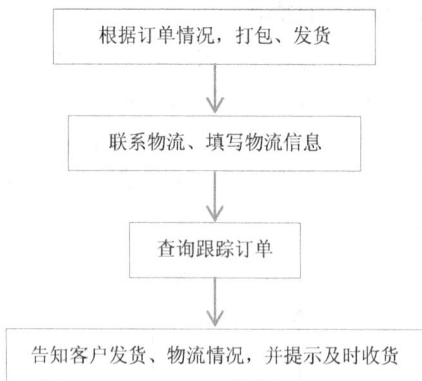

图 7-5

3. 售后服务工作流程

售后客服的工作主要是指客户签收商品后，对商品在使用方面或产品维护方面存在一定的疑惑，客服通过与客户的及时沟通，帮助客户解决收到商品后的种种问题。而售后问题主要集中在退换货和中差评两个方面。售后客服解决这两类售后问题的工作流程，分别如图 7-6 和图 7-7 所示。

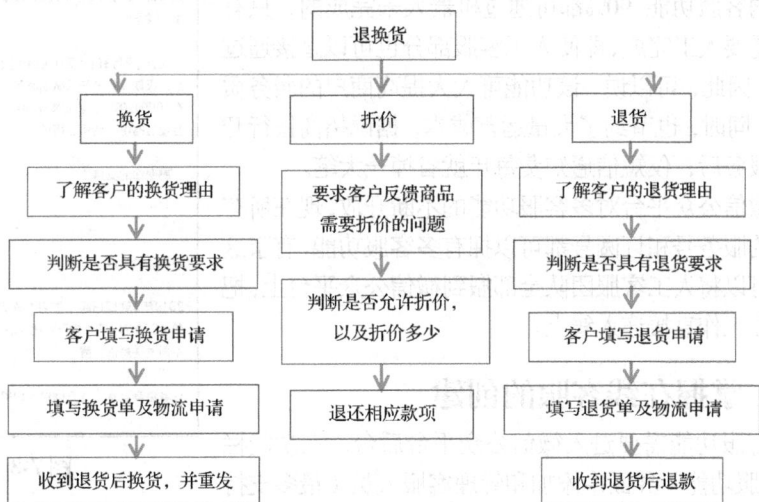

图 7-6

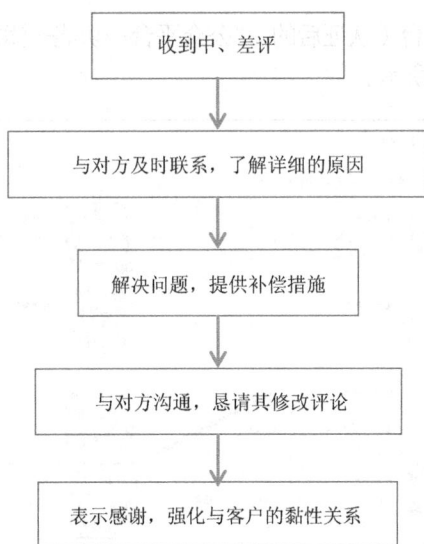

图 7-7

7.1.4 微信公众平台上的客服功能

客服功能是微信公众平台上的一项特色功能，利用此功能商户可通过微信为用户提供全方位的服务。微信公众平台开放初期，这项功能仅对极少部分企业级的公众号开放，如"招商银行信用卡中心",当公众号用户需要人工服务时,招行微信公众号将自动对接一位人工客服通过微信进行服务。招商银行信用卡中心发出的通知如图7-8所示。

微信的客服功能 90%都可通过机器人来完成的,只有很少部分需要人工完成,即使人工客服部分也可以直接通过微信对接。因此,可以说,该功能可大大提高商户的服务质量和效率。同时,也节约了大量运营成本,据说招商银行开通多功能服务后,仅短信通知费每年就省掉一大笔。

随着微信公众平台对多客服功能的不断开放,现在所有微信认证的服务号和订阅号都可以拥有多客服功能。有了这个权限就可以将人工客服团队全部搬到微信公众平台上,把线下的客服工作直接连入线上。

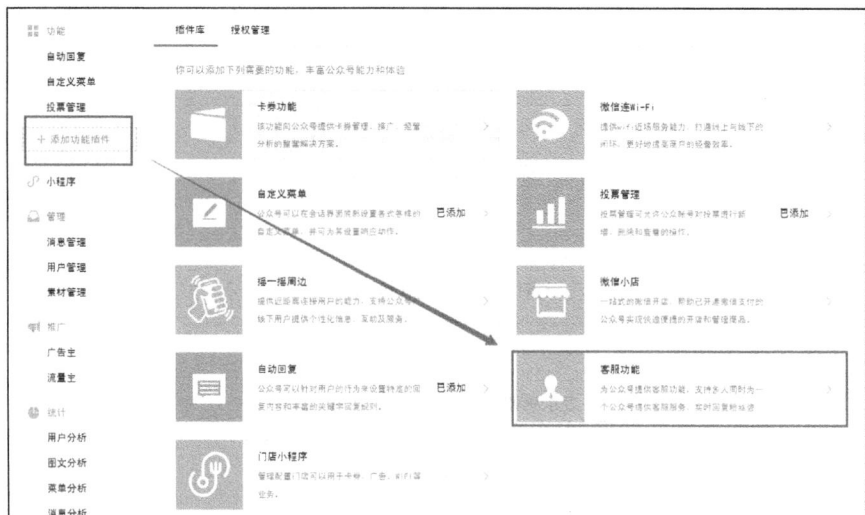

图7-8

▌实训　掌握在线客服的创建

开通客服功能需要进入微信公众平台后台,在功能栏"功能→客服功能"界面中添加和管理客服人员(最多支持绑定客服人数 100 人)。

具体步骤如下。

(1)进入微信公众后台(认证后的)"公众平台→功能→添加功能插件" 选择 "客服功能"插件,如图7-9所示。

图7-9

(2)进入后,单击"开通"按钮即可,并可对其进行设置,如果先前已开通则可直接对其进行设置,如图7-10所示。

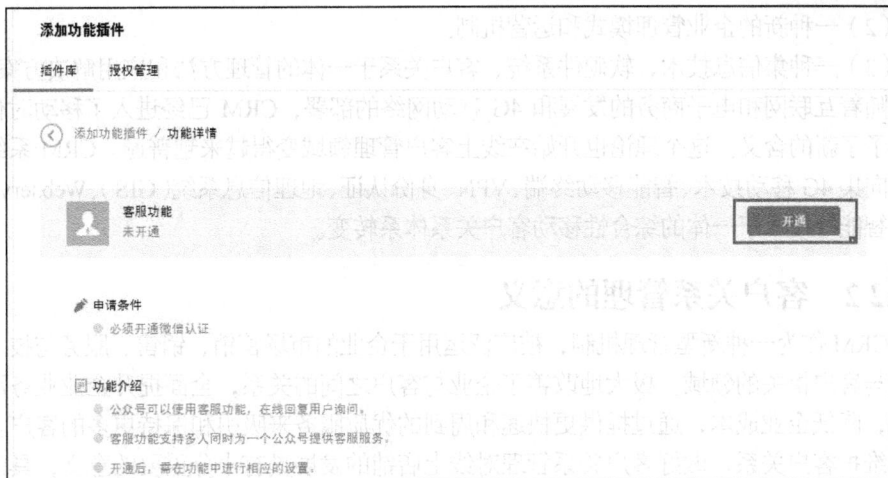

图 7-10

（3）设置客服头像和昵称，设置关联微信号，并发送绑定操作的邀请信息。客服人员在手机微信客户端中接受后，即可完成客服账号绑定。

任务 7.2　客户关系维护与管理

客户关系的维护是客服对已经建立的客户关系进行维护，使客户不断重复购买产品或享受服务的过程。在竞争日益激烈的电子商务大环境下，客户成为了线上店铺发展所必备的重要资源，因此，维护好与客户的关系成为客服工作的重要内容。

7.2.1　客户关系管理概述

CRM 是英文 Customer Relationship Management 的缩写，通常译作客户关系管理。要想持续增加店铺的销量，留住老客户，吸引新客户，就需要对客户进行管理。这时 CRM 就开始发挥作用了。

从字义上看，CRM 就是客户关系管理，是指企业用 CRM 来管理与客户之间的关系，是选择和管理有价值客户及其关系的一种商业策略。CRM 要求用以客户为中心的商业哲学和企业文化来支持有效的市场营销、销售与服务流程。如果企业拥有正确的领导、策略和企业文化，CRM 将为企业实现有效的客户关系管理。

CRM 的核心是以客户为中心，实现客户的价值管理。即通过满足客户个性化的需要，提高客户忠诚度，与客户建立起长期、稳定、相互信任的密切关系，降低销售成本、增加收入，并以此为手段来提高企业的利润以及客户满意度，以达到拓展市场、全面提升企业盈利能力和竞争能力的目的。

综上所述，客户关系管理（CRM）应包含 3 层含义。

（1）一种新的企业管理指导思想和理念。

（2）一种新的企业管理模式和运营机制。

（3）一种集信息技术、软硬件系统、客户关系于一体的管理方法和应用解决方案。

随着互联网和电子商务的发展和 4G 移动网络的部署，CRM 已经进入了移动时代，被赋予了新的含义。这个理论也开始在线上客户管理领域变得越来越普遍。CRM 系统也逐步向集 4G 移动技术、智能移动终端、VPN、身份认证、地理信息系统（GIS）、Webservice、商业智能等技术于一体的综合性移动客户关系体系转变。

7.2.2　客户关系管理的意义

CRM 作为一种新型管理机制，被广泛运用于企业的市场营销、销售、服务与技术支持等与客户相关的领域。极大地改善了企业与客户之间的关系，全面提升企业业务流程质量，降低企业成本，通过提供更快速和周到的优质服务来吸引和保持更多的客户。因而，维护客户关系，做好客户关系管理对线上店铺的发展具有十分重要的意义，具体体现在以下 3 个方面。

1. 有效节约成本

在微信公众平台上经营店铺虽然比传统的实体店、网店成本要低，但若是想被更多的人熟知，仍需要大量的推广费用。就像通过打广告的方式让大众熟悉自己的品牌一样，微商城、微信小店也有自己的宣传、推广方式，除了硬广告，还有二维码、App、直通车等多种途径。但这些推广方式的成本也非常高，而且随着产品生产制作、人员雇佣等成本的不断增加，店铺的开支费用无形中就更多了。

良好的客户关系管理可以大大降低经营成本，充分利用已掌握的客户资源，进行口碑推广。尤其是老客户，他们的口碑和行为（二次消费）就是最好的宣传，再加上他们对店铺较为了解，不需要花太多的精力就可以带来新客户。这也是我们常说的关系营销（以客户关系维护为核心），客户关系营销与客户自身的黏性有关，受外部因素的影响较小，因此相对稳定，不会随时间推移发生太大的变化。

良好的客户关系带动了关系营销，而关系营销则是最稳固的营销方式。图 7-11 所示为关系营销与交易营销（以产品为核心的营销）之间的差异。

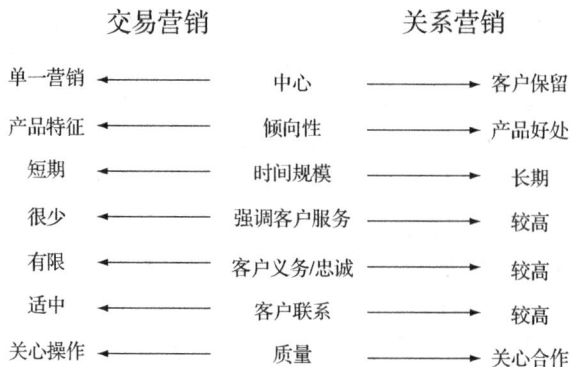

交易营销　　　　　　　关系营销

交易营销	中心	关系营销
单一营销 ←	中心	→ 客户保留
产品特征 ←	倾向性	→ 产品好处
短期 ←	时间规模	→ 长期
很少 ←	强调客户服务	→ 较高
有限 ←	客户义务/忠诚	→ 较高
适中 ←	客户联系	→ 较高
关心操作 ←	质量	→ 关心合作

图 7-11

通过图 7-11 的对比不难发现，客户关系营销的优势在于长期，时间越长效果越佳。初期，投入的成本不太大，各方面开支也不高，客户关系在营销中的作用也许体现得不充分。但发展到一定时期，随着规模的增大，或其他开支成本的提升，客服关系的价值就逐渐显现出来了。它会给店铺带来很多现成的资源，尤其是客户投入上成本会明显减少，商品的销量收入却节节高升。

2. 增强竞争的优势

比质量、拼速度、低价格，这些是线上店铺生存的常用手段。然而，最终真正能长久、持续创造收益的只有客户，客户才是一个店铺最大的资源。因此，客户资源的优劣、多少就成了竞争的决定性因素，如果拥有忠诚的客户，就相当于有了最大的竞争优势。

3. 获取更多客户和客户份额

良好的客户关系管理一方面可以获得更多的客户，另一方面还可获得更多的客户份额。前者强调客户数量，后者强调客户质量和忠诚度，某种意义上讲，后者比前者量更重要。客户份额营销的本质是忠诚营销、持续营销与深度营销。

客户份额是指自己的产品或者服务在客户所有的该类消费中所占的比例。如 A 客户 20 件衣服其中有 15 件全是在一家店中购买的，那么这家店就获取了这位客户 75%的份额。客户份额越高，说明客户对该店的依赖感、忠诚度越高。

因此，客户关系的维护必须成为客服工作的主要内容，目的就是能给店铺带来源源不断的客户资源。这在很大程度上节省了因宣传需要增加的成本投入。注重客户关系的维护能够有效地降低店铺的成本。

7.2.3 客户关系管理的内容

维护客户关系是一门学问，越来越多的人开始着手客户关系维护的研究，使这门学问变得更加专业化、系统化。客户关系管理又叫 CRM 管理，是一个不断加强与客户交流，不断了解客户需求，并不断对产品及服务进行改进和提高，以满足顾客的需求的连续的过程。要实现 CRM 管理，需要以客户为中心，以客户需求为导向，时刻将客户利益放在首位。

那么 CRM 管理具体如何做呢？一般来讲需要从以下 4 个方面入手，分别为客户信息管理、客户分组管理、客户互动管理、客户忠诚度管理。

1. 客户信息管理

对于客服的销售而言，客户的资料是最为宝贵的财富，客服一旦掌握了客户的信息就找到了服务客户的门道，客户资料越多，客服质量越高，渠道也越多。所以，在 CRM 管理体系中，对客户资料的掌握是相当重要的。

按照客户资料的完整性可分为 4 个等级，分别为基本信息、深度信息、购买信息、核心信息等，如图 7-12 所示。

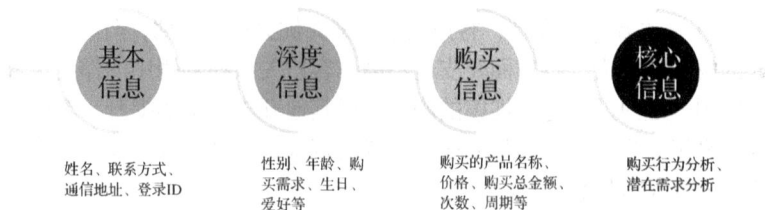

图 7-12

以上 4 类信息是客服在实际工作中应该掌握的，这对提高客户对产品、店铺的忠诚度起着重要作用。那么，客服该如何获取这些信息呢？至少需要做到两点，一是做个有心人，注意平时的观察和搜集，二是要讲究一些沟通技巧和方法，与客户搞好私人关系。

对于客户的基本信息和购买信息的获得，主要靠平时的观察和搜集，可通过平台注册信息、客户订单，售后反馈单等，在这些单据中客户的姓名、通信地址、通信方式等基本信息都会出现，购买金额、购买单价、购买周期等也必不可少。

客户的深度信息和核心信息则需要更多、更深入的沟通获得。深度信息在商品购买前、后的聊天中也可间接获得，有的客户由于与客服很聊得来，或愿意与店铺保持长期的联系，就会建立起私人关系，说出自己的深度信息，留下更多联系方式，如 QQ 号、微信号、微博号等信息。核心信息是需要长期的统计、搜集和分析来获得的，如客户需求的信息便是通过对购买行为的综合分析得出的。

2. 客户分组管理

管理学上有一个著名的定律——二八定律，即在任何事物中，最重要的、起决定性作用的因素只占其中一小部分，约 20%，其余 80%的尽管是多数，却是次要的、非决定性的。微商城、微店的经营同样如此，80%利润来源于 20%的消费者。因此，对于客服来讲，精心维护每一位客户，让每位客户 100%满意也是行不通的。而是要学会抓住最有价值的20%，进行有针对性、有侧重性的服务。

因此，应为客户分组，区分客户的等级，微信公众平台后台用户管理分组设置界面如图 7-13 所示。

图 7-13

在后台可对全部用户进行分类管理，分类标准根据自己的设置，单击"新建标签"按钮添加分类组（具体方法可参考实训部分）。

通常来讲，对客户进行分组是根据客户价值进行的，客户价值分为可量化客户价值和不可量化客户价值。可量化的价值标准自然是着眼于客户在店铺的消费情况，消费得越多、消费得越频繁，这类客户的所创造的利润价值越高，自然级别也越高；不可量化的客户价值可以理解为由于自身的购买能力有限，为店铺创造实实在在的销量可能有限，但却拥有丰厚的宣传、推广资源，可利用手中的渠道进行宣传和分享，吸引更多的客户前来购买，这类客户由于有特定的标签，因此可划分一个特定的组。

下面重点介绍可量化客户价值的等级划分，通常可分为 6 个等级，如表 7-1 所示。

表 7-1　可量化客户价值的 6 个等级划分

客户	客户特征	服务方式
重度客户	长期合作的客户，既能保证购买量，又是产品粉丝；忠诚消费者，与店铺保持着良好的、长期的关系	深度维护与这类客户的关系，培养情感，侧重于情感的维系
大客户	购买次数不多，但购买量和消费金额足够大的客户	深度了解这部分客户的需求，以利诱之，尽可能地让其获得更大的利益
老客户	有多次购买经历的，并保持长期良好沟通的客户	巩固这类客户对店铺的信任感，并及时将店铺动态让他们知晓，以便使其形成固有的消费习惯
新客户	近期有至少一次购买的经历，或有重复消费需求倾向的客户	重点介绍产品和自身的优势，并给予一定的优惠，促成他们的重复购买
潜在客户	访问或咨询过商铺，但尚未产生实际交易的客户	激发这部分客户的购买兴趣，让他们产生购买欲望，采取购买行为，成为新客户
沉睡客户	仅有过一次购买经历，但后期没有再光顾过店铺的客户	通过优惠券的发送、上新的提醒等，制造机会，唤起客户对你的店铺的记忆，争取再次赢得购买

依据表 7-1 将客户分为 7 种类型后，根据不同级别的客户做不同程度的客户维护，使得客户维护工作更具有针对性，效果也更加明显。

3. 客户互动管理

对客户的维护很重要的内容就是与其保持畅通的交流，客服要尽可能地为客户创造条件，使得买卖双方、客户与客户之间有足够的互动。在这种互动中，客户关系得到了强化，店铺、产品信息也无形中得到了推广和传播。既达到了维护客户的目的，又实现了产品的推广，一举两得。

客服常用的互动平台有微信、QQ、微博等新媒体，这些平台已经成为客服与客户交流的主要平台。

其中，最有效的方式是创建群，QQ群、微信群或者其他社交圈等，将新、老客户加入到群里集中互动，可满足一对一、一对多、多对多的多元交流需求。群具有天然的渠道属性，因为它集结了一群有温度的个人，群里的意见领袖再进一步代言，群的渠道价值就会瞬间爆表。群有着强互动关系，它是一个去中心化的组织，可充分利用个人的碎片化时间，如图 7-14 所示。在群里，除了群主有管理的权利之外，其他所有的人的角色都是平等的。

去中心化

互动零障碍，容易形
成更丰富的、更符合
个人兴趣的话题

碎片化

随时随地进行
互动和交流

富媒体化

信息生产和发
现有了更多的
玩法

图 7-14

客服可以通过群宣传自己的上新、店铺优惠等信息，让客户及时获取，而客户也可以在这里与其他的客户讨论分享商品的使用情况。客服主动创建互动平台有利于培养客户与商户的信任关系。当商户与客户、客户与客户之间形成了一种互相信任的关系之后，客服会发现自己的销售更加轻松，成绩也会十分突出。

同样的效果还可以通过其他社交平台实现，总之，作为客服人员一定要将客户资源集中起来，建成一个集群，主动与他们进行交流。同时也鼓励各位客户互相分享自己的产品使用心得。

4．客户忠诚度管理

在现实生活中，我们经常看到这样一种奇怪的现象，经营着同样商品的两家店铺，一家门前总是车水马龙，人来人往，而另一家却十分冷清，客户寥寥无几。在微信店铺中也存在这样的情景，很大一部分消费者在网店的选择上具有集中性、重复性，即习惯在一家或少数几家店铺消费，没有特殊需求很少光顾其他同类店铺。

表面上这是消费者的消费习惯使然，其实这是消费者出于对品牌、对产品的信任和满意。我们将消费者习惯在同一店铺重复消费的行为叫作客户的忠诚度，因此，商户在着力经营客户关系的过程中要致力打造客户的忠诚度。

在培养客户忠诚度上需要从两个方面入手，一是重视用户体验，提升用户满意度；二是善打情感牌，给予客户一定的情感关怀。

（1）用户体验，即提高客户满意度

客户关系管理中有一个著名的三角定律，即客户满意度=客户体验-客户期望值，客户期望值与客户满意度是成反比的。在虚拟的微信公众平台交易，客户对产品价值的感知，不仅仅来源于产品的实物展示，更重要的是来自于产品的精神价值。因而，这种反差往往会更大，因此，线上客服为客户提供服务，需要明确决定客户满意度的因素有哪些，是如何影响客户心理的。

决定客户满意度的因素主要有以下 4 点，如图 7-15 所示。

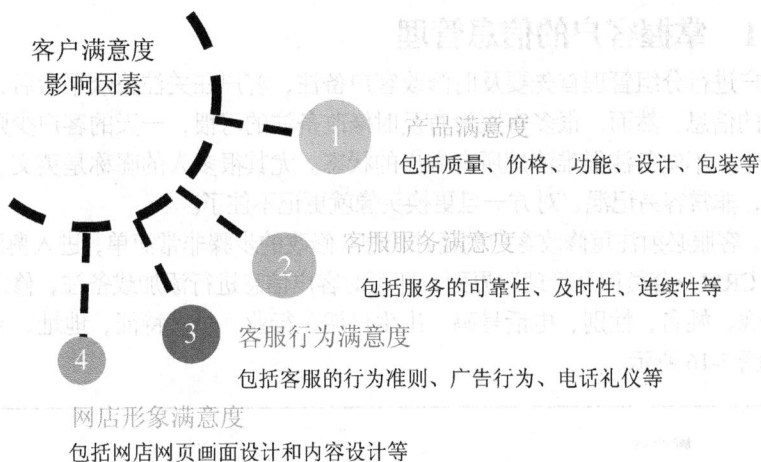

客户满意度
影响因素

1 产品满意度
包括质量、价格、功能、设计、包装等

2 客服服务满意度
包括服务的可靠性、及时性、连续性等

3 客服行为满意度
包括客服的行为准则、广告行为、电话礼仪等

4 网店形象满意度
包括网店网页画面设计和内容设计等

图 7-15

（2）善打情感牌，给予客户一定的情感关怀

通过调查和分析，我们了解到客户对一个网店的依赖性和忠诚度往往与客服所提供的额外服务和超预期的回报密切相关。客户购买一款产品，除了对产品价值有较高的预期外，最让他们看重的便是客服能否提供更多的服务，如是否主动奖励购买推荐，发出专属优惠，这会让客户感受到那份独一无二的情感关怀。

这也决定了网店服务需要体现差异性和个性化，为客户提供超出常规需求之外的服务，让服务质量超出客户的正常预期，让客户感觉到备受关怀。

让客户感受到关怀的途径很多，如价格战，但其中最实用的、持续性最好的一种方法就是打情感牌。如在客户收到商品的 15 天之内主动咨询使用效果，询问是否有不满意之处，主动进行回访并认真记录。

一家烘焙店客服，在客户购买商品的过程中会去揣摩客户购买这些材料具体做什么点心，如客户购买了蛋挞皮、黄油、蛋挞器具，他猜测这位客户可能要买回家做蛋挞，于是在与客户交谈之后，主动送上一些免费的烘焙制作技巧，供客户学习，这样的关怀总让他的回头客源源不断。

花同样的价格不仅买到了心仪的商品，还买到了最佳的服务是客户愿意继续在店铺购物的主要原因，在必要的时候为客户创造一份惊喜是让客户保持忠诚度的绝佳方法。所谓有付出才有回报，在客户维护中，这个道理同样适用。客服可以不定期为客户送上一些产品试用，在客户生日之时送上一份小礼物，这种小成本的花费可让客户感到购买商品之外的欢喜，对于客户的维护有相当重大的意义。

另外，为提高客户满意度，客服也要注意细节，如服务态度、回复的速度、对产品的熟悉度等都是影响客户满意度的因素。这在一定程度上考验着客服的综合能力。客服在工作过程中要竭尽全力表现自己的专业性，无论是在服务的态度上还是速度上，每一个细小环节都是客服应该把握的关键点。

▌实训 1　掌握客户的信息管理

对客户进行分组管理首先要及时修改客户备注，客户在关注公众平台后，显示的是客户最初的信息。然而，很多客服没有及时修改备注的习惯，一天的客户少则几十，多则成百上千，不做备注很难清楚所有客户的状态。尤其很多人的昵称是英文、符号，或者相似的，非常容易记混，对方一旦更换头像就更记不住了。

因此，客服必须注重修改客户的备注信息。修改的步骤非常简单，进入奥派中的"微粉丝管理 CRM→会员信息管理"界面，即可对客户信息进行添加或备注，修改包括微信昵称、头像、姓名、性别、电话号码、出生日期、行业、个人特征、地址、来源渠道等信息，如图 7-16 所示。

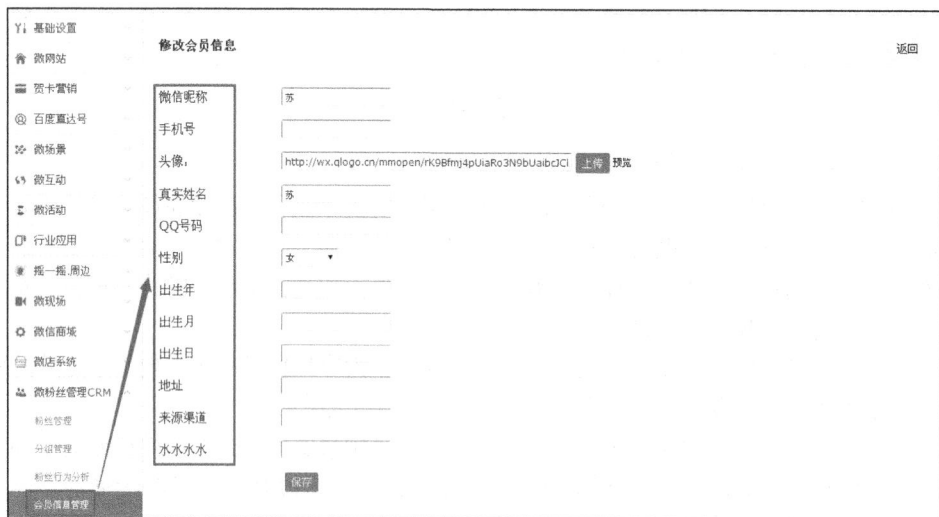

图 7-16

用好会员信息管理才能做好客户关系管理，维护好客户人脉。反之，你的微信客户里即使埋有一座宝藏，也会因为没有及时备注找不到宝藏的路径。

▌实训 2　掌握客户的分组管理

在客户信息管理的基础上对其进行细分和分组，是对客户资源进行进一步挖掘的重要举措。精心的分组可实现更精准、高效的沟通，那么该如何分组呢？从微信公众平台用户管理功能上看，可以总结出以下 3 种可在微信公众平台官方平台上进行的操作。

1. 重点星标法

如果有一些客户是重要用户，或需要高频率联系，那么可以将其标为星标朋友。这是系统自带的一种分类法，经过星标的用户任何时候都会出现在所有分组的前面。星标法有点类似于置顶功能，这样只要点开客户通信录就可以以最快的速度找到，如图 7-17 所示。

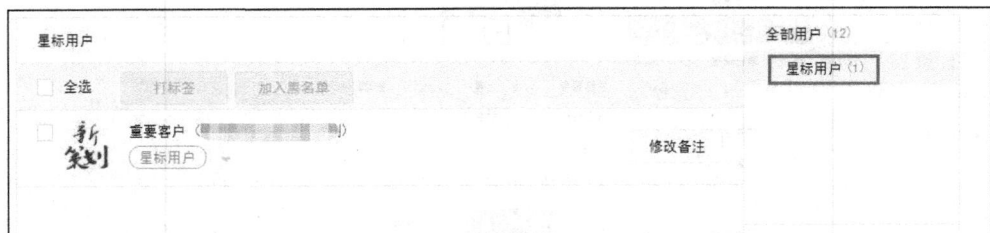

图 7-17

2. 标签分组法

标签分组法即通过设置标签，将好友放在同一个标签下，点开不同的标签即可看到不同的分类，一个人添加多个标签有助于在某些需求下快速筛选出需要的人，也有助于在发朋友圈时定向精准发布。

具体操作方法为进入微信公众平台后台，打开"用户管理"，单击"新建标签"按钮即可创建标签，如"大客户""潜在客户""新客户""忠诚客户"等，标签的数量可根据客户分的组数自行设定，如图 7-18 所示。

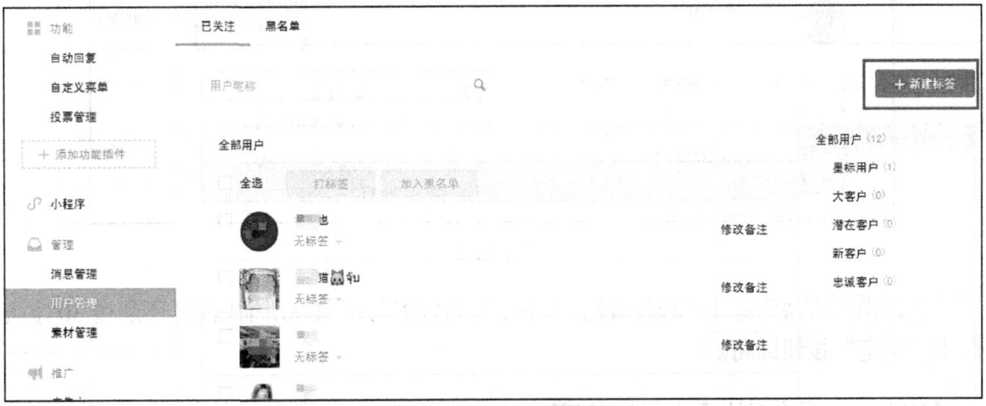

图 7-18

接下来就是将相应的用户划分至分组中，具体操作方法为单击用户头像右下角的"无标签"下拉菜单，会看到全部的分组，然后在对应的组别前打对勾，单击"确定"按钮，该用户即可显示在相应的分组中，如图 7-19 所示。

3. 备注法

是指在同一组别客户的昵称面前备注更多的信息，使其信息更详细，更便于区分。

需要注意的是，这种方法最好在标签分组法的基础上进行，如大客户分组中有10名成员，为了详细区分这10名成员，需要对其进行二次排序，这时可采用下面这种方法。

图7-19

如地域、公司、职位等重要信息，都可备注在昵称中，以便查询时可以一目了然，还可以起到同一群体好友分组的作用，所以每个人可以为自己设计一套独有的命名体系来分类，如图7-20所示。

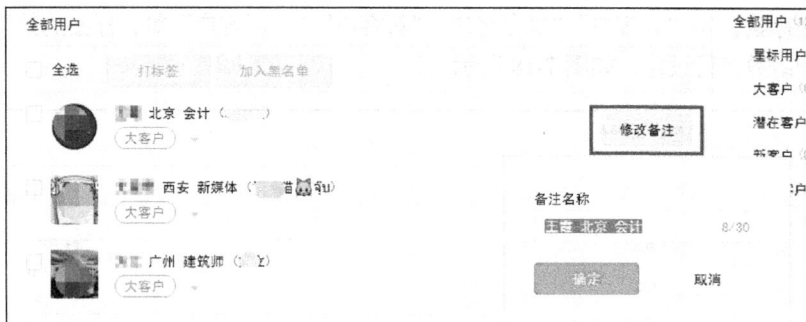

图7-20

具体操作方法为单击"修改备注"按钮，在备注名称中填写所需信息（不超过30字），单击"确定"按钮即可。

实训3 掌握微会员的设置

客服重点服务的对象永远是那些具有高价值的优质客户，发展会员客户有利于优质客户的培养。因此，发展会员客户就成了客户管理的主要内容，在这里由于我们讲的是基于微信平台的会员，因此也称为微会员。

将客户发展为微会员，通过差异化服务与精准服务，让其享受普通消费者无法享有的优惠和特权，提高他们的忠诚度，给店铺带来持续的利益。因此，微会员是为回馈和维护忠诚客户而设的，图7-21所示为某百货公司企业在微信公众平台上开通的微会员。

图 7-21

1. 微会员设置步骤

进入奥派后台会员设置功能即可对已有的客户进行会员设置。具体操作方法为进入"管理中心"的"会员卡"功能，单击"添加会员卡"，然后根据要求填写消息，如会员卡的名称、会员卡号、最低积分要求、会员卡的图标、会员卡的背景、是否短信验证、开启积分兑换红包等。

此外，还可根据实际需求对会员卡进行设置，可以添加多种级别的会员卡，且可设置每个会员卡的最低积分要求，让会员根据不同的积分领取不同的卡，如图 7-22 所示。

图 7-22

2. 微会员项目的设置

由于各个客户的贡献度不同，因此微会员也要有不同的划分标准。根据购买的价格、数量以及购买频率可设置不同级别的会员卡，如普通卡、银卡、金卡等。

具体设置项目如图 7-23 所示。

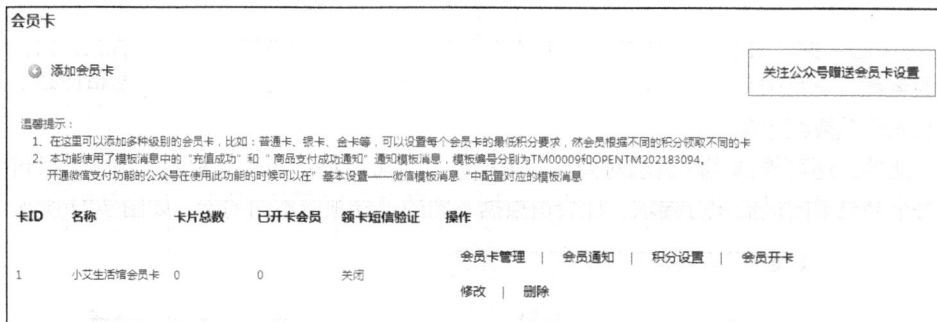

图 7-23

（1）关注公众号即赠送会员卡。单击"关注公众号赠送会员卡设置"，选择要赠送的会员卡，单击"确认"按钮完成，如图 7-24 所示。

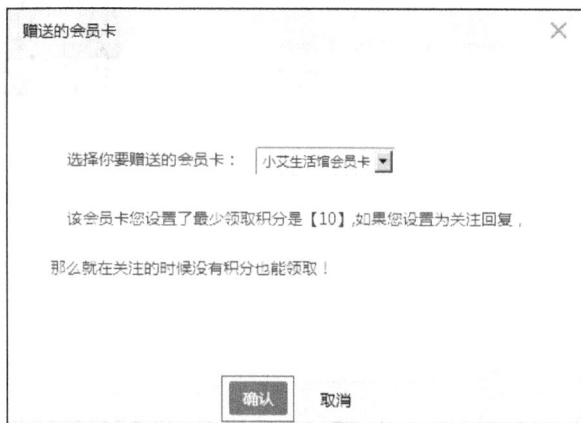

图 7-24

（2）在"会员卡管理"界面，可进行"会员管理""特权管理""店员管理"与"开卡赠送"设置，如图 7-25 所示。

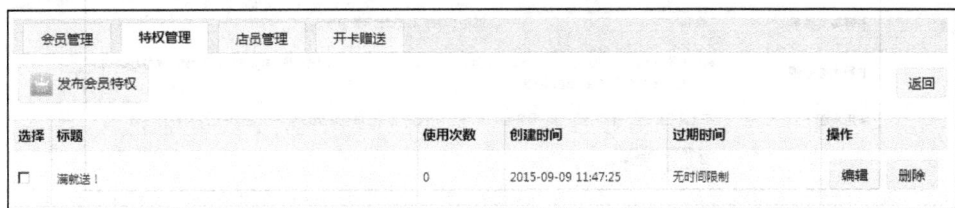

会员管理	特权管理	店员管理	开卡赠送					
发布会员特权								返回
选择	标题			使用次数	创建时间	过期时间	操作	
□	满就送！			0	2015-09-09 11:47:25	无时间限制	编辑	删除

图 7-25

（3）在"会员卡通知"界面，可以添加通知内容，发送给持有该会员卡的会员，如图 7-26 所示。

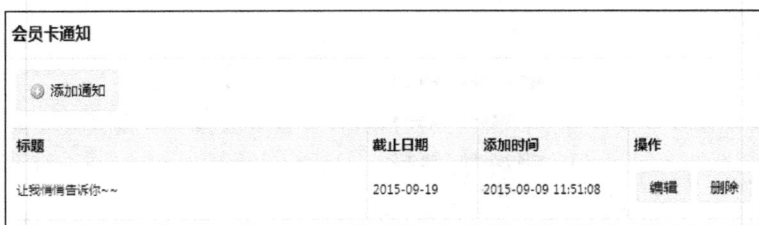

会员卡通知				
添加通知				
标题	截止日期	添加时间	操作	
让我悄悄告诉你~~	2015-09-19	2015-09-09 11:51:08	编辑	删除

图 7-26

（4）设置会员卡积分策略及规则，如图 7-27 所示。

图 7-27

（5）在"创建会员卡"界面，创建会员卡号，如图 7-28 所示。

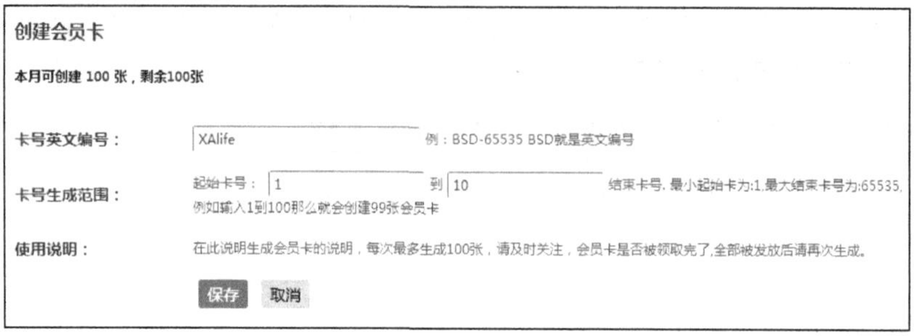

图 7-28

（6）还可创建卡券，如图 7-29 所示。

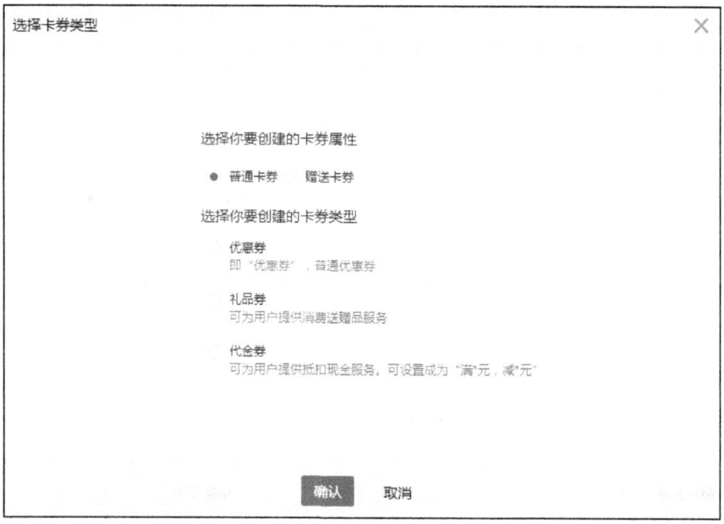

图 7-29

数据化运营

大数据时代下，数据与精准营销早已紧密联系在了一起，作为运营人员，要把点对面营销发展成点对点的精准模式，最终离不开数据统计。对于微信公众号的运营来说，数据同样重要，从公众号系统后台的多次更新迭代，以及很多第三方数据统计、分析工具的出现就可以看出其不可或缺性。

学习目的

| 了解移动电子商务营销效果监控的关键点；
| 掌握常见的商务数据分析工具。

学习重点

| 掌握必备的数据分析工具；
| 掌握微商城、微店运营数据的类型。

任务 8.1 数据化运营概述

随着微信微商的增多，微信商铺之间的竞争也越来越激烈，要想在激烈的竞争中脱颖而出，数据化运营是不得不掌握的一门必修课。通过各种数据的搜集、分析，可以优化商品的管理、定价和推广，还可以精准地定位市场需求、客户群体。

8.1.1 认识数据的重要性

提起数据，很多商户会觉得很难，有的商户甚至认为数据与店铺经营没有太大的关系。其实这种观点是错误的，在互联网、移动互联网蓬勃发展的今天，数据搜集越来越容易，途径越来越多，数据分析能力也越来越强，数据的"触角"已经延伸到人们生活中的方方面面，对数据的运用随处可见，如上网购物、信息查询、银行办卡、交通出行等，人们的一举一动都在产生着或运用着数据。

出行时利用汽车导航可以选择最有利的出行道路，了解哪条路线最近，哪条路正在拥堵等；运动时利用穿戴装备可记录多项运动数据，以随时检测身体健康情况。这都是数据的作用。在电子商务业务中，数据更是因能精准把握用户需求，实现精准营销而备受青睐。

在传统的电子商务中，很多平台仅仅被当作商品交易的媒介来使用，而大数据兴起后，则开始逐步超越平台的属性，进入搜集数据、分析数据、精准地定位消费群体的深层运用阶段。

案例：淘宝指数在淘宝店铺中的作用

淘宝指数是淘宝官方 2011 年年底推出的免费数据分享平台，通过它，淘宝商户可以查看购物数据，了解产品销售趋势。对于商户来说，淘宝指数扮演着"市场参谋"的角色，它可以展示哪类商品在市场中销量最好，最受哪个消费群体的欢迎，以及这一群体的群体特征，如年龄、性别、购买区域等。商户可以根据这些数据适当调整自己的营销策略、产品定位，制订出更加科学、有针对性的营销策略，进而扩大自己的销量，获取更大的利润。

如新疆的大枣依靠淘宝卖到北京，淘宝商户可以根据平台搜集的以往消费者的数据，如购买人群的年龄、性别、职业、口味等。通过已掌握的数据进行分析，得出网购的主要群体是年轻人，集中在 18～49 岁，且以女性白领居多，如图 8-1 和图 8-2 所示。这样就可以针对这些特点开发出更符合年轻人口味的产品，满足他们的独特需求。

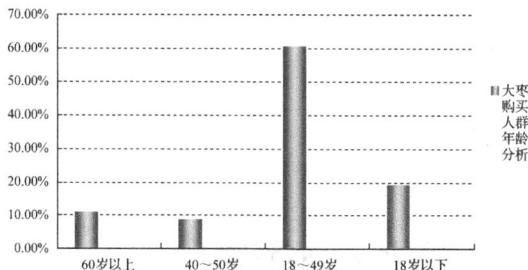

图 8-1

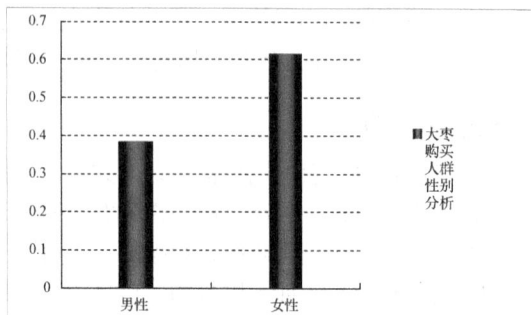

图 8-2

这个案例显示出大数据正在成为人们生活中不可或缺的一部分。很多事实表明，我们生活在一个被大数据包围的时代，无论生活、工作、学习还是企业经营都在跨入一个新时代：数据时代。微信公众平台作为微商城、微店铺的运营方，其实最大的作用就是通过数据的搜集与分析，向商户提供经营和营销的决策依据。因此，对于我们来讲，想要更好地运营店铺就必须充分挖掘、利用一切大数据资源。培养数据思维，提高数据管理和分析能力，在产品推广和营销上善于利用客观数据去把控和分析。

可以预见，在未来，数据资源会成为一个企业的战略性资源，谁能取得大量的数据，并善于运用到实际中，谁将会在竞争中取得优势。微商城、微店铺的经营因其得天独厚的数据积累和数据运用能力也着会获得新机遇。

8.1.2 搜集与分析数据

数据的搜集相对简单，最关键的是如何利用。客观地讲，数据本身的价值非常有限，只有在对其进行筛选和分析的基础上，价值才会进一步显现出来。原始数据诚然重要，但若不对其进行筛选和分析，充其量也就是一堆数据而已。

1. 数据搜集

数据搜集通常有两种途径。第一种是交易数据。交易数据是通过交易收集来的数据，如用户网上购物产生的数据，其中很大一部分来自第三方工具，如微信舆情、百度指数等。第二种是互动数据。互动数据是买卖双方在互动过程中产生的数据，如聊天记录、文字，视频和照片，如图 8-3 所示。

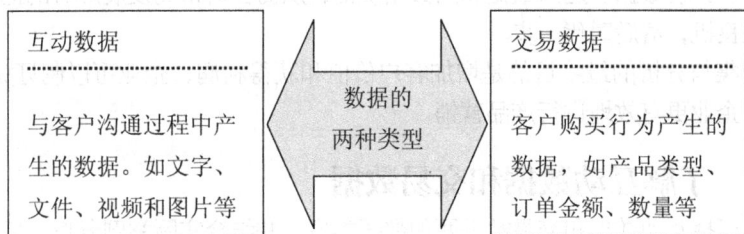

互动数据
····························
与客户沟通过程中产生的数据。如文字、文件、视频和图片等

数据的两种类型

交易数据
····························
客户购买行为产生的数据，如产品类型、订单金额、数量等

图 8-3

2. 数据分析

数据分析是对搜集来的数据进行过滤和去粗取精的过程，目的在于剔除无用的数据，保留有价值的信息。只有经过筛选和分析后的数据才有可能对决策有所作用，帮助发现用户的需求点，持续创造价值。

如很多商户非常重视的用户数据，用户数据可以作为用户细分的判断依据。用户细分是指根据用户的属性、行为、需求、偏好以及价值等因素进行分类，并提供有针对性的产品、服务和销售模式的过程。用户细分一般有定性和定量两种：定性根据用户价值的侧重点不同进行分类，该方法没有严格的论证过程，主要依赖于决策者的判断，在分析过程中会出现偏差，容易造成决策失误；定量以具体的用户变量（用户特征、用户价值、消费行为特点等）为依据，运用定量分析技术较为可观、真实。

基于用户数据的用户细分是定性和定量的结合体，兼具两者的优势。具体是指，以用户的消费数据为基础，以信息技术为支撑（定量），根据用户以往、现在的消费行为（定性）来预测将来行为的一种细分法，如图 8-4 所示。

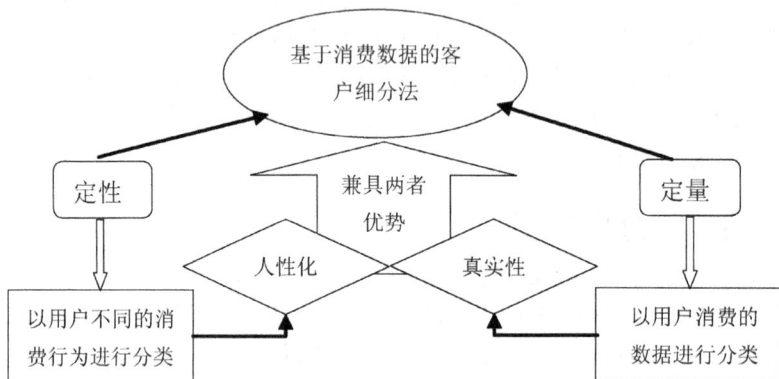

图 8-4

信息化进程改变着世界，也反映着世界的改革程度。信息化时代，谁能抓住信息化的"牛鼻子"，谁掌握了海量的数据、先进的技术，谁就能在当今的移动互联网时代获得巨额红利。同样，谁不肯主动融入将会落后，有些企业仍是"人治"的思维模式，不善于搜集数据、分析数据、运用数据和用数据说话，从而在对市场发展形势的把控、分析、判断上错失良机，落后时代一步。

数据搜集与分析的最终目的是增加客户价值和获得利润，企业可以制订完善的市场策略，帮助企业更有效地进行产品营销。

▍实训 1　了解互动数据和交易数据

总结和概括互动数据和交易数据两种数据类型，并结合实际举例分析，填入表 8-1。

表 8-1　总结和概括互动数据和交易数据

	互动数据	交易数据
概念		
类型		
举例分析		

▍实训 2　掌握定性分析法和定量分析法

总结和概括定性分析法和定量分析法两种分析法，并结合实际举例分析，填入表 8-2。

表 8-2　总结和概括定性分析法和定量分析法

	定性分析法	定量分析法
概念		
类型		
举例分析		

任务 8.2　微信公众平台内部数据的获取

微信公众平台具有强大的数据搜集和分析功能，为微信商户提供了多项市场和用户数据，包括用户分析、消息分析、图文分析等。这些数据均来源于商户在后台的操作行为，和用户在手机端的操作行为，及时、客观地反映了产品的推送、宣传情况，用户的关注和购买情况等。分析这些数据可以提升自身在产品推广和运营方面的能力，精准把控消费者的动态和需求变化。

8.2.1　用户分析——了解用户变化情况

当用户在微信公众平台上产生购买行为后，其实对于商户来说，就相当于掌握了该用户的所有数据信息。包括用户的基本信息、关注的时间率等。分析这些数据有利于将这部分用户进一步转化为忠实客户或者永久客户。为了充分利用这部分数据信息，就需要对其背后的规律进行分析，最后通过规律得出相关结论，以估计客户的价值，并确定有无扩展营销的可能性。

进入微信公众平台后台，单击功能列表中的"用户分析"模块，即可进入用户分析界面。平台为运营者提供了两种用户分析体系，一个是"用户增长"，另一个是"用户属性"。

1．用户增长

用户增长数据包含了有关粉丝的数量指标和增长来源，主要有四个："新关注人数""取消关注人数""净增关注人数""累积关注人数"，如图 8-5 所示。

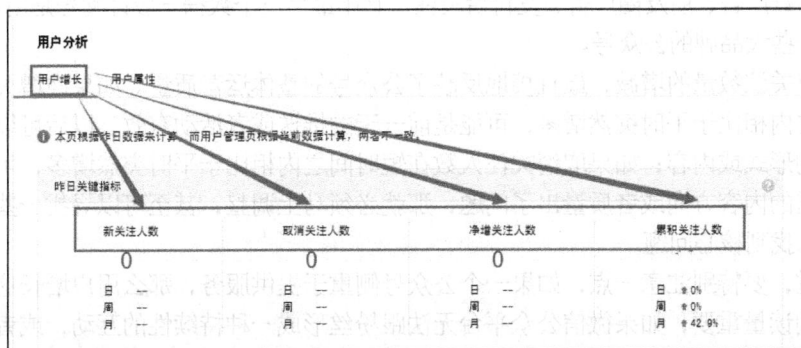

图 8-5

各个指标的概念如表 8-3 所示。

表 8-3 用户增长数据指标的概念

指标	概念
新关注人数	前一天新关注公众号的用户数量,一般情况下来自前一天推送带来的转化
取消关注人数	前一天取消关注的用户数量
净增关注人数	前一天净增长的关注用户数量,也就是新关注人数与取消关注人数之差
累积关注人数	到前一天关注公众号的用户总数

运营者可以通过选择不同的时间段和来源进行进一步的数据分析,可以选择"最近 7 天""最近 15 天""最近 30 天"来查看,也可以手动选择时间段,如图 8-6 所示。

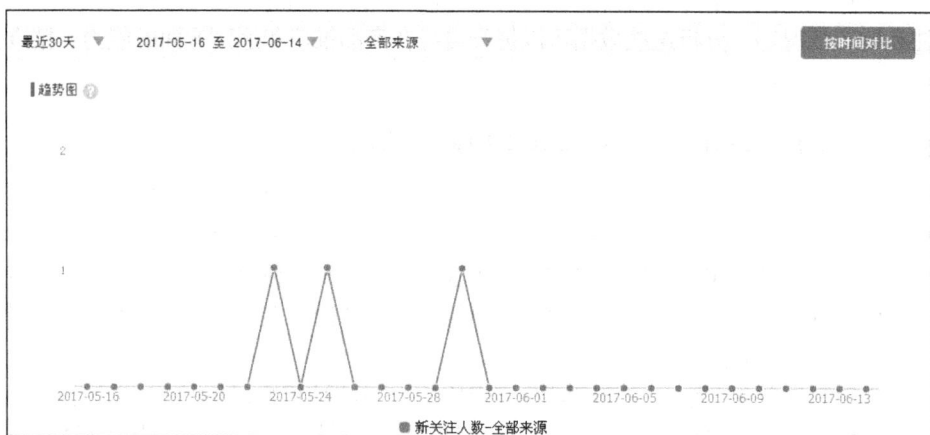

图 8-6

在"全部来源"的下拉菜单里有新增用户不同来源的比例,基本上也涵盖了目前关注一个公众号的所有方式:公众号搜索、扫描二维码、图文页右上角菜单、名片分享、公众号文章广告、朋友圈广告、支付后关注。其中最后三个数据一般订阅号是用不上的,常见于一些大品牌的公众号。

用户关注数量的增减,最直接地反映了公众号的整体运营质量。如果净增关注人数短时间之内相比于平时突然增多,可能是前一天的推送或者活动有效,以后可以多尝试此方向的形式或内容;如果取消关注人数在短时间之内相比于平时突然增多,可能是前一天推送的内容方向或者质量出了问题,那就必须马上调整,甚至可以寻找一些用户进行交流,找到核心问题。

不过,要特别注意一点,如果一个公众号侧重于提供服务,那么用户增长这块的数据远比阅读量重要,如果微信公众平台无法跟粉丝形成一种持续性的互动,或者是无法提供粉丝需要的刚需内容,失去关注只是时间问题,粉丝量再大也没有什么实际意义。

2. 用户属性

很多公众平台上的商户只关注粉丝的增减或商品的浏览量，却忽略了用户属性的相关数据。其实，用户属性数据中隐含着丰富的信息，对店铺的日常运营起着重要作用。

用户属性数据分析的最大意义在于，可以看用户画像与自己品牌、产品、服务所对应的目标人群画像是否相符，是一个公众号运营定位的重要数据参考。有了这个参考，就可以比较精准地把握大多数人的偏好，根据用户的特征进行有针对性的运营。如推送内容的配色应该偏哪种，可以利用"性别"比例数据做选择；要开拓全国市场或者举办线下活动，选哪个地方最容易成功，可以利用"省份"或"城市"数据做判断；做一个地方公众号，质量如何呢，可以利用"城市"数据做评估。微信编辑在排版的时候要预览一下效果，用于预览效果的手机可以参考"机型"来做调整等。

在用户属性这一块，主要有性别分布、语言分布、省份分布、城市分布、终端分布、机型分布 6 个指标，如图 8-7 所示。

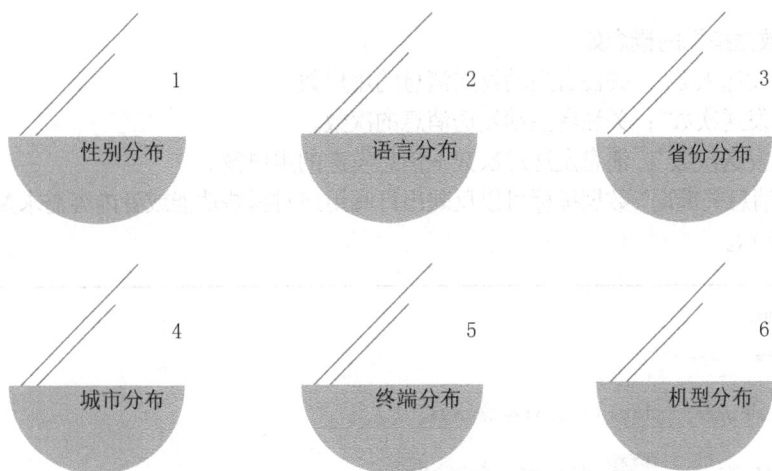

图 8-7

用户属性数据是一个公众号运营定位的重要数据参考，用户分析做得好可为目标人群画像。有了这个参考，就可以比较精准地把握大多数人的偏好，根据用户的特征进行有针对性的运营。从而更有针对性地推广，使发布的内容更符合用户需求。

8.2.2 消息分析——查看产品信息的群发效果

商户除了要时刻关注用户数据外，还要注意自身的数据，尤其是产品发布、推广、促销活动方面的信息，当你在公众号平台上发布后，可以在后台上查看群发效果，这是决定你的产品或促销能否被用户接受的重要前提。

查看信息的群发效果，可登录微信公众平台后台，通过功能列表中的"消息分析"模块实现。进入后单击"消息分析"即可跳出图文分析界面，平台为商户提供了两种消息分析体系，一个是"消息分析"，另一个是"消息关键词"。

（1）"消息分析"可以看到消息发送的人数、次数以及人均发送次数，如图 8-8 所示。

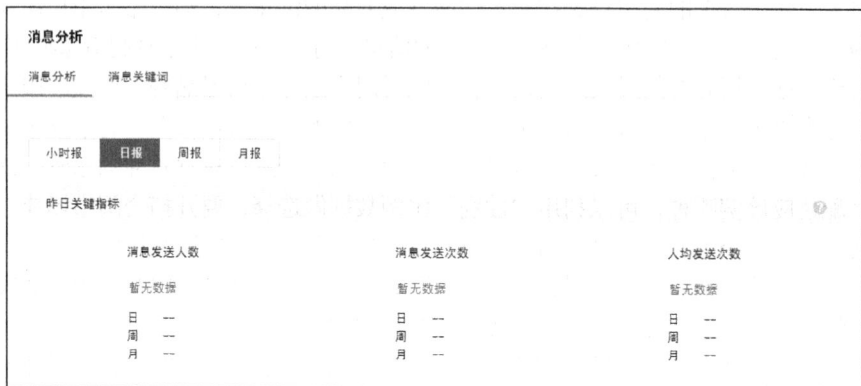

图 8-8

各个数据指标的概念如下。

"消息发送人数"：关注者主动发送消息的用户数。

"消息发送次数"：关注者主动发送消息的次数。

"人均发送次数"：消息发送总次数÷消息发送的用户数。

（2）"消息关键词"数据指标可以反映出订阅用户对哪些功能或者内容需求量比较大，如图 8-9 所示。

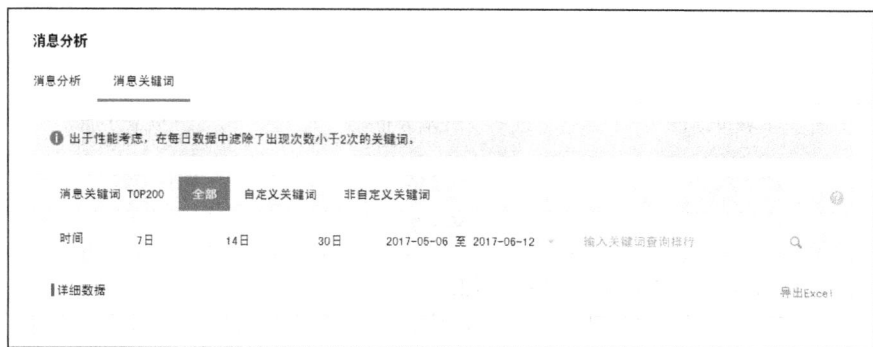

图 8-9

各个数据指标的概念如下。

"自定义关键词"：用户发送信息中，公众号在编辑模式中预先设置的关键词。

"非自定义关键词"：用户发送消息中，非公众号在编辑模式中预先设置的关键词。

8.2.3 图文分析——把控产品信息的被接受程度

单击微信公众平台后台功能列表中的"图文分析"模块，即可跳出图文分析界面，如图 8-10 所示，该模块上面显示的有两部分，分别为"单篇图文"和"全部图文"。

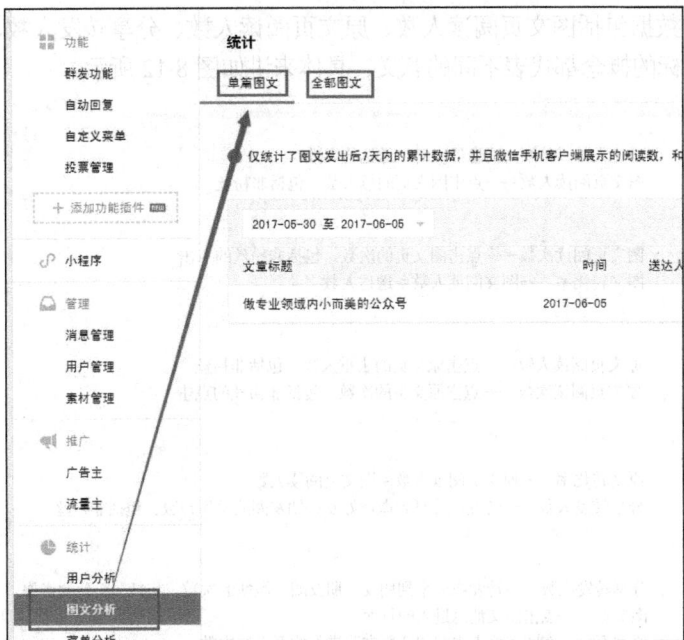

图 8-10

"单篇图文"提供的是某篇文章的数据，如送达人数、阅读人数、分享人数，以及时间等。"全部图文"可以查看某段时间所有发送的图文数据，不过一般来讲只可查看 7 天内的数据统计，如图 8-11 所示。

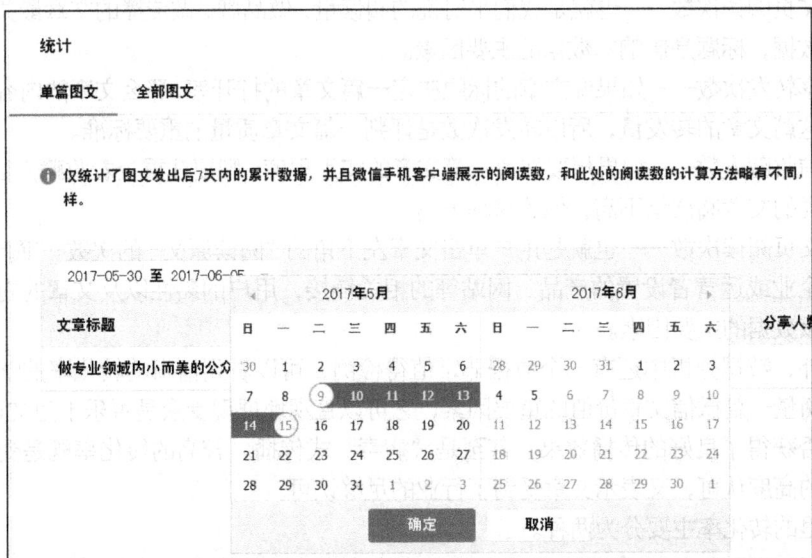

图 8-11

可查阅的数据包括图文页阅读人数、原文页阅读人数、分享转发人数、微信收藏人数等。各个指标的概念都代表不同的意义，具体来讲如图8-12所示。

送达人数——图文消息群发时，送达的人数
图文页阅读人数——点击图文页的总人数，包括非粉丝

图文页阅读次数——点击图文页的次数，包括非粉丝的点击
图文转化率——图文阅读人数÷送达人数

图文分析
各个指标含义

原文页阅读人数——点击原文页的去重人数，包括非粉丝
原文页阅读次数——点击原文页的次数，包括非粉丝的点击

原文转化率——原文页阅读人数÷图文页阅读人数
分享转发人数——转发或分享到微信好友、朋友圈的总用户数，包括非粉丝

分享转发次数——转发或分享到朋友、朋友圈、微博的次数，包括非粉丝的操作
图文页——点击图文消息进入的页面
原文页——在图文页点击"阅读原文"进入的页面的次数

图 8-12

而对于店铺的运营来讲，也不必每种数据都进行分析，侧重分析的图文数据主要有以下4种。

图文页阅读次数——也就是我们平时说的阅读量，做品牌、做传播的文章最关注的就是这个数据，标题是影响本数据的主要因素。

分享转发次数——如果说文章的标题决定一篇文章的打开率，那么文章的内容质量则决定了这篇文章的转发量，所以转发次数是评判一篇文章质量的重要标准。

微信收藏人数——如果想要知道一篇文章的实用程度，则要注重查看收藏人数，如很多教程类的文章阅读量不高，但收藏率很高。

原文页阅读次数——也就是用户单击文章左下角的"阅读原文"的次数。"阅读原文"一般是企业或运营者设置的产品、网站等的相关链接，用户的黏性以及文章的内容质量是影响该数据的主要因素。

另外，数据分析中还有一个数据非常值得检测，可以看到清晰的转化率的情况。转化率是衡量一篇微信文章价值的重要因素，它可以直观地展现受众是否乐于为文章买单，文章是否获得了良好的传播效果，甚至是"病毒"式传播。较高的转化率既是受众对文章内容的高度认可，又表示文章受到了行业的足够认可。

这里的转化率主要分为两种。

1. 图文转化率

图文转化率是整个文章的总阅读转化情况，统计的用户包括已关注的粉丝和非关注

人群。图文转化率=图文阅读人数÷送达人数，如图 8-13 所示。

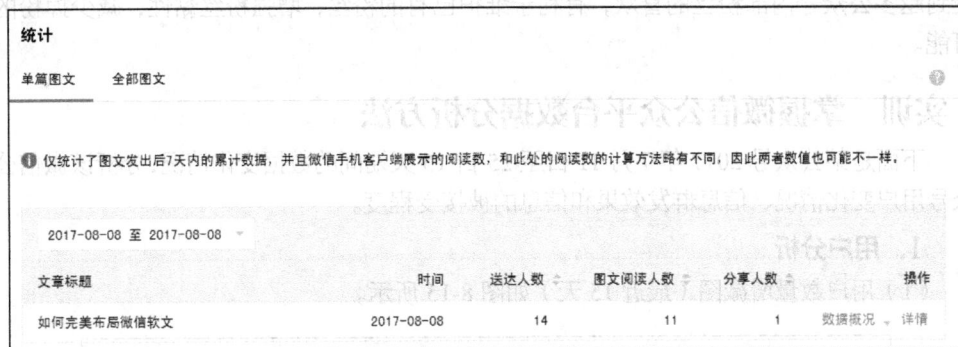

图 8-13

上图显示图文阅读人数为 11 人，送达人数为 14 人，那么，总图文转化率=11÷14=78.57%。转化率越高，说明文章的传播效果越好，78.57%的转化率说明这是一次较为成功的传播，吸引了许多非关注受众的目光。

2．一次传播的转化率

一次传播是文章在公众号首次推送时送达给关注了该公众号的用户，用户通过会话阅读文章或者分享文章到朋友圈的行为，如图 8-14 所示。

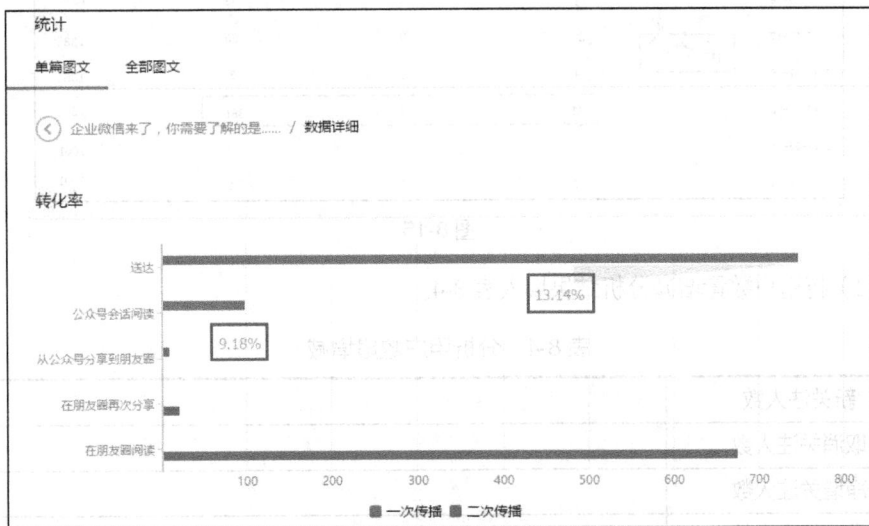

图 8-14

这里的一次传播转化率有两个，其一为公众号会话阅读率=公众号会话阅读人数÷送达人数=13.14%，说明有 13.14%的关注粉丝在会话中点开并阅读了推送文章；其二为从公众号会话分享率=从公众号分享到朋友圈的人数÷公众号会话阅读人数=9.18%，说明有 9.18%的关注粉丝分享了文章到自己的朋友圈。一次传播的转化率越高，表明文章受到越多公众号内部粉丝的喜欢，有利于维护已有的粉丝，增强粉丝黏性，减少掉粉的可能。

实训　掌握微信公众平台数据分析方法

下面是某公众号 2017 年 7 月 11 日至 25 日 15 天期间的数据变化情况，分析该微信公众号用户变化情况、信息群发效果和信息的被接受程度。

1．用户分析

（1）用户数量增减图（最近 15 天）如图 8-15 所示。

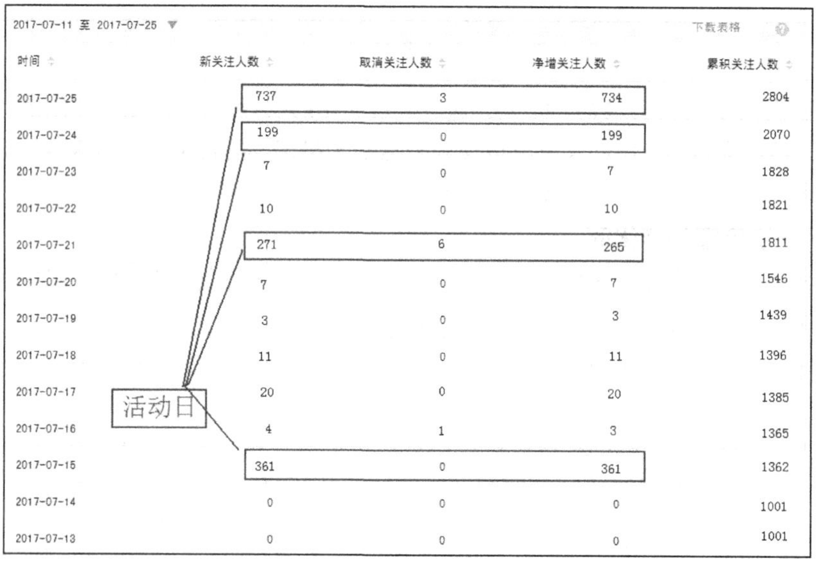

2017-07-11 至 2017-07-25　　下载表格

时间	新关注人数	取消关注人数	净增关注人数	累积关注人数
2017-07-25	737	3	734	2804
2017-07-24	199	0	199	2070
2017-07-23	7	0	7	1828
2017-07-22	10	0	10	1821
2017-07-21	271	6	265	1811
2017-07-20	7	0	7	1546
2017-07-19	3	0	3	1439
2017-07-18	11	0	11	1396
2017-07-17	20	0	20	1385
2017-07-16	4	1	3	1365
2017-07-15	361	0	361	1362
2017-07-14	0	0	0	1001
2017-07-13	0	0	0	1001

图 8-15

（2）将用户数量增减分析结果填入表 8-4。

表 8-4　分析用户数量增减

新关注人数	
取消关注人数	
净增关注人数	
累积关注人数	
活动对用户增减的影响	
总结和评价	该公众号的用户增减分析（从黏性和忠诚度方面分析）:

2．消息分析

（1）消息阅读高峰期如图 8-16 所示。

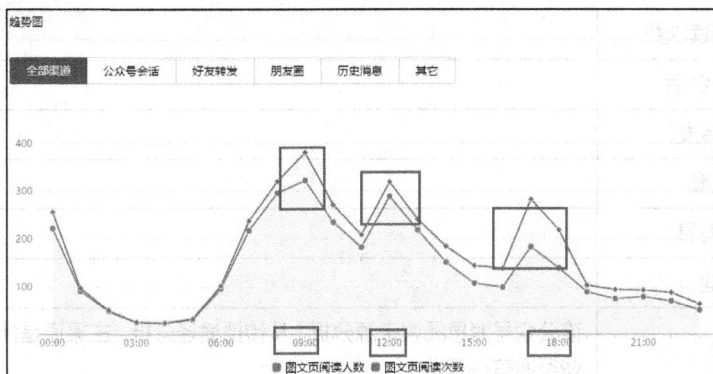

图 8-16

（2）将消息阅读高峰期分析结果填入表 8-5。

表 8-5　分析消息阅读高峰期

阅读高峰期数量	
分别为哪些时间段	
每个时间段有什么特点	
总结和评价	阅读高峰期指数分析（从群发时间的角度分析，什么时间群发最有效）：

3．图文分析

（1）图文阅读来源数据如图 8-17 所示。

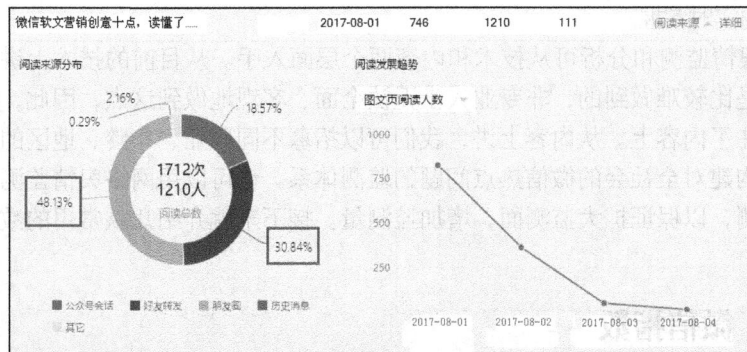

图 8-17

（2）将图文阅读来源分析结果填入表8-6。

表8-6　分析图文阅读来源

图文页阅读次数	
公众号会话	
好友转发	
朋友圈	
历史消息	
其他	
总结和评价	该公众号消息阅读来源分析（从传播途径分析，主渠道是什么，还有哪些渠道有待开发）：

任务 8.3　微信公众平台外部数据的获取

　　数据的搜集和分析，其来源除了微信公众平台内部之外，更多的则来源于第三方接口。如微信指数、百度指数、Alexa、CNZZ 等，这保证了数据的真实性和渠道来源的广泛性，有利于店铺更精准化的运营。本节将介绍几种最常用的第三方数据分析工具。

8.3.1　数据舆情监测和分析

　　做好微信这一新型媒体的舆情监测和分析工作，是充分利用大数据来指导微商城、微店管理和运营工作的一个重要前提。建立科学的基于微信的舆情监测体系，可实现对微信舆情的实时掌握。

　　微信舆情监测和分析可从技术和内容两个层面入手。从目前的技术上讲，微信舆情监测还是比较难做到的，非专业人士无法全面、客观地做到这点，因此，我们工作重心就放在了内容上。从内容上讲，我们可以招募不同职业、年龄、地区的志愿者线下收集，构建对全社会的微信热点问题的监测体系。也可以用网络舆情监测工具，从终端上监测，以保证扩大监测面，增加监测量。接下来就介绍几款常用的数据检测和分析工具。

8.3.2　微信指数

　　微信指数是微信官方提供的基于微信大数据分析的移动端指数，于 2017 年 3 月 23

日正式推出。该功能开放了微信的大数据分析能力，通过对海量数据的技术分析，生成有价值的指数形态。可直观地呈现出某个热词在微信内的整体变化趋势，从而为个人或企业用户决策提供价值参考。

微信指数可直接通过微信搜索来获得，具体方法为在微信客户端"搜一搜"搜索框或微信最上方的搜索功能栏中，输入"微信指数"即可进入指数首页，如图 8-18 所示。在搜索框内输入要查询的关键词即可获得该关键词的指数变化情况。比如搜索"微信营销"一词，可看到该关键词的相关数据，如图 8-18 所示。

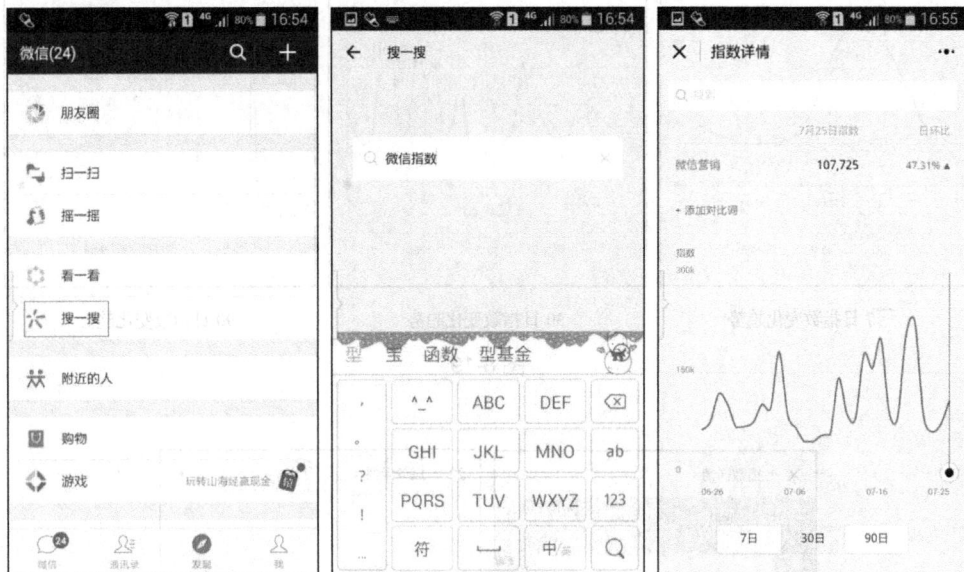

图 8-18

或者直接在微信客户端最上方的搜索窗口，搜索"××微信指数"或"微信指数××"，点击下方搜索即可看到对应的指数数据。

微信指数的诞生，与移动互联网时代对于社交大数据的需求相关。现在，微信已经成为人们生活中必不可少的工具。腾讯最新公布的财报数据显示，截至 2016 年年底，微信月活跃用户数已达到 8.89 亿。以往用户可能会注意到某个事件的"刷屏"，但无法精确了解它在一段时间内的热度变化，也没有任何来自微信的趋势参考，难以形成立体化的、综合的用户偏好跟踪。

这在微信指数中得以解决，如搜索"微信营销"，结果中能看到该词的当天指数为107 725，日环比为 47.31%，下方的曲线可以显示最近 7 日、30 日、90 日的指数变化情况等数据，如图 8-19 所示。

同时也可添加对比词（需输入要对比的词），如输入"小程序"一词，即可出现"微信营销"与"小程序"的对比趋势图，如图 8-20 所示。

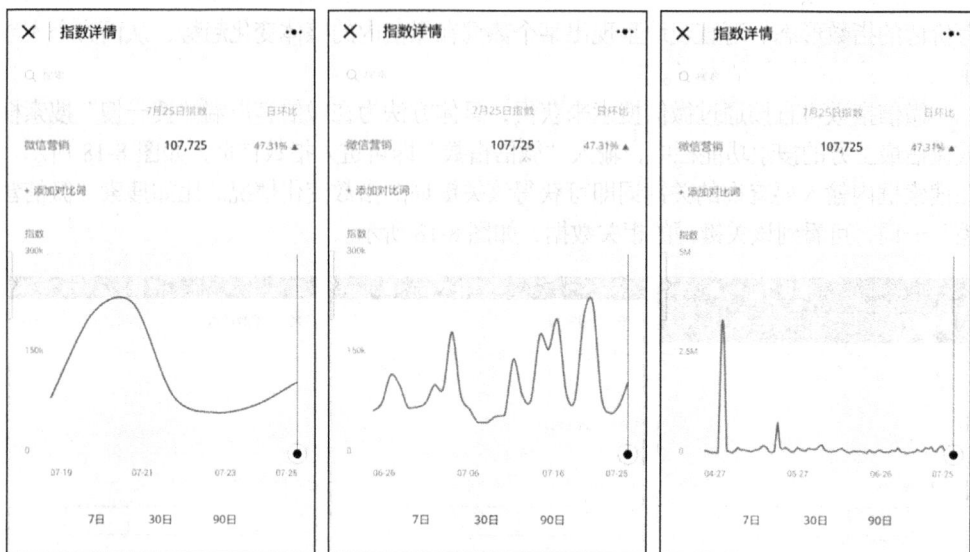

7 日指数变化趋势　　　　　30 日指数变化趋势　　　　　90 日指数变化趋势

图 8-19

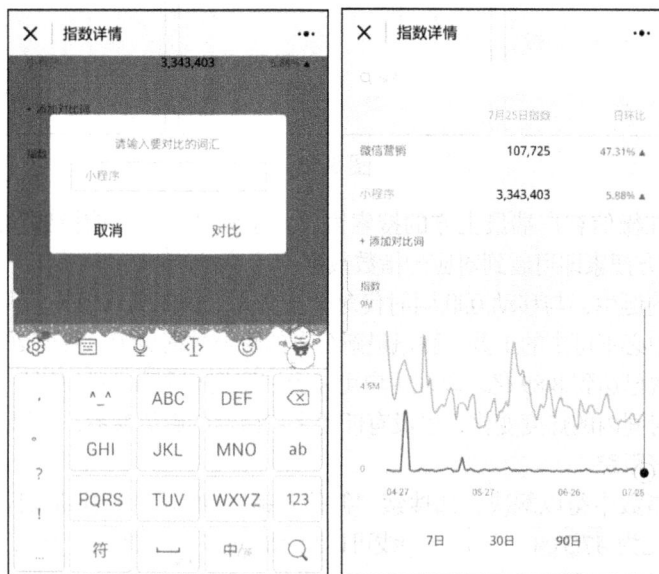

图 8-20

　　微信指数除了可以直观地获取关键词在一定时间内的热度变化情况，还为社会舆情监测提供了全新的工具，能够帮助个人、企业或政府实时了解互联网用户当前最为关注的社会问题、热点事件、舆论话题等，从而对舆情研究形成专业支撑。更重要的是，随着微信商业化趋势的加强，微信微商越来越多，商户可通过微信指数提供的关键词热度趋势，间接了解客户的兴趣点及其变化情况，从而对品牌企业的精准营销和投放形成决策依据，也能对品牌投放效果形成有效监测、跟踪和反馈。

值得注意的是，截至本书完稿前，微信指数已上线半年时间，仍处于发展的初级阶段。未来产品形态势必会持续优化，其提供的指数分析将会更专业、更精准。我们作为微信红利的享用者，只要时刻做好准备，依托微信大数据的开放能力，深度挖掘数据价值、更好地洞悉用户和了解市场，为用户提供更好的体验即可。

8.3.3　百度指数

百度指数是隶属于百度旗下的一款大数据趋势统计分析工具，以百度海量网民行为数据为基础，供用户查询某个关键词在百度搜索中的规模、使用频率，某时间内的涨跌态势，以及相关的舆情变化。关注这些词同时可以明确该类群体的特征和分布情况，帮助商户做竞品追踪、受众分析、传播效果查询，优化数字营销活动方案。

微信指数目前主要着重于数据趋势的研究，百度指数较之则要完善得多，除了有趋势研究之外，还包括需求图谱、人群画像和舆情洞察。百度指数的功能总结起来有 4 大功能，如图 8-21 所示。

图 8-21

1. 趋势研究

趋势研究反映了用户在互联网上对某个特定关键词的关注程度及其持续变化情况。趋势研究主要以百度网页搜索和百度新闻搜索的搜索量数据为基础，以搜索关键词为统计对象，系统科学地分析某关键词在百度整体市场中的搜索频次。特别要说明的是，百度指数与搜索量有关，但是百度指数并不等于搜索量。

趋势分析包含两部分，分别为指数概况与热点趋势，其中指数概况又分为最近 7 天和 30 天的变化情况；热点趋势则包括整体趋势、PC 趋势和移动趋势，这部分数据显示了该关键词被搜索的情况和媒体指数，在实际运用中商户可以根据实际情况分地区进行数据统计。趋势分析包含的内容如图 8-22 所示。

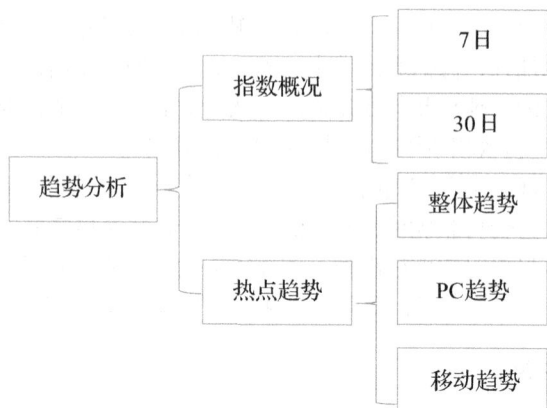

图 8-22

2. 需求图谱

用户利用百度进行关键词搜索的行为属于用户自主意愿行为，每个搜索行为背后都可能产生购买行为。因此，企业利用百度指数统计用户的搜索情况可以发现用户隐藏的购买需求与欲望。需求分析包含的内容如图 8-23 所示。

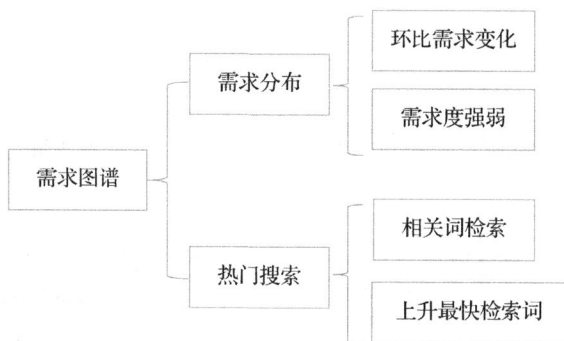

图 8-23

需求图谱包含需求分布与热门搜索两部分内容。其中需求分布的内容又包括环比需求变化和需求度强弱两部分，是指对同一关键词条件下其他关键词的需求对比；热门搜索中包括的相关词检索和上升最快检索词，前者是指与所搜索相关词同类型的其他关键词的搜索量分析，后者是指在一段时间内搜索量发生明显上升的关键词分析。

3. 人群画像

人群画像是指百度指数对关键词搜索用户属性进行的数据统计，统计对象包括年户的性别、年龄、区域、兴趣等，人群画像具体内容如图 8-24 所示。精确的区域数据以及搜索群体的年龄与性别数据都为企业确定目标市场提供了依据，帮助企业有效地制订细分目标市场的营销策略。

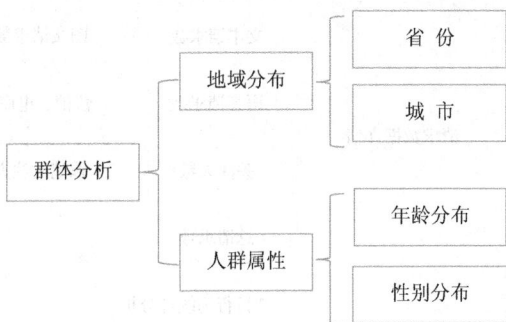

图 8-24

4. 舆情洞察

舆情洞察是指百度指数对关键词在特定时间段内被新闻媒体报道的数据或者与关键词有关的问题、帖子的数据进行的统计。舆情洞察包括新闻检测与百度知道两部分内容，根据数据可以看到具体的某个时间点媒体对该关键词的报道消息数量。

8.3.4 其他数据分析工具

除了微信指数、百度指数这些综合性的数据分析工具外，市场上还有很多以特定功能见长的工具。如以查询网站排名为主的 Alexa，以网站内容各项数据统计为主的 CNZZ，以消费指数调查为主的 Group+等。利用这些工具商户可以获取某一方面的特定数据，为得出最终的结果提供专业的数据支持。

常用的专业数据分析工具有以下 4 个，下面将对其进行简单的介绍。

1. 奥派数据魔方

奥派数据魔方是奥派上的一个数据统计与分析功能，基于平台上入驻的商户海量数据进行统计和分析，如图 8-25 所示。

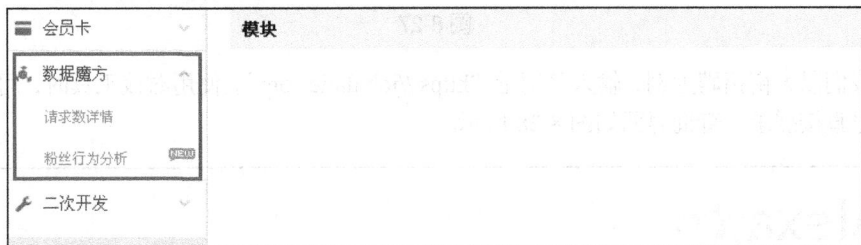

图 8-25

该功能包括两个部分，一个是请求数据详情，是指商户可以时间为基础，查看某一时间段内的运营数据；第二个是粉丝行为分析，即对在购买行为中产生的数据进行分析，可细分为 7 日行为统计分析和趋势对比分析，如浏览、交易、收藏、搜索的数据统计，以及消费者特征、市场发展状况等数据，详细如图 8-26 所示。

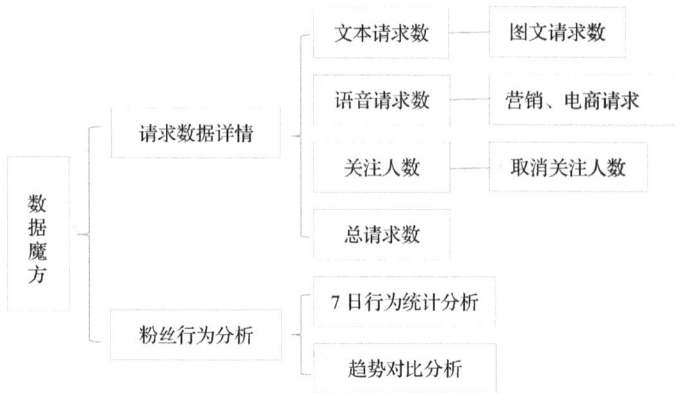

图 8-26

这些数据都是基于买卖双方的交易行为而产生的，可很好地为分销商或卖家提供有力的数据支持。

2. Alexa

Alexa 是一款网站排名查询工具，是当前拥有 URL 数量庞大、排名信息发布详尽的数据查询平台。可为商户提供多达几十亿的网址链接，且为每一个网站进行了多维度排名，具体包括网站排名、流量分析、ICP 备案、域名 Whois、排行榜、API，如图 8-27 所示。

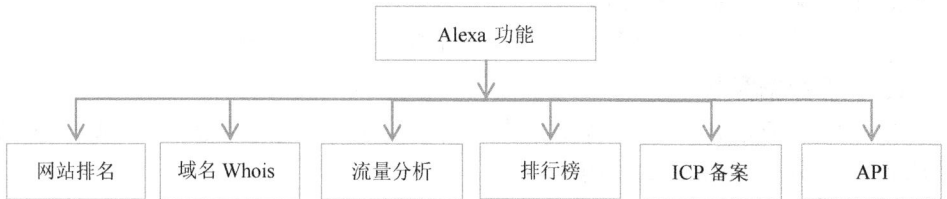

图 8-27

我们以大街招聘为例，输入其网址"https://job.dajie.com"。使用时该工具时，可用微信账号直接登录。查询界面如图 8-28 所示。

图 8-28

单击查询后便可看到该网站的上述 6 项数据信息。

Alexa 排名是用来评价某一网站访问量的常用指标，如在策划活动方案时要和其他网站平台进行合作，可以参考对方网站在 Alexa 上的数据。

3．CNZZ

CNZZ 是一个中文网站统计分析平台，在页面添加统计代码后，商户可快速了解网站的各项运营数据，包括 U-Dplus、站长统计、全景统计、手机客户端等多项统计指标，如图 8-29 所示。

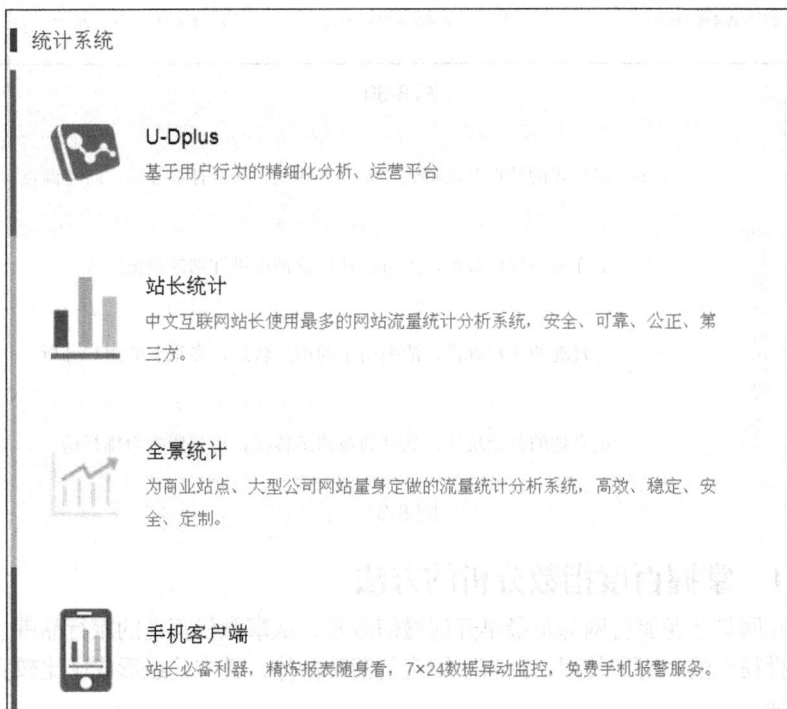

图 8-29

这样就可以一目了然地了解网站的各项访问数据，商户可以根据统计及时调整页面内容和运营推广方式等。

4．Group+

Group+（弧鹿）是目前市场上不多的社群运营工具之一，也是相对好用的一款，使用场景包含活动、众筹、问卷、调查表、短信等，能让社群运营更高效。Group+的优势如图 8-30 所示。

Group+的活动编辑和发布界面以简洁版为主，操作简单，同时也可以对微信头像和报名人员进行信息配对，让运营活动更省时、省力、高效。通过便捷的操作即可实时、动态地呈现活动传播和转化数据，贴近运营的需求，如图 8-31 所示。

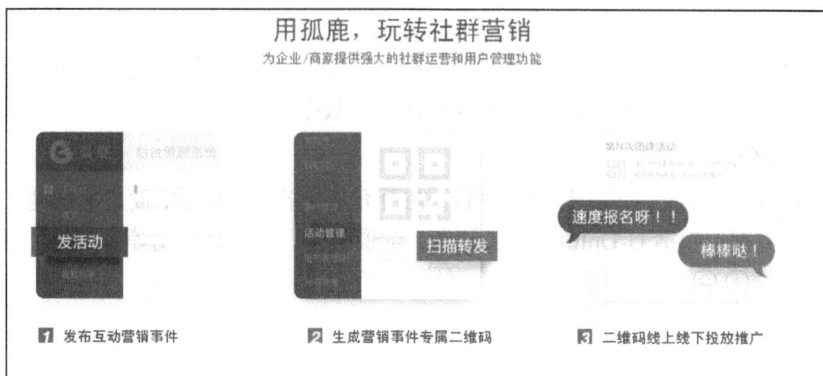

图 8-30

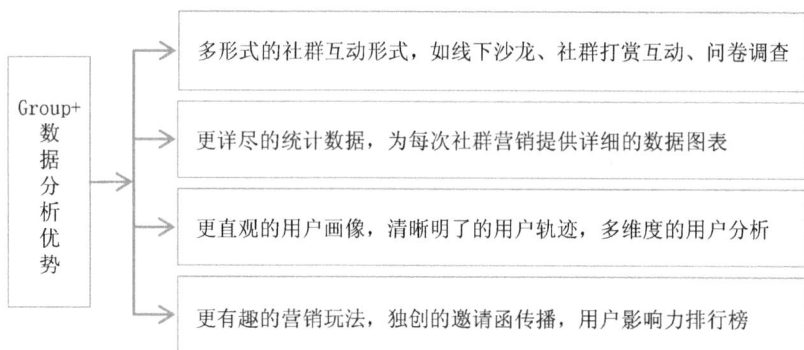

图 8-31

实训 1　掌握百度指数分析的方法

去哪儿网与艺龙旅行网都是最早开通微信账号，从事微信营销的旅行品牌。同时也获得了大批粉丝的认可和使用，拥有了固定的消费群体，基本已经形成了比较完善的微信电商品牌。

下面通过百度指数对比分析去哪儿网与艺龙旅行网的发展状况。这两家旅游品牌业务类型相似，其消费者在消费等级以及消费爱好方面也非常相似，因此，本案例通过百度指数从趋势分析、需求图谱、舆情洞察以及人群画像来对比分析两个品牌在微信平台上的发展状况。

1．趋势分析

以 30 天为周期对比去哪儿网、艺龙旅行网（艺龙）的整体趋势、PC 趋势及移动端趋势。两个品牌 30 天内的趋势图如图 8-32 所示。

从图中不难看出去哪儿网 30 天内有 62604 的平均搜索量，远远高于艺龙旅行网 7026 的平均搜索量，媒体指数同样高于对方。这些数据对比说明在 2017 年 6 月 25 日至 7 月 24 日这个月的时间里，消费者、媒体都对前者关注比较高。

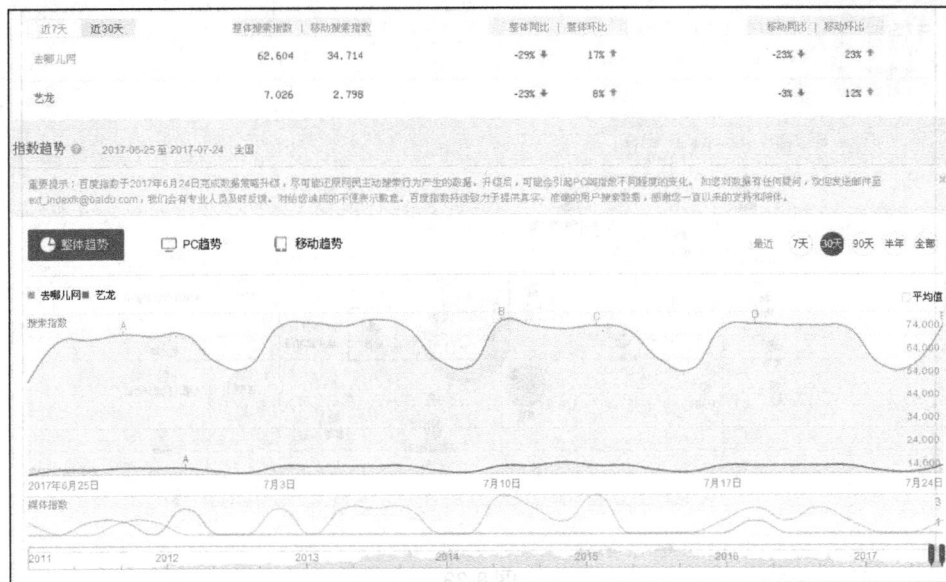

图 8-32

前面我们分析的趋势包括整体趋势、PC 趋势与移动趋势，这里只列举两家品牌的整体趋势情况，而 PC 趋势及移动趋势大家可以自己操作，并分析说明二者有何变化，以此来研究分析市场消费者对两个品牌的搜索量，并填入表 8-7。

表 8-7　分析搜索量

	去哪儿网	艺龙旅行网
PC 趋势		
移动趋势		
总结		

2. 需求图谱

消费者自愿搜索的关键词在一定程度上反映了消费者需求，关注消费者需求图谱不仅能更准确地掌握消费者对于产品的需求，还可以根据需求相应地改变营销策略。

图 8-33 和图 8-34 展示了去哪儿网、艺龙旅行网的需求图谱（7 天）对比图。在需求图谱中，可以看到层次分明的三个晕圈，晕圈从中心向四周逐步扩散代表需求的强弱，越靠近中心的越强，越远离中心的越弱。

从去哪儿网的需求图中可以看到，处于第一晕圈是关键词"旅行"和"机票"，这说明，用户在去哪儿网上需求最强的是出行旅游和订机票业务。从企业（去哪儿网）的角度来看，再明确了之后可以着重强化这两项业务，事实上这也是去哪儿网的两项主业务。

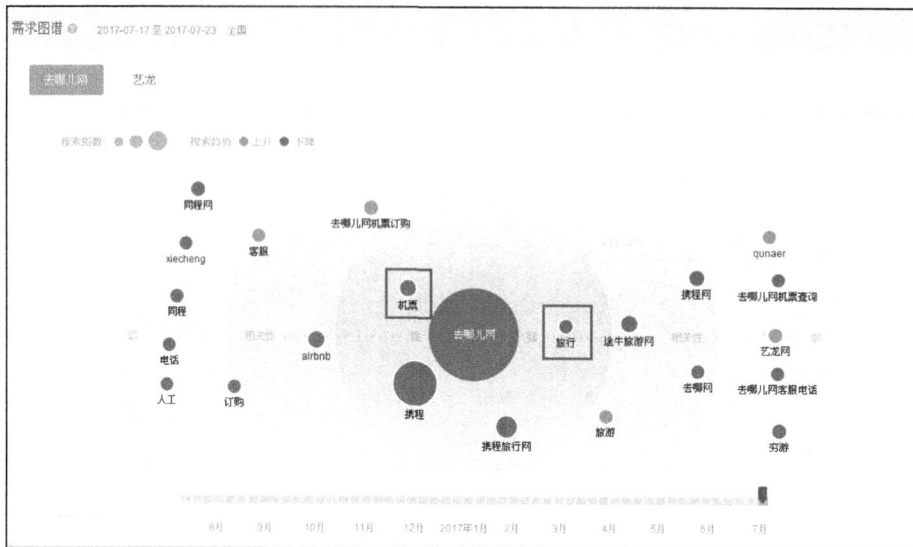

图 8-33

在艺龙旅行网的需求图谱中，可以发现，处于第一晕圈的业务是 airbnb（民俗租赁）、booking（酒店预定）。而旅游、机票等业务逐步减弱，已处在第二晕圈。这说明两个企业在业务类型上还是各有侧重的，虽然艺龙在旅行、机票等业务不及去哪儿网，但酒店预订却占优。

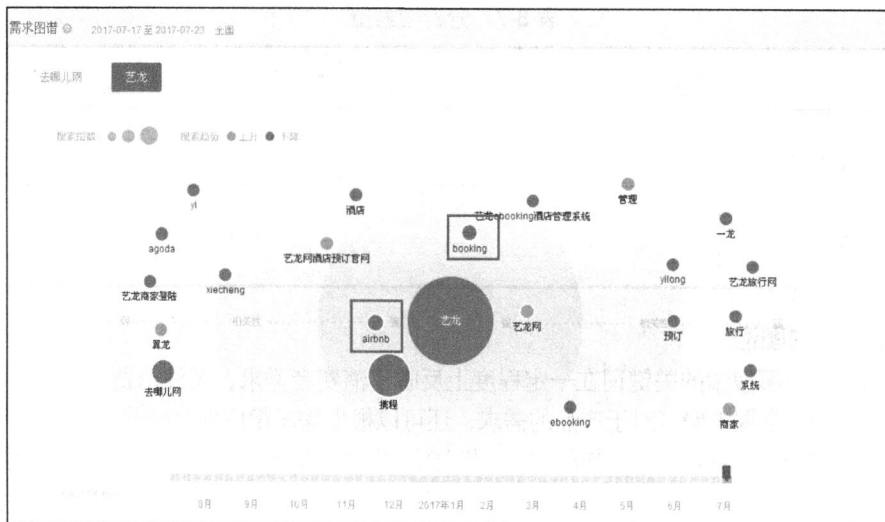

图 8-34

试着分析，在需求图谱上找出去哪儿网、艺龙旅行网还有哪些业务，并分析需求的强弱，以及该业务各自在企业中的地位。将分析结果填入表 8-8。

表 8-8　分析结果

业务类型	需求图谱位置	需求强弱及其地位

3．舆情洞察

趋势分析中提到，去哪儿网的媒体指数要超过艺龙旅行网，而舆情洞察就是指媒体指数，两个品牌上新闻头条的次数对比如图 8-35 所示。很明显 30 天内去哪儿网次数更多。

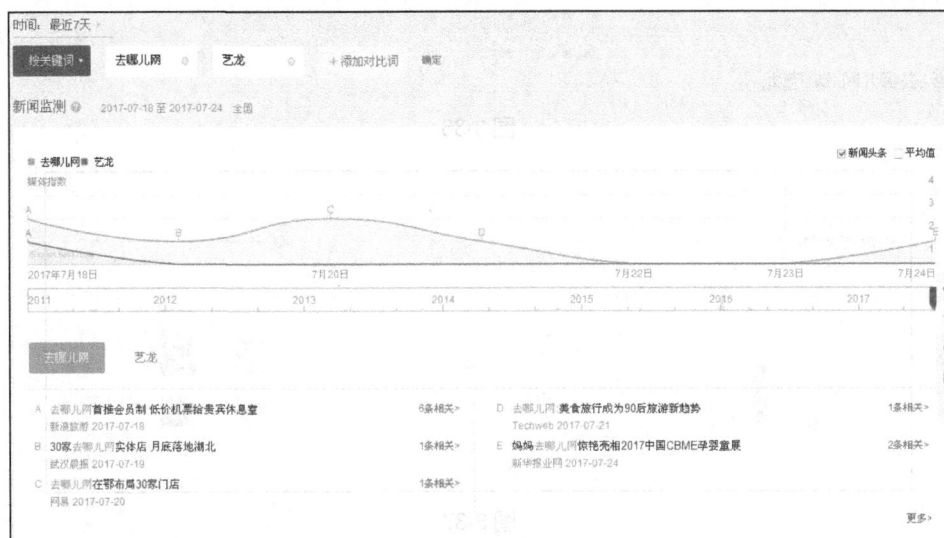

图 8-35

4．人群画像

人群画像是对消费者属性的详细分析，包括区域、省份、城市，从图 8-36 中可以看出，艺龙旅行网消费者分布从区域指标上已经超过去哪儿网，而去哪儿网在省份、城市指标上全面占优。这说明艺龙旅行网的市场覆盖面更广，能力更强，而去哪儿网虽然覆盖率有些不及，但在重点市场的细分市场上做得更好，在北京、上海、广州等一线城市全面压制艺龙旅行网。

图 8-37 所示是两个品牌的用户属性对比图。从图中不难看出用户年龄段都集中在 30～39 岁之间，均占到 50%。其中 20～39 岁的用户比例艺龙超过去哪儿网，40～49 岁的用户比例艺龙小于去哪儿网，50 岁以上的用户比例两者相当。

在性别上，去哪儿网的男性用户与女性用户各占约 50%，艺龙的女性占比 44%低于男性的 56%。

■ 去哪儿网 ■ 艺龙

图 8-36

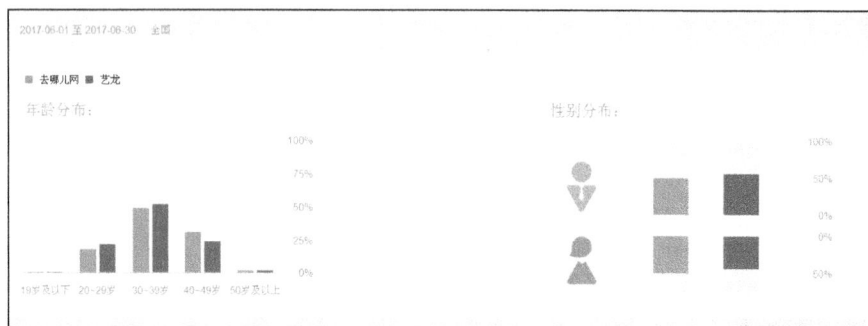

图 8-37

为两个品牌的用户群体画像，并试着分析造成这种情况的原因是什么。如果是你，根据这种情况会对营销策略进行怎样的改变？将分析结果填入表 8-9。

表 8-9 分析营销策略

市场分布特征	性别特征
原因	
营销策略	假设自己是营销策划人员：

▍实训 2　掌握奥派数据魔方分析的方法

登录奥派，依次按照"管理中心→功能管理→数据魔方"进入数据魔方功能。

以新创建的店铺"魅力新衣橱"为例，分析其在 2017 年 5 月的数据详情信息，如图 8-38 所示。

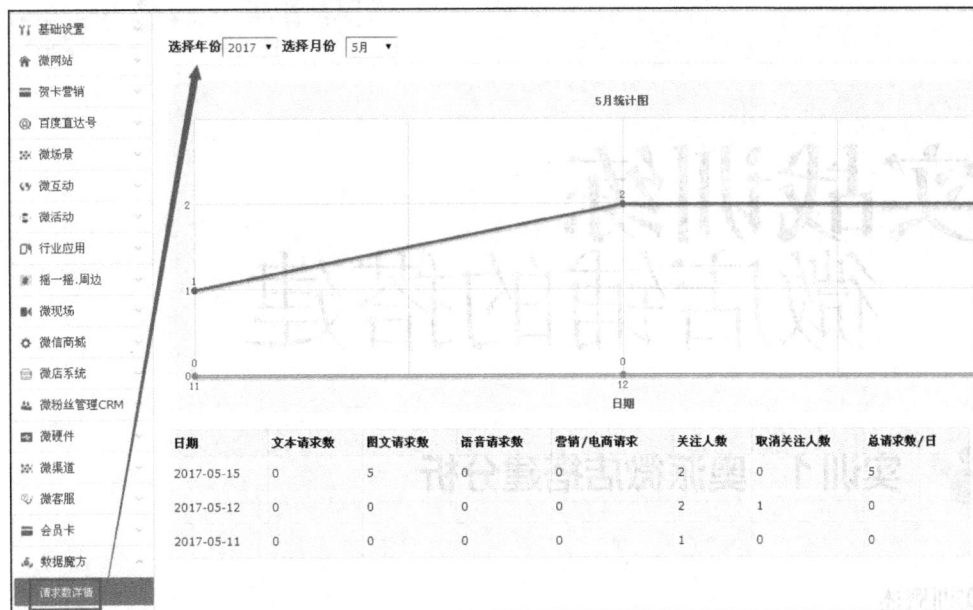

图 8-38

从图 8-38 中的数据发现，该店铺在 5 月 11 日、12 日、15 日共发送了三条信息。

三条信息关注人数分别为 1 人、2 人和 2 人。11 日关注人数为 1，其余数据为 0，说明这天的信息推广无效（总请求数为 0 说明没人有打开这条信息）。12 日关注人数 2 人，取消关注人数 1 人，说明有效用户只有 1 人，其余数据为 0，说明这天的信息推广无效。15 日总关注人数为 2 人，图文请求数为 5 人，总请求数 5 人，说明有人打开图文信息浏览，且在重复打开。从这个数据上看，这天的推广效果较之前两次就要有明显起色。

总结：该店铺推广力度不大，客户量少，活跃度低。大家试着分析一下，为什么会出现这种情况，症结在哪儿。

实战训练
微店铺的搭建

实训1 奥派微店搭建分析

实训概述

| 奥派微店的搭建。

实训目标

| 通过奥派微店——小鱼店铺2的实例剖析,来引导读者认识和学习微店的搭建步骤、流程以及关键知识点,同时也可对奥派有更全面、系统的认识。

实训内容

| 以小鱼店铺2为例,讲解奥派微店的搭建步骤、流程以及关键知识点,综合运用奥派平台。

▌ 案例操作

小鱼店铺 2 是一个设置相对简单的微店,适合初学者快速构建自己的店铺。进入店铺主页,整个店铺只有两个功能页,一个是"店铺主页",一个是"会员中心",如图 9-1 所示。

那么,这样一个店铺是如何制作的呢?具体步骤如下。

1. 登录平台

(1)登录奥派,如图 9-2 所示。

图 9-1

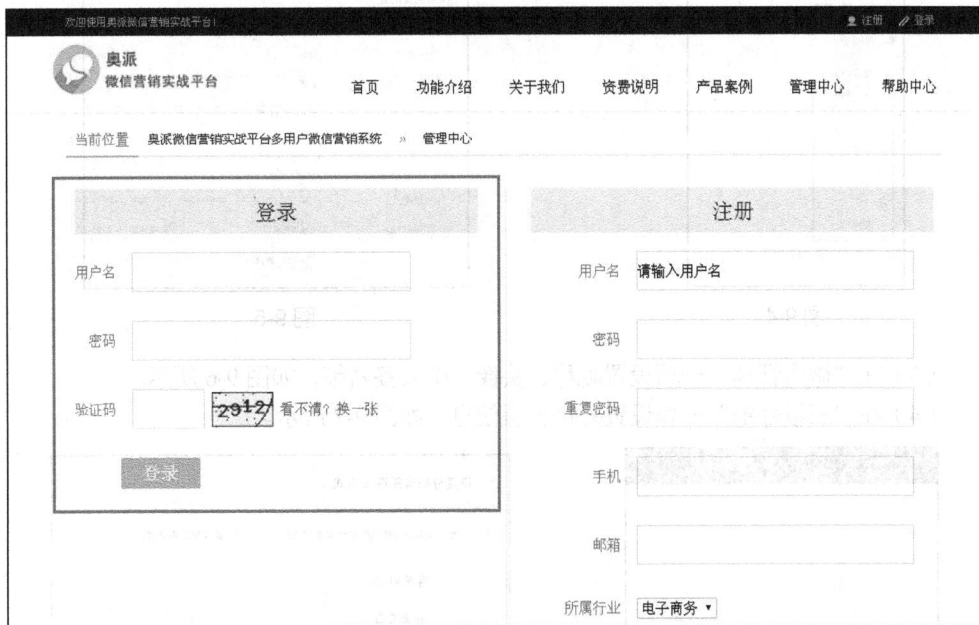

图 9-2

（2）进入"管理中心"，找到"小鱼店铺"一项，再进入"功能管理"选项，如图 9-3 所示。

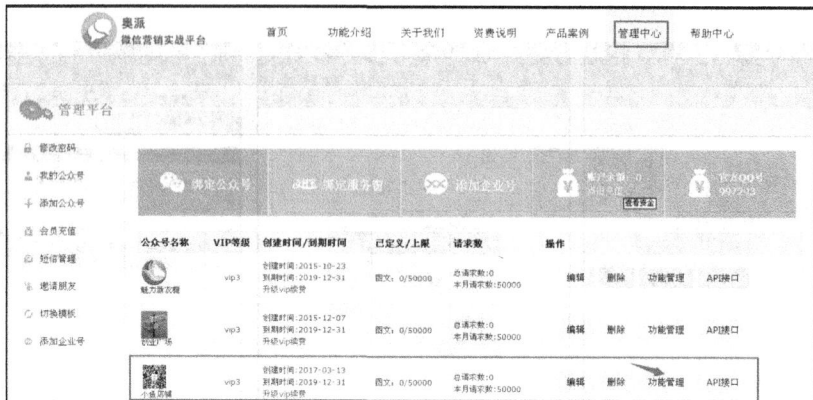

图 9-3

2. 基本设置

（1）进入"微店系统"选项进行基本设置，如图 9-4 所示。

（2）在"微店设置"一项分别设置关键词、回复标题、内容介绍、回复图片等信息，如图 9-5 所示。

图 9-4

图 9-5

（3）在"微店管理"一项设置昵称、头像、个人签名等，如图 9-6 所示。

（4）在"三级分销"一项设置分销客服信息，如图 9-7 所示。

图 9-6

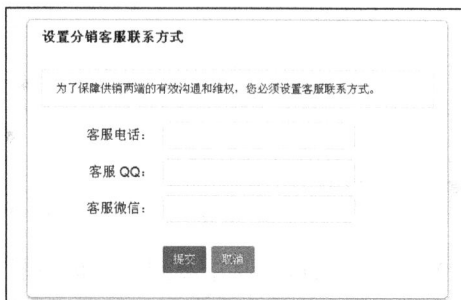

图 9-7

3. 框架构建

（1）返回"微店管理"界面，打开进入"小鱼旗舰店"，如图 9-8 所示。

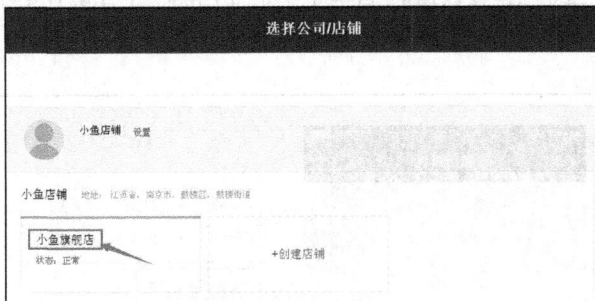

图 9-8

（2）进入后，在"微店铺概况"界面发现有三大功能栏，分别为"页面管理""通用模块""店铺设置"，如图 9-9 所示。完成这三项基本就可以构建一个完整的微店铺了。

图 9-9

（3）进入"页面管理"的"微页面/杂志"界面，选择"通用模板"，并将其设置为店铺的主页面，如图 9-10 所示。

图 9-10

注意：如果想更换店铺主页面，可以通过"新建微页面"功能获得。

（4）单击"通用模板"下的"编辑"功能，开始对主页的封面图、商品进行编辑。设置封面图显示方式为"折叠轮播"，显示大小为"大图"，上传图片为"鲜花"，如图 9-11 所示。

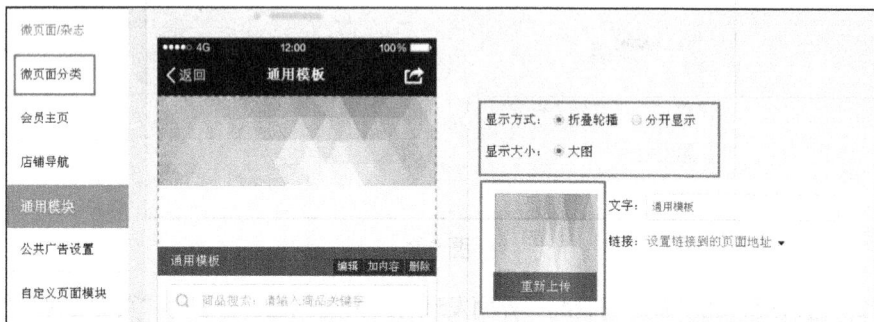

图 9-11

对商品进行编辑，包括商品图片、列表样式（一大两小）、显示购买按钮（样式 1）、显示价格等，如图 9-12 所示。

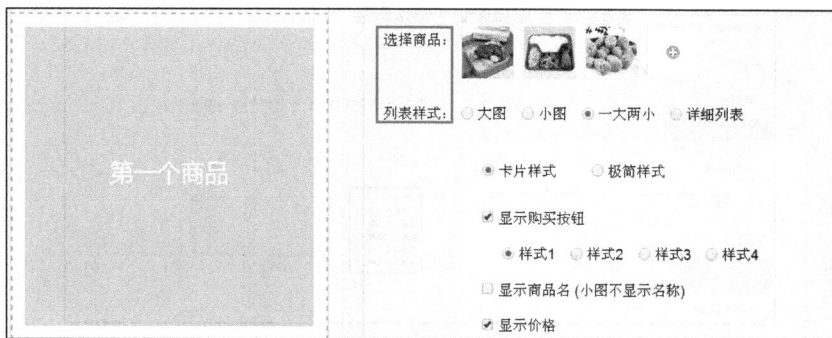

图 9-12

（5）单击"会员主页"选项，填写页面名称、背景图，如图 9-13 所示。

图 9-13

（6）进入"通用模块"中的"公共广告设置"界面，在添加内容中选择添加"图片广告"，展示位置选择页面头部，如图 9-14 所示。

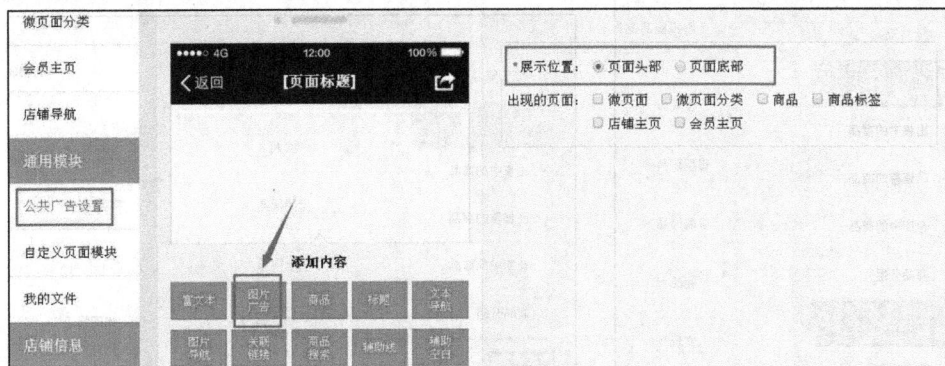

图 9-14

（7）在"我的文件"中可对上传的、收藏的图片、文本、语音等信息进行修改、改名、删除等操作，便于对已经做好的页面进行修改和编辑。修改和编辑页面如图 9-15 所示。

图 9-15

4. 商户商品

（1）进入"小鱼旗舰店"中的"商品"界面，开始发布商品。"商品"选项下有"商品管理"和"评论管理"两个功能模块，如图 9-16 所示。

（2）单击"发布商品"选项，选择商品品类，在商品品类中找到"礼品—鲜花"，如图 9-17 所示。

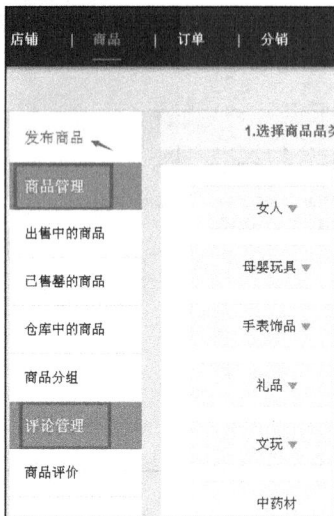

图 9-16

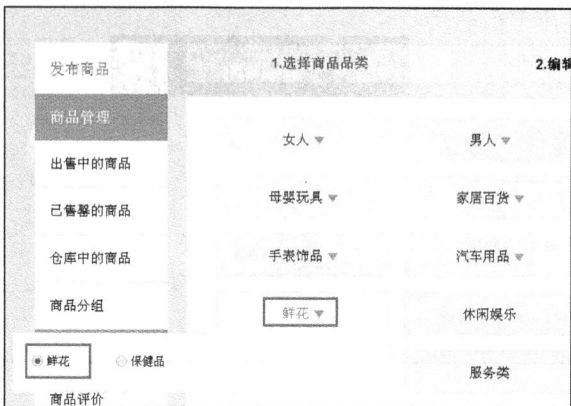

图 9-17

（3）接下来编辑基本商品的基本信息和商品详情，包括库存、规格、商品名、商品图、物流及其他，如图 9-18 所示。

图 9-18

实训 2　微盟旺铺搭建分析

实训概述

微商城的搭建。

实训目标

| 通过对微盟旺铺搭建实例进行分析来对微商城的搭建有个全面、系统的认识，掌握微商城搭建的基本步骤和流程。

实训内容

| 创建微商城——微盟旺铺为例，分析企业如何创建自己的微信移动商铺，开拓自己的线上业务。

案例操作

通过本书的学习，我们知道微商城是企业在微信上开店、开展微信营销的最常用模式。这种模式的优势最为明显，是微网站的一种细分类型，是微信小店的加强版，因此也常被认为是所有模式的集大成者。只要学会运用微商城，诸如微网站、微信小店等问题都会迎刃而解。

微盟（weimob）是针对微信公众号提供营销推广服务的第三方平台。全新设计、全新体验使微盟被誉为最时尚的微商城。微盟拥有更个性的店铺装修、更强大的 SCRM 系统、更完善的基础交易系统、更丰富的微信游戏互动、更良好的营销插件、更便捷的订单处理、更全的支付体验。微盟旺铺的界面如图 9-19 所示。

图 9-19

微盟帮助商户在微信上搭建微信商城，提供店铺、商品、订单、物流、消息和客户的管理模块，同时还提供丰富的营销应用和活动插件。

1. 店铺管理

商户可在旺铺后台新建页面并进行管理。页面可设置为店铺首页，也可作为辅助页面。同时，还可以对页面的基本信息进行编辑，如页面删除、页面预览、页面装饰、设为首页等基本操作。

（1）新建页面

填写页面名称及描述（选填），这部分是用于信息分享到手机端供用户浏览、分享时展现的。商户可以根据页面内容及推广需求来自定义页面名称及描述，如图 9-20 所示。

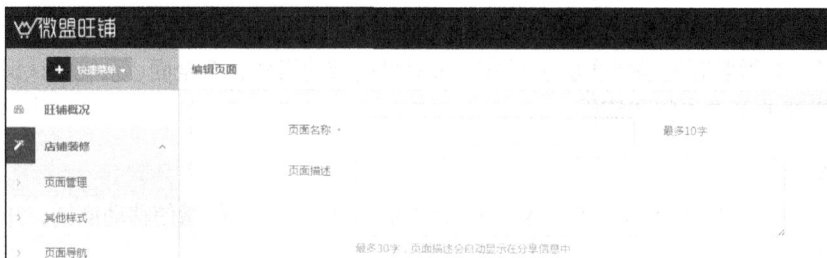

图 9-20

系统提供了十多套模板供商户选择。选择推荐的模板后，系统则会自动将推荐模板添加到手机预览区，如图 9-21 所示。

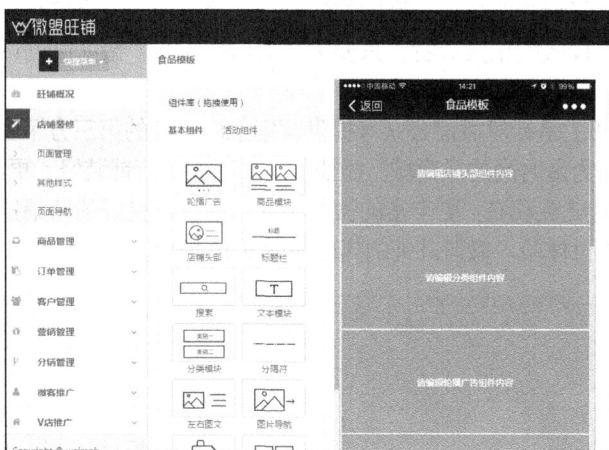

图 9-21

默认模板为空白，可对其进行自定义设置，将"组件库"中的组件拖曳至手机预览区，如图 9-22 所示。

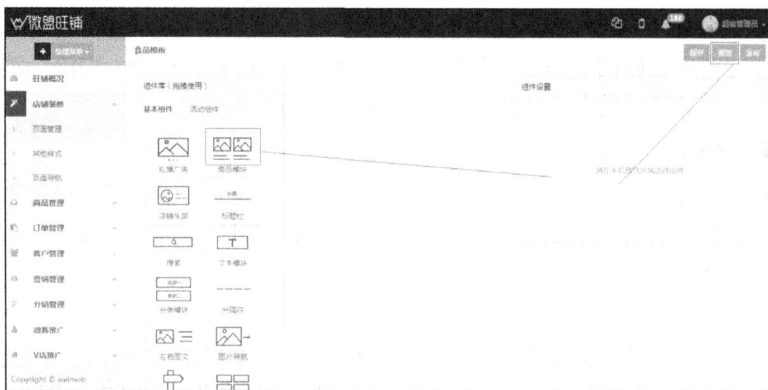

图 9-22

　　确定组件位置后，通过"组件设置"来编辑组件样式，提交即可预览页面效果。以图片导航为例，若有不满，也可通过组件右上角的"删除"按钮进行删除；若满意，则单击"下一步"按钮，如图 9-23 所示。

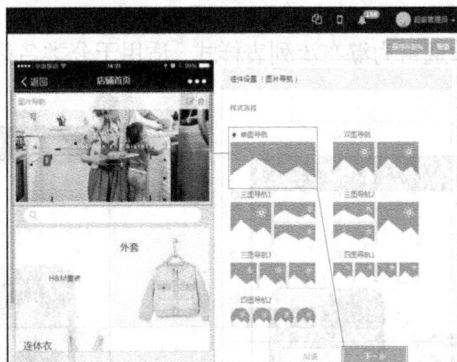

图 9-23

　　页面组件编辑完成后，单击页面保存或者直接发布进行保存，保存前可单击"预览"按钮进行预览，通过扫描弹出的二维码或者复制链接到浏览器进行预览，如图 9-24 所示。

图 9-24

　　保存和发布页面后，也可对其进行修改，修改需进入页面编辑界面，如图 9-25 所示。页面分为"发布中""已下线""未发布" 3 种状态，商户可进行编辑、调整和删除操作。

图 9-25

（2）选择页面的模板

页面的模板通常有分类模板、列表模板和详情模板3种，3种形式适用的情景不同。

分类模板：样式较为简单，一般为单图与双图浏览，适用于分类名称字数较多时，如图9-26所示。

列表模板：列表模板通常为瀑布流列表样式，适用于分类名称字数较少时，如图9-27所示。

图 9-26

图 9-27

详情模板：详情模板由于能够展示商品参数及评价、商品规格（采用底部弹出的方式），适用于二级分类数量较少时，用户体验要比前两种模式好很多，建议商户多采用，如图9-28所示。

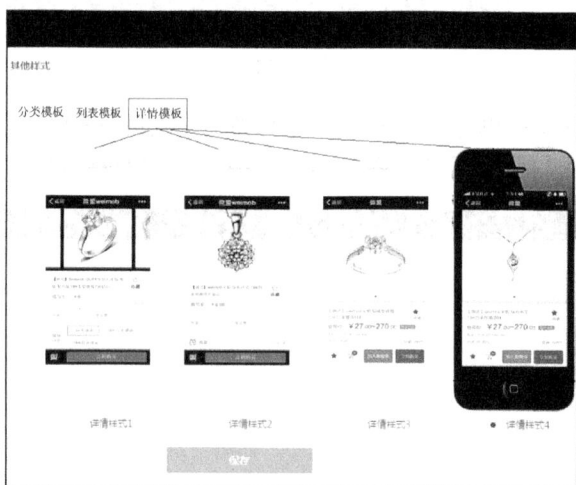

图 9-28

（3）页面导航的设计

① 页面导航的类型。为满足商户不同的运营推广需求，在新建或者编辑页面时，商户还可以创建页面导航。系统提供了 4 种不同样式的页面导航，分别为微信公众号自定义菜单导航、App 菜单式导航、展开形式导航、折叠导航，如表 9-1 所示。

表 9-1　页面导航的 4 种样式的设置规则

微信公众号自定义菜单导航	该导航分为两级，如果设置了二级导航，则一级导航的链接自动失效。一级导航最多 3 个，二级导航最多 5 个，适合导航数量较多的店铺使用
App 菜单式导航	该导航最多可以添加 5 个，类似使用 App 时页面底部的固定导航。不需要很多导航的页面就可以使用该导航。导航图标和文字颜色可以由商户指定
展开形式导航	该导航是悬浮样式的，为了美观，最少保留 1 个，最多可以添加 4 个，点击悬浮按钮会遮罩整个屏幕展开导航，点击非导航区域可以自动关闭该导航，适合导航个数不多的页面使用
折叠导航	该导航也是悬浮导航，最多可以添加 5 个，点击悬浮按钮直接弹出菜单，点击非导航区域可以自动关闭该导航，适合导航个数不多的页面使用

4 种样式各有所长，其中微信公众号自定义菜单导航和 App 菜单式导航固定置于底部，展开形式导航和折叠导航悬浮在左侧。商户可根据产品需求进行选择，也可配合不同模式使用，以更好地满足粉丝的多样化需求。

② 新建页面导航。在"店铺装修"一栏中，可以看到"新建页面导航"工具栏，单击可看到上述 4 种不同的导航模式，如图 9-29 所示。

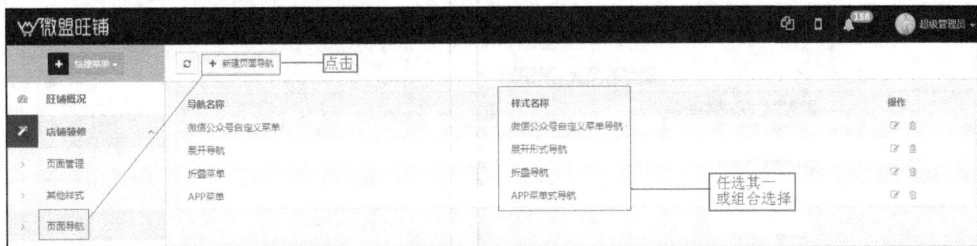

图 9-29

填写导航名称、导航内容、指定导航跳转链接（必填）。以微信公众号自定义菜单导航为例，单击"添加一级导航"即可填写一级导航。若有二级导航，则在对应的一级导航下逐个添加，添加后原来设置过的一级导航链接会自动失效，如图 9-30 所示。

编辑完毕后单击"确认"按钮保存，按钮保存后的页面导航仍可以编辑、删除。删除页面导航时，已使用导航的页面将自动变为不使用导航。

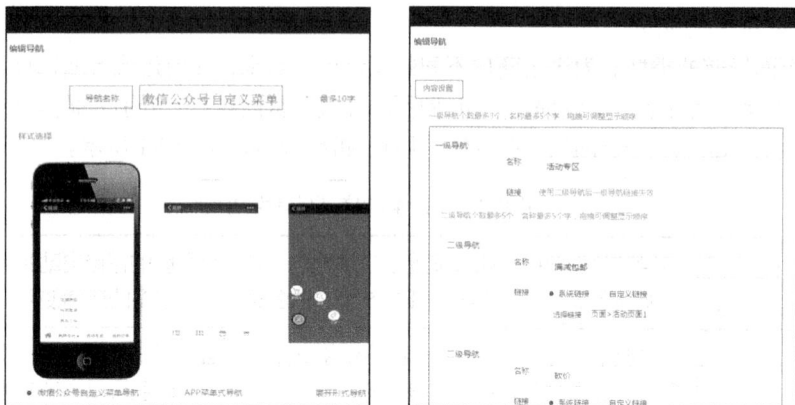

图 9-30

2. 商品管理

（1）添加商品

为便于查询，添加商品时最好以一定的分类进行，如商品名称或编号等。选择商品类目，完成后单击"确定"按钮，如图 9-31 所示。

填写商品的基本信息、物流信息、图片信息及其他信息，如图 9-32 所示。可添加多张商品图片（不超过 10 张），直接拖曳就能调整图片的显示顺序（支持大图预览，建议上传高清图片）。

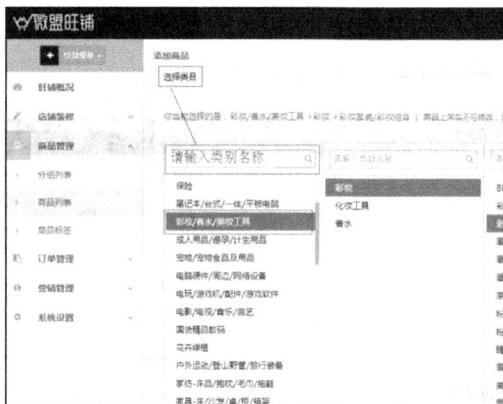

图 9-31

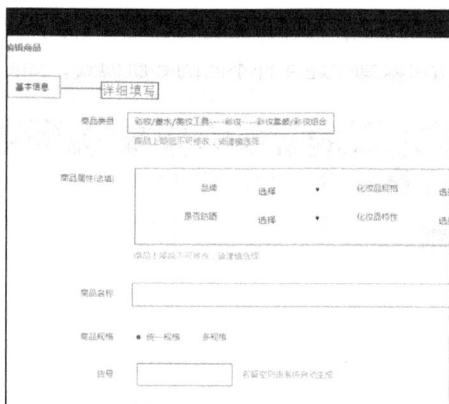

图 9-32

最后，单击"保存"按钮，就完成了商品的添加，完成后的效果如图 9-33 所示，同时，也可对商品进行编辑和下架处理。

（2）给商品标注标签

为有利于宣传和推广商品，有必要对每个商品贴上相应的标签以示区别，如"热销""新品""New"等。给商品标注标签时可按图 9-34 所示的界面操作。

图 9-33

（3）分组列表

对商品进行分组管理，选择某个分组后，直接将图拖曳到相应位置即可。商品只能添加到二级分组下，如图 9-35 所示。

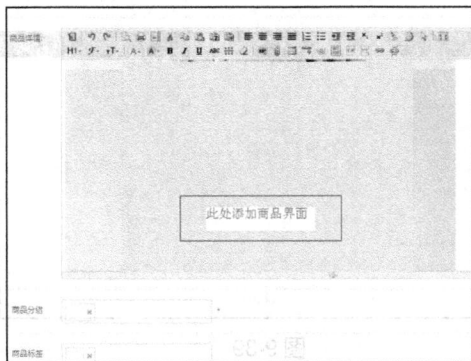

图 9-34

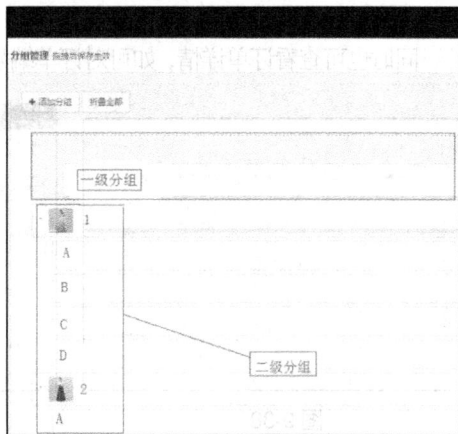

图 9-35

（4）系统链接

系统链接分为"功能链接""分类链接""商品链接""页面链接"，如图 9-36 所示。"功能链接"是旺铺通用功能的链接，包含首页、用户中心、全部商品等；"分类链接"是某一分类的商品列表链接，包括一级分类和二级分类；"商品链接"是商品详情页的链接，包括全部的商品；"页面链接"为页面管理中发布状态下的所有页面链接。

3. 订单管理

（1）查看订单状态

用户购买商品产生的所有订单都会在订单管理的平台上，如图 9-37 所示，商户通过这个平台可以查看订单的状态，如"待付款""已付款""已发货"等。

图 9-36

图 9-37

（2）修改价格

进行价格修改，如图 9-38 所示。

（3）查看订单详情

同时也可查看订单详情，如可对订单编号、商品名称及编号等进行查询，如图 9-39 所示。

图 9-38

图 9-39

（4）发货管理

可进行已发货信息的查看，以及未发货订单的改价、发货，或关闭交易等操作，如图 9-40 所示。

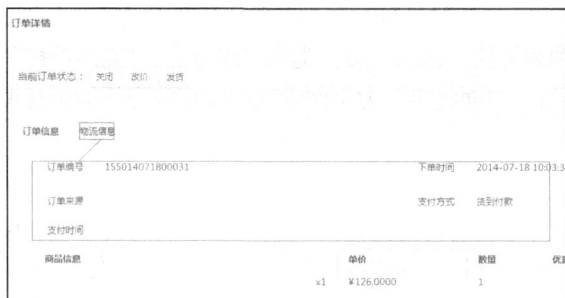

图 9-40

4. 营销管理

（1）方式一：优惠券

优惠券是促进营销的主要手段之一，商户在推广自己的商品时可设置必要的优惠，如打折、赠送、发放奖品等。

具体操作需要进入"营销管理"下的"会员营销"界面，可看到优惠券和会员积分两种主要的优惠方式，商户可在平台上自行设置具体的积分原则、抵现金额等，可单个使用，也可累加使用，如图 9-41 所示。

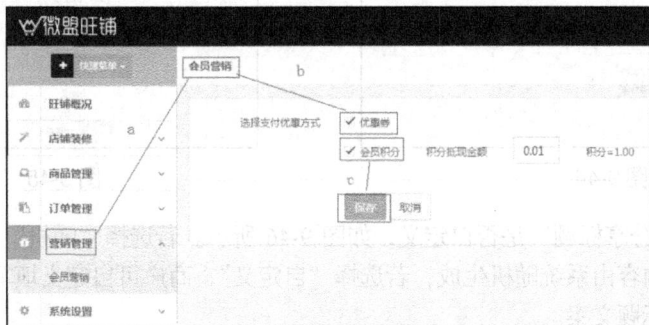

图 9-41

（2）方式二：心愿众筹

心愿众筹是通过众筹的方式，将商品分享至朋友圈或直接发送给好友，找好友筹钱买单，最后完成购买心愿。这一推广方式利用了朋友圈互动性强和传播速度快等优势，集购物、娱乐为一体，为移动电商带来全新体验，如图 9-42 和图 9-43 所示。

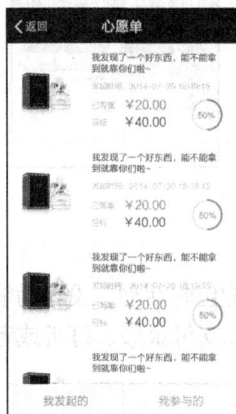

图 9-42

图 9-43

商户发起心愿单的步骤如下。

① 在旺铺后台的"会员营销"界面开启众筹模式，如图 9-44 所示。

② 选择是否勾选"是否优先显示"，如图 9-45 所示。"是否优先显示"决定了下单页

"找人买单"的显示位置，勾选后，"找人买单"按钮会显示在"立即支付"按钮之前，如果不勾选，则"立即支付"按钮会显示在"找人买单"按钮之前。

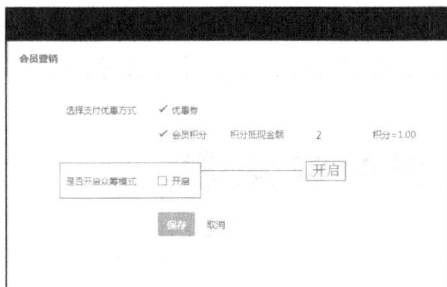

图 9-44

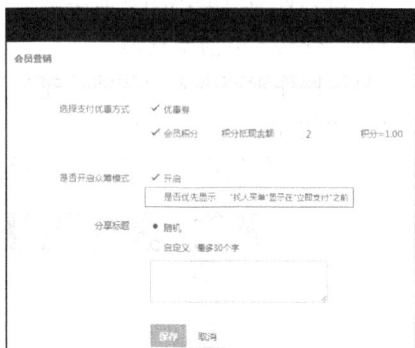

图 9-45

③ 选择"分享标题"是否自定义，如图 9-46 所示。若选择"随机"，右图黑色框里的分享标题、内容由系统随机生成，若选择"自定义"，商户可自定义填写想要出现在下面黑色框中的标题文案。

图 9-46

（3）方式三：满减包邮

为满足商户的活动促销需求，旺铺推出了"编辑满减/包邮活动"设置功能。即当用户购买金额或购买数量达到一定数额时，可享受减免部分支付金额、打折或者免邮费的优惠。这一切都可通过后台设置实现。

具体操作步骤如下。

① 进入"营销管理"下的"活动营销"界面，单击"创建新活动"进入编辑页面。设置如活动名称、活动时间、价格标签、活动标签等信息。若想创建全场活动，可直接勾选下方的"全场参与"，勾选"全场参与"后，所有在设置活动信息创建后新增的商品也会参加该活动，如图 9-47 所示。

图 9-47

② 选择活动商品（全场参与的活动会直接跳过此页）。下架中的商品也可以预先设置在活动中，待商品上架后，会自动参与到活动中。商品展示区可以直观地看到商品当前正在进行的活动、库存、价格等信息，有助于活动筹划，如图 9-48 所示。

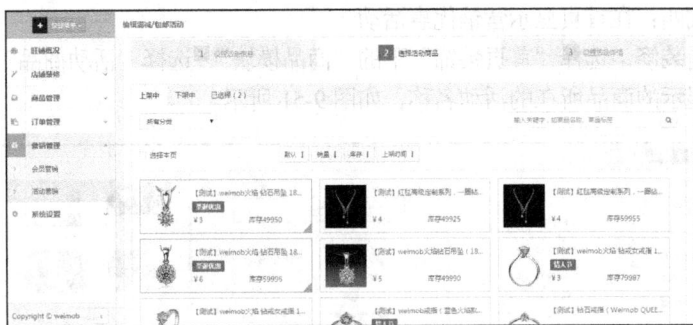

图 9-48

③ 设置活动详情，主要包括活动条件（满××元或满××件）和活动内容（折扣、减免和包邮等）两部分。

活动条件只能选择一种，活动内容中的折扣和减免只能选择其一，同时可再选是否包邮。可设置多个优惠层级（最多 5 个）。详见页面右上角的活动规则说明及示例，如图 9-49 所示。

图 9-49

④ 设置活动时间和状态。活动需要手动修改，活动通常有"未开始""进行中""已结束"3 种。未开始的活动可以快速添加商品，修改、删除活动信息；进行中的活动可以快速添加商品、修改活动信息、结束活动；已结束的活动可以重启、删除活动，如图 9-50 所示。

图 9-50

（4）方式四：在首页显示营销优惠活动

进入店铺装修，选择"首页装饰"下的"商品模块"，选择"活动商品"的分类，挑选要在首页展示的商品所在的活动名称，如图 9-51 所示。

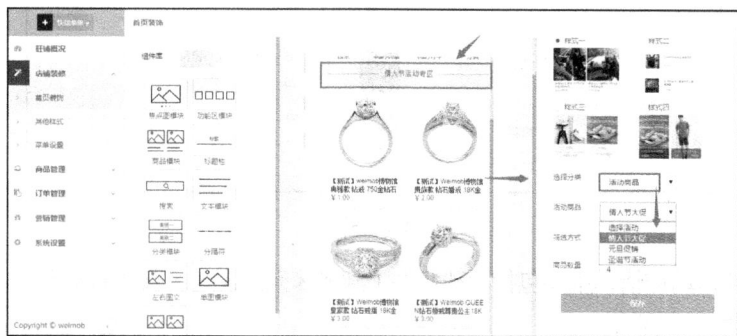

图 9-51

特别提醒：旺铺当前下单结算时不支持对优惠券和活动优惠的使用分别做设置，结算时如商品同时满足活动优惠，又有可使用的优惠券，那么粉丝将享受活动及优惠券的全部优惠，后期旺铺可能会对此进行设置。

5. 系统设置

（1）基本信息

设置商城名称、LOGO、版权、币种、电话、地址、简介等信息。需要进入"系统管理"下的"基本信息"界面进行编辑，如图 9-52 所示。

（2）地址库

单击"新增地址库"按钮添加地址，可添加多个地址用于管理，但同时只能设置一个发货地址和一个退货地址，如图 9-53 所示。

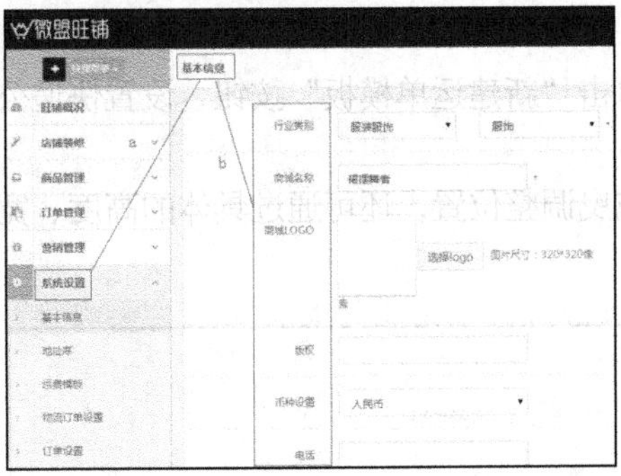

图 9-52

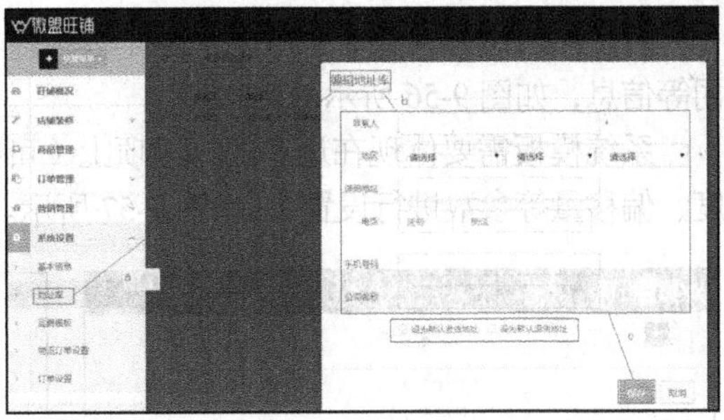

图 9-53

（3）运费模板

设置运费相关信息，如计价方式、运送方式、指定配送区域等。具体操作方式为单击"新增运费模板"按钮，编辑模板名称，选择地址库中的地址，设置计价方式、运送方式及运费等，如图 9-54 所示。

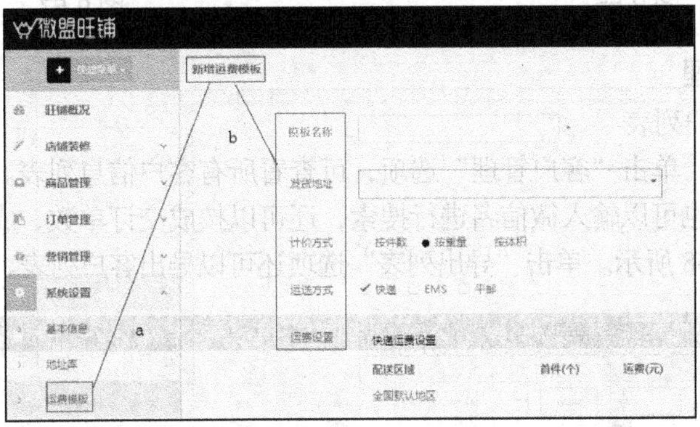

图 9-54

商户也可以利用指定区域运费功能来对某一特定地区的运费进行特别设置，如设置江浙沪包邮，如图 9-55 所示。

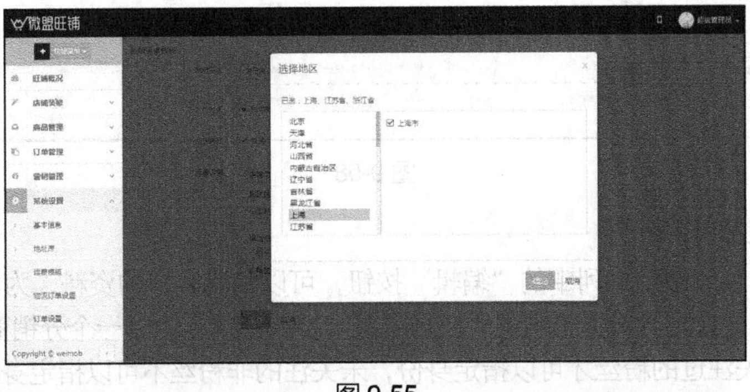

图 9-55

（4）物流订单设置

可以添加运单模板、设置默认运单模板。单击"新建运单模板"按钮，设置快递公司等信息，如图9-56所示。

系统模板需要体现在运单的打印项上（可拖曳调整位置，还可通过具体的高度、宽度、偏移量等参数进行设置），如图9-57所示。

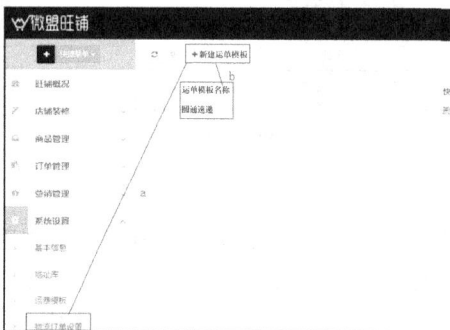

图 9-56

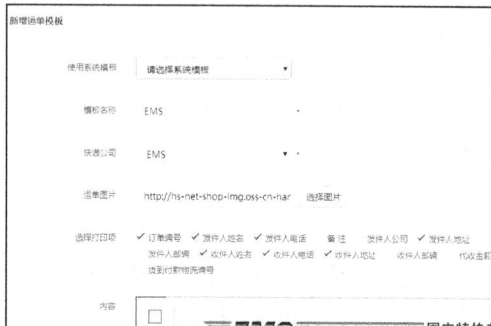

图 9-57

6. 客户管理

（1）查看客户列表

在旺铺后台，单击"客户管理"选项，可查看所有客户信息列表。可以按照身份和来源进行筛选，也可以输入微信名进行搜索，还可以按成交订单数、成交额和下线数进行排序，如图9-58所示。单击"导出列表"选项还可以导出客户列表。

![图9-58客户管理列表界面]

图 9-58

（2）编辑客户资料

单击客户列表最后一列中的"编辑"按钮，可以编辑客户的资料，为客户指定不同的身份。其中，指定身份为分销商时还需要进一步选择指定为哪一个分销商，如图 9-59 所示。（只有关注过的粉丝才可以指定身份，未关注的非粉丝不可以指定身份。）

图 9-59

7．维权

（1）申请维权

用户在手机端的订单详情页可针对订单中的商品分别申请维权（订单状态为"已支付，待发货""已发货，待收货"和"交易完成"时均可申请维权）。申请维权时，需选择维权类型，填写退款金额和维权说明，提交申请后即可成功申请维权，如图 9-60 和图 9-61 所示。

图 9-60

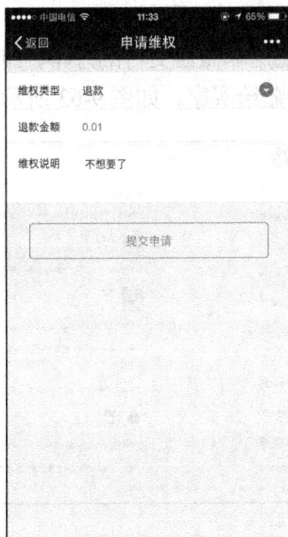

图 9-61

（2）处理维权

商户可在旺铺后台的维权管理中查看和处理买家申请的维权单，如查看买家申请维权时所填写的相关信息、详细的退款原因、退货的物流进度等，还可以对维权单进行相关操作，如图 9-62 所示。

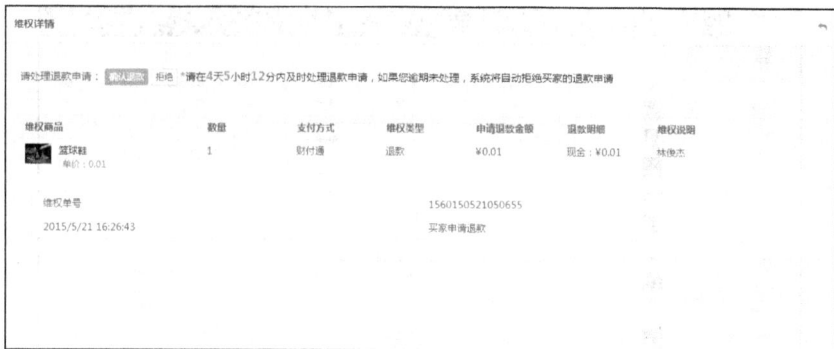

图 9-62

（3）退款规则说明

未发货状态前，订单关闭或申请全额退款成功时，订单中使用的优惠券会退还给用户；发货后，订单中使用的优惠券不作退还处理，下单时使用的各项优惠的金额会均摊至各个商品，每个商品可申请的最大金额为均摊至此商品的现金、积分及红包的总和，实际退款时会按照买家申请的退款金额按比例计算退给买家相应的现金、积分和红包。

不同支付方式的处理情形如下。

① 使用微盟支付的订单，在商户确认退款后，需待微盟支付处理完成后，相应维权单的维权状态才会翻转。

② 使用非微盟支付的订单，维权时会采用线下退款的流程，商户确认退款后需将款项手动转账给买家，如图 9-63 所示。

图 9-63

（4）维权自动操作系统

如商户在一定时间内不对退货单进行处理，则系统会自动同意买家的维权申请，不同情形处理如下。

① 买家要求退款的，自动处理期为 5 天，期间商户不做处理时，系统会自动同意买家的退款申请。

②　买家要求退款退货的，自动处理时间分别为 5 天和 7 天，买家申请退款退货后，商户 5 天或 7 天内都不做处理的，系统会自动同意买家的退款退货申请。

③　同时，商户同意买家的退款退货申请后，买家在 5 天或 7 天内不做退货处理，则退款退货申请将自动取消。

8. 角色管理

（1）添加角色

在"添加角色"页面输入角色名，勾选其具备的相应的权限，即可为相应的角色设置相应的权限；同时商户可在"角色设置"下的"查看页面"或"操作页面"中任选其一，如图 9-64 所示。

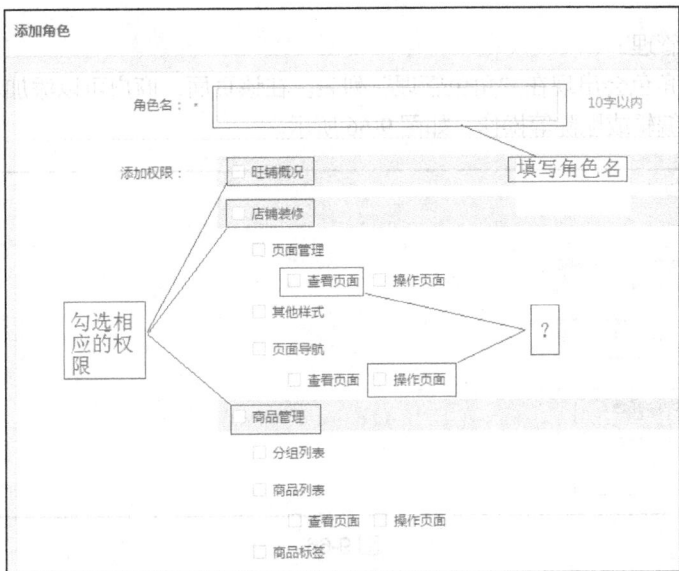

图 9-64

"查看页面"和"操作界面"的权限详情如下。

①　设置为"查看页面"时，该角色仅能查看页面的内容，页面上的操作按钮将会针对该角色隐藏。

②　设置为"操作页面"时，除拥有上述权限外，还可同时查看页面的内容以及对页面进行相应的操作。

③　两者都不选时，可同时查看页面的内容并对页面进行相应的操作。

（2）账户管理

商户需先在微盟后台添加具备旺铺权限的子账户，此类子账户会出现在旺铺后台的账户管理列表，默认拥有旺铺超级管理员角色。商户可在该列表为子账户指定相应的角色，并对子账户进行删除、禁用、启用等操作，如图 9-65 所示。

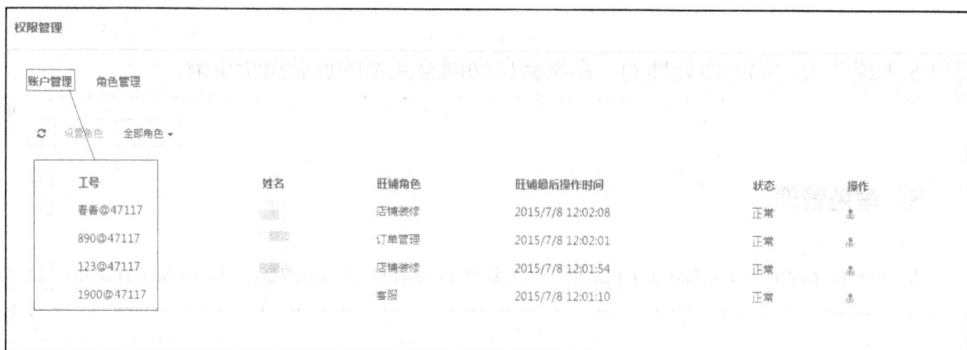

图 9-65

（3）角色管理

新添加的角色会出现在"角色管理"列表。在该页面，商户可以添加新角色，并对已有角色进行编辑或删除等操作，如图 9-66 所示。

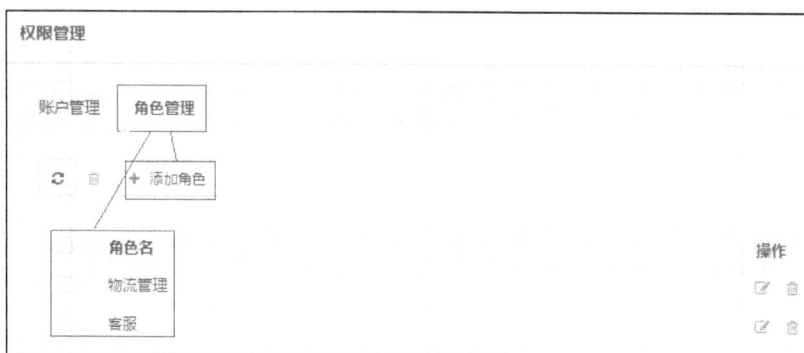

图 9-66

（4）操作日志

微盟主账号及具备旺铺权限的子账号在旺铺后台进行的操作会记录到操作日志中，记录内容包括操作人员及操作内容。商户可通过按模块查找或按操作人员姓名查找的方式查看对应的操作日志，如图 9-67 所示。

图 9-67